科技园区的创新发展战略

赵守国/著

本书得到陕西省软科学研究计划重点项目（项目编号：2015KRM040）和西北大学经济管理学院应用经济学团队项目的支持

科学出版社

北　京

内 容 简 介

本书针对陕西科技园区的创新发展战略问题进行系统分析，并提出陕西科技园区创新发展的战略设计。在特色上：一是视野宽阔，从国内外经济、科技、产业发展的大趋势审视了科技园区的创新发展战略。二是重点突出，重点设计了科技园区的科技创新战略、产业创新战略、制度创新战略和开放创新战略。三是适用性强，坚持目标导向，根据国家和陕西"十三五"发展的战略目标进行科技园区的创新发展战略设计。坚持问题导向，根据科技园区存在的突出问题，给出未来科技园区创新发展战略转型升级的战略取向。坚持特色导向，根据科技园区的现有基础和面临的内外部环境，进行差别化、专业化的创新发展战略设计。

本书不仅可以为政府有关部门、科技园区和企业的战略决策提供参考，而且可以为战略智库、高等院校、科研院所等单位进行科技园区研究提供帮助。

图书在版编目（CIP）数据

科技园区的创新发展战略/赵守国著. —北京：科学出版社，2017.7
ISBN 978-7-03-053005-9

Ⅰ. ①科… Ⅱ. ①赵… Ⅲ. ①高技术园区–发展战略–研究–陕西
Ⅳ. ①F127.41

中国版本图书馆CIP数据核字（2017）第 117383 号

责任编辑：徐 倩 / 责任校对：景梦娇
责任印制：吴兆东 / 封面设计：无极书装

科 学 出 版 社 出版
北京东黄城根北街 16 号
邮政编码：100717
http://www.sciencep.com
北京京华虎彩印刷有限公司 印刷
科学出版社发行 各地新华书店经销
*
2017 年 7 月第 一 版 开本：720×1000 1/16
2017 年 7 月第一次印刷 印张：20 1/4
字数：400 000
定价：**120.00 元**
（如有印装质量问题，我社负责调换）

作 者 简 介

赵守国，经济学博士，西北大学经济管理学院经济学教授、博士生导师。

主要研究方向：区域经济发展战略、金融投资与资本市场，现代企业制度和发展战略。

代表成果：《管理世界》《经济学动态》《经济学家》等学术论文多篇，《企业产权制度研究》等著作三部，获得省部级奖励七项，先后承担政府、企业委托科研项目50余项，如《关中—天水经济区系统性融资规划》《海南航空与西安民生股权重组总体策划》等。

主要兼职：陕西省决策咨询委员会委员，宝鸡市决策咨询委员会委员、发展战略组组长，陕西省工商行政管理学会副会长等。

前　　言

本书是陕西省软科学研究计划重点项目——陕西科技园区创新发展战略研究的最终研究成果之一。同时，本书得到了西北大学经济管理学院应用经济学团队项目的支持。

在历时两年左右的研究过程中，博士生许港参与项目的总体思路和分析框架的策划，博士生董翔宇，硕士生李永康、张琪、王莹分别参与第 11 章、第 2 章、第 15 章和第 3 章部分初稿的写作。他们通过参与项目的研究，研究能力得到进一步提升，并将该研究领域作为其博士论文和硕士论文的选题方向。

在课题调研和研讨过程中，课题组得到了陕西省发展和改革委员会、陕西省科学技术厅、陕西省工业和信息化厅、陕西省决策咨询委员会、宝鸡市决策咨询委员会和部分科技园区的大力支持与帮助。吸收了宝钛工业园、青岛啤酒工业园、吉利汽车产业基地、陕西清华科技园、西安西户科技创新园、陕西智巢产业发展投资管理有限公司、西安闪牛网络科技有限公司、西安果果庄园电子商务有限公司、安康秦巴众创空间、北医大制药、垚森食品、华银科技、小巨人产业园、富硒产品研发中心等单位和企业负责人的意见和建议。

除了参考文献外，还在有关政府、科技园区网站和公开媒体上参考了大量统计数据和公开信息，在此一并表示衷心的感谢！

本书的出版得到科学出版社的鼎力支持，对科学出版社领导和责任编辑专业、认真而高效的工作表示衷心的感谢！

赵守国

2017 年 6 月 30 日

目　　录

第一篇 基 础 篇

第1章 概　　论

1.1　研究背景

当今世界的经济增长，正在逐步摆脱传统的资源依赖和投资拉动模式，加速进入创新驱动的新时代。传统产业的转型与新兴产业的成长已成为世界产业格局大变革、大调整的新趋势，创新能力与区域经济和社会发展日益高度融合。科技园区作为我国改革开放的"试验田"和"排头兵"，为调整国民经济结构和加快我国经济与世界经济接轨起到了积极的作用，成为我国经济发展的"助推剂"。

作为一种高科技与经济结合的新型组织管理形式，科技园区已有60多年的发展历史。科技园区是集聚创新要素、激活创新资源、转化创新成果的重要途径，是驱动发展方式转变，实现产业转型升级的重要载体，是走创新驱动、内生增长道路的重要抓手，是推动创新创业、孵化科技企业、实现高新技术产业跨越式发展的新引擎，更是区域经济增长和社会可持续发展的新动力。科技园区建设是我国改革开放的成功实践，对促进体制改革、改善投资环境、引导产业集聚、发展开放型经济发挥了不可替代的作用。

自1991年西安高新区成立以来，陕西省科技园区在吸引外资、扩大出口、增加就业、带动地方经济发展方面发挥了重要的示范、辐射和带动作用，已成为全省各地经济发展最具活力的区域，成为推动我省区域经济结构调整和经济发展方式转变的强大引擎和全省最强劲的经济增长极，为实现由欠发达省份向中等发达省份的历史性跨越做出重要贡献。

　　26 年来，陕西科技园区在磨砺与探索中不断成长，从最早的"拾到篮篮都是菜"，到"招大商、大招商"，在不断地引进吸收中，逐渐摸索出一条从体制到管理再到自主创新的发展之路，在推动技术创新、发展拥有自主知识产权的高新技术产业方面形成自己的优势和特色，有力助推了陕西省创新型省份建设，成为陕西扩大开放先行区和创新发展的示范区、我国发展高新技术产业的重要基地，在西部大开发和"一带一路"战略中发挥了先锋引领和示范带动作用。

　　目前，科技园区已遍布世界各地，总数逾千，并且还在快速发展中。由于国内外科技园区在社会制度、文化传统、经济实力及发展阶段上存在差异，不同的科技园区在管理模式、体制选择及发展战略上呈现不同的模式与特色。在经济全球化、区域一体化的大背景下，为适应经济发展新常态，迫切需要通过陕西科技园区的战略创新，促进科技园区转型升级、创新发展，培植新动能，再造新优势，进一步发挥科技园区作为改革开放试验田和创新驱动排头兵的作用，进一步发挥科技园区在促进全省经济社会发展中的引领、支撑、辐射和带动作用，使陕西科技园区成为自主创新的战略高地、培育发展战略性新兴产业的核心载体、转变经济发展方式和调整经济结构的重要引擎、抢占世界高新技术产业制高点的前沿阵地。因此，通过研究国内外典型科技园区的发展历程及模式，总结和评价国内外科技园区建设的经验得失，设计陕西科技园区创新发展的战略思路与实现路径，对陕西科技园区的创新健康发展具有重要的现实意义和战略意义。

1.2　研究内容与拟解决的关键问题

1.2.1　研究对象

　　按照功能定位，科技园区主要包括高新区、专业园区和特色产业基地。本书的研究对象主要针对陕西省七个国家级高新区，即西安高新技术产业开发区（简称西安高新区）、杨凌农业高新技术产业示范区（简称杨凌示范区）、宝鸡国家高新技术产业开发区（简称宝鸡高新区）、咸阳高新技术产业开发区（简称咸阳高新区）、渭南高新技术产业开发区（简称渭南高新区）、榆林高新技术产业开发区（简称榆林高新区）、安康高新技术产业开发区（简称安康高新区），同时，也涉及中国西部科技创新港（简称创新港）等科技园区。

1.2.2 研究内容

本书通过借鉴国内外科技园区的经验与教训，在对科技园区的相关理论进行梳理分析的基础上，针对陕西科技园区的创新发展战略问题进行系统分析，重点分析陕西科技园区的内外部环境等，并在此基础上提出了陕西科技园区创新发展的战略设计和保障措施。

主要研究内容包括四篇 15 章：

第一篇为基础篇，包括概论和科技园区发展及相关理论研究综述。第 1 章概论介绍了研究背景、研究内容、研究方法及研究安排。第 2 章对科技园区发展和科技园区相关理论进行了综述。

第二篇为现状篇，包括第 3 章至第 5 章。第 3 章分析了世界科技园区发展的典型案例及启示，第 4 章分析了中国科技园区发展的历史与现状，第 5 章从总体和 7 个国家级高新区两个层面分析了陕西科技园区发展的历史与现状。

第三篇环境篇包括第 6 章至第 9 章。第 6 章重点从全球科技创新趋势和全球产业变革趋势方面分析了陕西科技园区发展面临的国际环境，第 7 章重点从国内科技创新趋势和国内产业变革趋势方面分析了陕西科技园区发展面临的国内环境，第 8 章分析了陕西科技园区发展面临的机遇和挑战，第 9 章分析了陕西科技园区的主要优势和突出劣势。

第四篇战略篇包括第 10 章至第 15 章。第 10 章从指导思想、基本原则、战略定位、战略目标和战略布局方面提出了陕西科技园区创新发展的总体战略思路。第 11 章至第 14 章从战略定位和战略实施上，设计了陕西科技园区的四大战略，即科技创新战略、产业创新战略、制度创新战略和开放创新战略。第 15 章提出了陕西科技园区创新发展战略实施的保障措施。

1.2.3　拟解决的关键问题

一是梳理科技园区发展与演化的理论脉络与实践过程，总结国内外科技园区建设的典型经验和教训，并针对陕西科技园区进行有实际操作指导价值的总结借鉴。

二是详细分析陕西科技园区建设中面临的突出问题和主要障碍，对发展现状、发展环境和未来发展趋势进行系统分析。

三是结合有关理论和实践经验，提出促进陕西科技园区发展战略创新的总体设计，并对典型科技园区进行总体设计，使研究具有针对性和可操作性。

四是具体设计陕西科技园区总体和典型园区的科技创新战略、产业创新战略、制度创新战略和开放创新战略，提出陕西科技园区发展战略实施的保障措施。

1.3　研究方法

1.3.1　SWOT方法

SWOT即"优势（strength）-劣势（weakness）-机遇（opportunity）-挑战（threat）"方法，是美国哈佛大学教授安德鲁斯在20世纪70年代提出的战略分析框架。运用SWOT方法分析的主要目的在于对陕西科技园区的发展战略进行分析判断，以识别自身的优势、劣势和外部的机遇和挑战，从而在把握内部优势和劣势，外部机遇和挑战的动态分析中，提出相应的政策建议。这种决策分析方法，较好地体现了政策目标与内外因素协调统一的思路，在实践中具有很好的运用价值，具体分析矩阵如表1-1所示。

表 1-1　SWOT 分析矩阵

比较		内部条件	
		优势（S）	劣势（W）
外部环境	机会（O）	SO 战略 依靠内部优势 利用外部机会	WO 战略 克服内部劣势 利用外部机会
	威胁（T）	ST 战略 依靠内部优势 规避外部威胁	WT 战略 克服内部劣势 规避外部威胁

　　SO战略是一种最理想的战略，是处在最为顺畅的情况下十分乐于采取的对策；ST战略和WO战略是一种苦乐参半的战略，是处在一般情况下采取的战略；WT战略是一种最为悲观的战略，是处在最困难的情况下不得不采取的战略。本书采用该分析方法，主要选择SO战略，通过战略设计，在促进陕西科技园区发展上，抓住外部机遇，发挥自身优势。

1.3.2　案例分析法

　　本书通过对美国硅谷、日本筑波世界典型科技园区发展的典型案例进行分析，借鉴了国内外典型科技园区的主要做法，对中国陕西促进科技园区战略创新提供参考。

第 2 章　科技园区发展及相关理论研究综述

2.1　科技园区发展研究综述

2.1.1　科技园区的界定及相关理论

世界最早的科技园区是创立于 1951 年的美国斯坦福研究园区（Stanford Research Park），至今，世界上已有数千个科技园区诞生。科技园区在世界各国和地区的含义大致相同，但叫法不完全一致。例如，美国称为"研究园区"（research park），英国称为"科学园区"（science park）或"技术园区"（technology park），意大利、法国称为"科技城"（technopole/science city），韩国称为"高科技工业园区"（high-tech industrial park）等。

国际科学园区协会（International Association of Science Parks，IASP）对科技园区的定义为：由专业人士管理的一个组织，其主要目标是通过创新文化建设，提升所属企业和知识型机构的竞争力，以增加科学园区的财富。为达到此目标，科学园区激励和管理大学、研发机构、企业、市场之间的知识与技术流动；经孵化与衍生过程加速创建和培育创新型企业；提供高质量空间和设施等其他附加值服务。概括而言，科技园区是一种高技术研发、高技术企业孵化和高技术产业化的特定地域及组织形式（周洪宇等，2014）。

产业区理论是由马歇尔（Marshall）在 1890 年提出的，马歇尔开创性地在《经济学原理》中阐述了对产业区的研究。马歇尔把在特定区域的由生产活动所形成的专业化产业聚集地称为"产业区"（industrial district），认为企业绩效的源泉主要是毗邻企业之间的创新互动、区位优势和临近各类服务机构。他称"大量特征类似的小企业在空间上集中在一个特定的地方"作为一个外部经济体，这种规模经济、外部经济和产业聚集是密不可分的，是古典经济学框架内产业集聚形成的主要原因。马歇尔基于完全竞争市场和不变规模报酬假说，大胆地提出了具有外部性的规模经济是企业聚集的主要目标的观点。基于"劳动力蓄水池"（labor pooling）假说，假设劳动力市场能够实现共享，则使企业可以从本地区或其他区域轻松地获得更充分和具有更高的生产率的劳动力，从而极大地提升企业的生产效率，外部性将使一个行业聚集在一定的空间之内。产业聚集的技术溢出可以使局部扩散所造成的距离衰减，有利于技术效率的提高和行业创新。

阿尔弗雷德·韦伯（Alfred Weber）的工业区位理论于 1909 年提出，该理论重点研究的是产业聚集的源泉和从微观层面的企业的角度来考察产业集聚效应。该理论创造性地把具有规模经济特征的集聚植入区位选择的分析之中，创建了区位理论体系。Weber的《区位纯粹理论》（出版于 1909 年）中考察了工业的空间定位状况，并在《工业区位论》（出版于 1929 年）一书中，首次提出了"集群"的概念，即认为厂商基于节约成本与提高效益的目的，本能地会去为工厂选择集聚性的生产模式。Weber的区位理论的核心贡献在于基于微观的企业区位选择的角度，提出了企业成本最小化是决定企业是否选择成为彼此接近与聚集在一个同一地域的目标函数。它同样也基于"成本最小化原则"，也就是一个组合的三个因素，即集聚因素、劳动力成本和运输成本（内外部规模报酬的递增），使企业以最低的成本进行运营。

2.1.2　科技园区的发展模式与管理体制研究

陈文丰（2012）基于目前我国 88 个国家级高新区的研究，把科技园区分为五种发展模式。一是依托本地区大学、科研院所等智力密集单位，进行科技成果积极转化，形成科技园区，如北京的中关村、西安的高新区。二是优化环境，承接国际产业转移，利用跨国公司的入驻，形成产业集聚，如上海的张江高科技园区。三是区域创新文化氛围浓厚，科技创新企业活跃，成为园区发展的支撑，如深圳科技园区。四是中国香港、中国台湾、日本、韩国等制造业的转移，使园区的经济总量迅速扩大，如中国苏州、中国无锡科技园区。五是通过政府的招商引资，利用外界力量推动，形成植入式发展，一般发生在中西部的二、三线城市。

一般科技园区的管理体制有政府主导管理模式、企业运作管理模式、政企合一管理模式、管理委员会体制、政区型管理模式、委托管理模式、"协治"型模式和准政府管理模式等，张诗雨（2009）认为，我国开发区普遍实行的管理委员会管理模式降低了交易成本，提高了服务效率。

2.1.3　科技园区的发展阶段研究

借鉴波特对国家经济发展阶段的划分，科技园区在发展过程中可划为四个阶段，即要素集聚阶段、产业主导阶段、创新突破阶段和财富凝聚阶段。

在要素集聚阶段，科技园区的发展主要靠政府的优惠政策等外力推动，关注的焦点是如何在最短的时间里把人才、资本、技术、管理经验等要素聚集在科技园区内。中国的科技园区目前已经超出单一靠政策外力推动这个要素集聚期，大多数科技园区在引入项目时，已经把产业发展方向、技术含量、资金密度等较高层次要素作为是否入驻园区的重要指标。

在产业主导阶段，一些规模较大的企业出现在园区内，园区的发展以建立自己的主导产业，形成一个稳定的上游、中游、下游产业链为主要目的。园区发展的推动力不再单独依靠政策优惠，市场竞争带来的超额利润成了园区发展的关键推动力。中国目前的科技园区正处于这个发展阶段。

在创新突破阶段，有大量的风险投资进入，科技园区内创新活动明显增加，创新成了企业成长的灵魂和园区发展的决定性力量，一些原发性创新和高附加值产品大量出现在科技园区内。这时中介机构变得十分活跃,对知识产权的申请和保护成为常态,对科技创新的尊重已形成共识,创新网络和创新文化已经形成,科技园区的国际化程度有了本质的提高。

在财富凝聚阶段,科技园区内的科技成果在国际上享有盛名,拥有园区核心技术,形成自己的科技品牌,大量的精英人才汇聚在科技园区的各个部门,资金的风险性大幅度下降,高新技术广泛地在周围传统产业区使用,科技园区的这种高势能真正起到辐射、引领作用。目前我国的科技园区还没有一个达到这个阶段(波特,2002)。

2.1.4　科技园区的效率评价研究

王永进和张国峰(2016)首次从"集聚效应"和"选择效应"两个方面对开发区影响生产率的渠道进行了论证,对开发区和非开发区的生产率分布进行了系统比较,并定量识别了开发区的"集聚效应"和"选择效应"。研究发现:"集聚效应"和"选择效应"都显著提高了开发区的生产率水平;平均而言,开发区企业的生产率优势主要源自"集聚效应",但是这种"集聚效应"持续期非常短,在开发区成立三年后就基本消失。由制度和政策优惠所形成"选择效应"则是开发区长期生产率优势的主要源泉;民营、小规模、年轻的低效率企业从"集聚效应"中获益更大,这一方面意味着开发区有助于提高资源配置效率,另一方面也说明开发区起到了"孵化器"的作用,促进了民营中小企业的发展。

刘瑞明和赵仁杰(2015)采用 1994~2012 年我国 283 个地级市的面板数据,利用双重差分法研究了高新区对地区经济发展的影响。实证结果表明:国家高新区的建设显著地促进了地区生产总值和人均GDP的增长,对经济发展的推动作用呈现"边际效应递减"的规律,相较于较高等级的城市,较低等级的城市从国家高新区的建设中获得了更快发展。该研究表明,作为"政策试验田"和"经济特区"的国家高新区不仅可以驱动经济发展,而且通过对其合理布局,还有助于缩小地区间经济发展差距,这为国家高新区的未来布局与其他相关政策的设立提供了重要启示。

2.2　科技园区相关理论研究综述

2.2.1　创新及其扩散理论

创新作为一种理论，可追溯到 1912 年美国哈佛大学教授 Schumpeter的《经济发展概论》。Schumpeter在其著作中提出："创新是指把一种新的生产要素和生产条件的'新结合'引入生产体系。"它包括引入一种新产品、采用一种新的生产方法、开辟新市场、获得原料或半成品的新供给来源和建立新的企业组织形式。在熊彼特关于创新的基本观点中，最基础的一点即创新是生产过程中内生的。他认为经济生活中的创新和发展并非从外部强加而来的，而是从内部自行发生的变化。这实际上强调了创新中应用的本源驱动和核心地位。当然，随着科技进步和社会发展，对创新的认识也在不断演进（Schumpeter，1912）。

创新在研究领域产生，随后在经过一个时间过程后在应用领域得到接受和采纳，这成了第二次世界大战后人类更熟悉的创新扩散模式。在创新扩散研究中，最有代表性的是罗杰斯的研究工作，他所提出的创新扩散理论从 20 世纪 60 年代起一直在领域内居于主导地位。罗杰斯认为创新扩散受创新本身特性、传播渠道、时间和社会系统的影响，并深入分析了影响创新采纳率和扩散网络形成的诸多因素。进入 21 世纪，信息技术推动下知识社会的形成及其对创新的影响进一步被认识，科学界进一步反思对技术创新的认识，创新被认为是各创新主体、创新要素交互作用下的一种复杂涌现现象，是创新生态下技术进步与应用创新的创新双螺旋结构共同演进的产物，关注价值实现、关注用户参与的以人为本的创新 2.0 模式也成为 21 世纪对创新重新认识的探索和实践（罗杰斯，2010）。

2.2.2　区域创新体系理论

区域创新体系（regional innovation system，RIS）的概念最早由英国学者Cooke和Schenstock（2000）提出，他们认为区域创新体系通过"产业群""区域的崛起"等经济的实践和理论展开，以系统的、动态演化的观点将新区域科学中的制度、文化、组织等因素和新熊彼特主义的创新研究在市场机制起主导作用的背景下结合起来，以解释区域进行系统化创新的能力和潜力以及对制度、组织等环境条件的要求，从而建立区域学习创新、地方环境和区域增长之间的有机联系，组成一个分析区域创新和区域经济发展的有效理论框架。他认为区域创新体系主要是由在地理上相互分工与关联的生产企业、研究机构和高等教育机构等构成的区域性组织体系，这种体系支持并产生创新。

吴敬琏（2002）认为，高新区的气候、地理等客观条件会帮助高新技术企业发展以及对各类生产要素产生吸引。吴林海（1997）认为，只有在处理好产业结构整体和局部的关系以及利用外资和本土高新技术产业发展等八个方面之间的关系的基础上，高新区才可以实现长期平稳的发展。谢永琴（2005）认为，只有在构建出更加完善的区域创新网络后，高新区方可挖掘出发展的内在潜力。张艳（2011）认为，基于创新理论学说，创新需求高的高新技术产业，通过将高新区、高新技术企业、科研机构、风险投资机构和中介组织等生产要素整合起来，营造一个优越的发展高新技术产业的内外部环境，可以被看成一种独具特色的区域创新网络。

2.2.3　科技创新周期理论

迄今为止，人类社会发生了三次由重大技术创新活动引领的工业革命。分析三次工业革命，推算出科技创新的周期在 80 年到 100 年，并呈现加速度特征，而且科技创新的勃兴往往发生在经济衰退与萧条期。例如，第二次工业革命的代表性技术，即电力与内燃机，其研发与应用始于 19 世纪 30 年代，当时正处于英国、美国等西方国家因生产过剩而爆发的经济危机时期；第三次工业革命的代表性技术，如信息技术，其研发与应用始于 20 世纪 70 年代，当时世界正处于石油危机时期。这印证了突破性创新很难在原有的土壤上自发生成，必须"先破后立"（刘珺，2016）。

著名演化经济学家Perez（2012）认为，自 18 世纪末起，世界经济经历了五次发展巨浪，每一次均以技术革命作为先导，催生新兴产业的涌现，并带来技术经济范式的转变，从而引领经济走出停滞，将整体生产力水平提高到一个新的高度。

从各周期波动特点看，产业结构作为经济发展的"仪表盘"，其趋势性变化具有导向意义，产业周期波动相当程度上型塑经济周期波动。基于到现阶段为止经济发展的研究，与第一、第三产业相比，工业在国民经济中仍然占据主导地位，其重要性不是指绝对比例，而是指代表性。工业GDP的增长曲线与GDP大致相似。通过分析工业GDP增加值的变化趋势，不仅能管窥产业周期的波动特点，而且能大致反向推导出产业周期与科技创新周期的关系。1990 年前后是产业发展的重要拐点，工业GDP的增长速度显著提高。这一变化的原因之一是 1988 年Internet开始对外开放，1991 年连通Internet的商业用户首次超过了学术界用户，即信息技术已从基础研究阶段向产业化、商业化阶段跃升，从而促使产业技术变革。中国大约在 2000 年之后，增长速度显著提高，除人口红利等传统生产力要素推动的制造业竞争力提升之外，信息技术从欧美等发达国家逐渐渗透到中国的工业体系中亦是动因之一（刘珺，2016）。

大致比对科技创新周期和产业周期的时间序列，简单化后的结论是产业周期通常滞后于科技创新周期，产业周期的演进轨迹与科技创新异步。新技术产业化后，新兴产业启动、换挡、提速。由于盈利逐步兑现，企业开始增加投资，资本边际产出递增。但随着投资过度，新兴产业进入平台期，随后落入产能过剩区域，产业开始衰退。产业周期基本遵循复苏—繁荣—衰退—萧条的经济周期规律，只不过时长相对较短，并依产业不同而呈现不同的周期性特质。典型的例子有石油产业的发展，20世纪初"石油时代"来临，到 20 世纪 70 年代爆发石油危机，到世纪之交的二次创新和产业整合，再到其后以页岩气开采为代表的技术革命，而现阶段进入了化石能源需求不足、油价低位徘徊、新能源绿色能源替代战略推进加速等内力外力的"叠加期"，或许石油产业换轨，或许新产业降生。

突破性的科技创新是产业革新与发展的内生动力，而产业发展构成了实体经济的发展。在实体经济之外，还有虚拟经济的存在，即金融体系。金融市场存在循环交替的周期性特点，可以分为短波，也可以分为长波，一般认识是随着经济现代化程度的提高，作为经济晴雨表的金融市场波动的次数和程度应该是"双降"，但现实却是周期波动的次数和烈度均未降低，周期性波幅更未能被有效熨平。以时间为轴将三个周期进行比对发现，工业GDP的变化与金融市场的变化趋势并非重合，而是异步，即产业周期与金融周期并非重合，而产业周期又滞后于科技创新周期。因此，这三种周期并非同步关系，而是交叉步关系。一方面是由于三者的行为模式本不相同，生产行为、金融活动和科技创新均有自己的运行轨迹；另一方面与自然界规律和人类活动的规律相契合，即共振性冲击的有效规避，若三个周期重合，形成共振，那么，则正向或负向的冲击力会十分巨大，超出预期。

显然，科技周期、产业周期、金融周期存在不一致性。当经济处于复苏期时，产业部门边际产出上升，回报上升，经济呈现良好态势；产业部门边际产出进一步上升，实体经济增速稳定，经济进入繁荣期；见顶之后的唯一方向是下行，由于产出边际回报递减，产业部门边际产出下降，导致产业部门回报低于金融部门，实体经济进入衰退期；当资本追求高回报由产业部门流入金融部门，将进一步加剧产业部门回报下降，加速实体经济陷入衰退。大规模资本流入金融部门，极易助长金融投机、加高杠杆、复杂衍生品的过度使用、道德风险等一系列行为，增加金融危机爆发的可能性。特别是以超量增加货币供给甚至负利率等非传统方式来刺激经济发展时，金融不仅没能使缺血的实体经济获得资源补给，反而使自身养分不断增加，营养过剩尚是小事，反身性催生的泡沫继而破裂才是大灾。既然三个周期是交叉步关系，周期与周期的交互作用又不同步，那么货币政策中性至关重要，货币政策理应针对金融中介职能发力，构建有深度、有宽度、有厚度并适应国民经济发展质与量要求的流通环境和基础设施,以稳定、可预期、适度的货币流通环境作为其货币政策目标,并且应该是核心目标。唯此,货币政策才能押上科技创新周期和经济周期的"韵脚",实现波动中的和谐(刘珺,2016)。

2.2.4 增长极理论

增长极理论最早是由法国经济学家弗朗索瓦·佩鲁提出的,他在《经济空间:理论的应用》(1950年)和《略论增长极的概念》(1955年)等一些著作中最早提出一种非均衡增长理论,即"增长极"。佩鲁在对地域工业发展进行研究时发现,经济增长并不是同时出现在所有地方,而是以不同的强度出现在一些增长点或增长极上,然后通过不同的渠道向外扩散,并对整个经济产生不同的最终影响。经济增长极作为一个区域的经济发展的新的经济力量,它自身不仅形成强大的规模经济,对其他经济也产生着支配效应、乘数效应和极化与扩散效应。增长极理论具有"支配效应"与"创新"的特征。经济单位之间由于相互作用而产生一种不对称的支配与被支配的经济关系,增长极中的推动性产业通过与其他经济单位间的商品供求关系、制度技术创新以及生产要素的相互流动对其他经济单位施加影响,产生支配效应。经济增长极的发展主要是靠科技进步与技术创新,创新主要集中于那些规模较大、发展速度很快、与其他部门的相互联系效应较强的推进型产业。具有创新的经济元素在经济单位中处于支配地位,诱导、推动其他经济因素的发展,进而形成发展核心(佩鲁,1988)。

20世纪60年法国经济学家、佩鲁的徒弟布代维尔(Boudeville)对增长极更强调地理空间,其在1957年的《区域经济规划问题》和1972年的《国土整治和发展极》等著作中强调了增长极的地域特征,重新解释和划分了"经济空间",并且正式提出"区域发展极"的概念。布代维尔把增长极同极化空间、区域、城镇联系起来,强调区域是地理空间中连续的区域,而增长极的"极"就位于城镇或中心区域上,使增长极有了明确的地理位置。同时,同佩鲁一样,布代维尔也重视推进型创新产业在经济发展过程中所起到的作用,认为推进型产业会产生后向或前向联系效应。布代维尔丰富和发展了佩鲁的增长极的内涵，但是，他过于把经济空间具体化和地理化，忽视经济空间的抽象化和整体化，从而蜕化成佩鲁所讥讽的"平庸的地理空间"，把它改造成为一种区域经济的"极"而不是经济部门的"极"。

2.2.5　核心边缘理论

德裔美国发展经济学家赫希曼（Hirschman）在其 1958 年的《经济发展战略》中提出区域非均衡增长的核心边缘理论。赫希曼认为，经济发展和进步不会同时出现在所有的地方，当在某处出现经济发展点时，各种社会经济活动和要素流向此区域，形成集聚效应，使该地区的经济得到迅速的发展，这种高发展高收入的区域就形成了核心区，周边发展落后的地区称为边缘区。核心区和边缘区之间同时受到两种效应的影响，即与缪尔达尔的"回波效应"相对应的"涓流效应"和与"扩散效应"相对应的"极化效应"。在市场机制的自发调解下，"极化效应"往往大于或多于"涓流效应"，从而拉大了地区之间的差距。他认为，为了缩小这种差距，靠市场的自发调节是不够的，政府应该加强干预和调节。

弗里德曼（Fridemna）在 1966 年的《区域发展政策》和 1969 年的《极化发展理论》中，又进一步将"核心–边缘"这个具有鲜明特色的空间极化发展思想归纳为一种普遍适用的主要用于解释区际或城乡之间非均衡发展过程的理论模式。弗里德曼认为，任何空间经济系统均可分解为不同属性的核心区和外围区。该理论试图解释一个区域如何由互不关联、孤立发展，变成彼此联系、发展不平衡，又由极不平衡发展变为相互关联的平衡发展的区域系统。

弗里德曼认为，发展可以看做一种由基本创新群最终汇成大规模创新系统的不连续积累过程，而迅速发展的大城市系统，通常具备有利于创新活动的条件，创新往往是从大城市向外围地区进行扩散的。核心区是具有较高创新变革能力的地域社会组织子系统，外围区则是根据与核心区所处的依附关系，而由核心区决定的地域社会子系统。核心区与外围区已共同组成完整的空间系统，其中核心区在空间系统中居支配地位。他认为，任何特定的空间系统都可能不仅仅只有一个核心区，特定核心区的地域范围将随相关空间系统的自然规模或范围的变化而变化。空间系统发展过程中，核心区的作用主要表现在：核心区通过供给系统、市场系统、行政系统等途径来组织自己的外围依附区；核心区系统地向其所支配的外围区传播创新成果；核心区增长的自我强化特征有助于相关空间系统的发展壮大；随着空间系统内部和相互之间信息交流的增加，创新将超越特定空间系统的承受范围，核心区不断扩展，外围区力量逐渐增强，导致新的核心区在外围区出现，引起核心区等级水平的降低。弗里德曼曾预言，核心区扩展的极限最终可达到全人类居住范围内只有一个核心区为止。

该理论认为，随着社会经济的发展，经济空间结构的变化可划分为如下四个阶段：一是前工业化阶段：生产力水平低下，经济结构以农业为主，工业产值比重小于 10%，各地经济发展水平差异较小。城镇发展速度慢，各自成独立的中心状态。区际之间经济联系不紧密，城镇的产生和发展速度慢，城镇等级系统不完整。二是工业化初期阶段：城市开始形成，工业产值在经济中的比重在 10%~25%，核心区域与边缘区域经济增长速度差异扩大。区域内外的资源要素是由经济梯度较低的边缘区流向梯度较高的核心区。核心区域经济实力增大，必然导致政治力量集中，使核心区域与边缘区域发展不平衡进一步扩大。三是工业化成熟阶段：快速工业化阶段，工业产值在经济中的比重在 25%~50%。核心区发展很快，核心区域与边缘区域之间存在不平衡关系。在工业化成熟期，核心区的资源要素开始回流到边缘区，边缘区工业产业群开始集聚。四是空间相对均衡阶段：后工业化阶段，出现资金、技术、信息等从核心区域向边缘区域流动加强。整个区域成为一个功能上相互联系的城镇体系，形成大规模城市化区域，开始了有关联的平衡发展。

2.2.6　全球价值链理论

全球价值链（global value chain，GVC）的概念最初由格里芬等于 1994 年提出，指的是在全球生产网络中，每个国家由于特定的生产阶段进行的活动而获得的增加值收入。2001 年，格里芬和该领域研究者在*IDS Bulletin*杂志上推出了一期关于全球价值链的特刊——《价值链的价值》（*The Value of Value Chains*），这份特刊在全球价值链研究中起到了里程碑式的作用，由此建立起了全球价值链基本概念及其基本理论框架。

联合国工业发展组织（United Nations Industrial Development Organization，2002）在 2002~2003 年度工业发展报告《通过创新和学习来参与竞争》（*Competing Through Innovation and Learning*）中指出："全球价值链是指在全球范围内为实现商品或服务价值而连接生产、销售、回收处理等过程的全球性跨企业网络组织，涉及从原料采集和运输、半成品和成品的生产和分销，直至最终消费和回收处理的过程。它包括所有参与者和生产销售等活动的组织及其价值利润分配，并且通过自动化的业务流程和供应商、合作伙伴以及客户的链接，以支持机构的能力和效率。"该定义强调了全球价值链不仅由大量互补的企业组成，而且是通过各种经济活动联结在一起的企业网络的组织集，关注的焦点不只是企业，也关注契约关系和不断变化的联结方式。

杨锐和刘志彪（2015）认为，需要把企业技术能力升级纳入全球价值链、GIC（global innovation chain，即全球创新链）与NIS（national innovation system，即国家创新体系）的整合框架中去分析。在全球价值链与GIC框架下，发展中国家企业通过全球的生产联结和创新联结，获取技术能力发展机会。然而，这并不意味着加入全球价值链与GIC的企业都可如愿实现技术能力升级，这需要国家创新体系的匹配和支撑。在当前我国宏观经济步入新常态和新一轮高水平对外开放背景下，我国需要在国家创新体系框架下启动新一轮国家层面大规模技术改造：优化全球价值链框架下企业"成本-能力比"、重塑GIC框架下产业创新体系。

第二篇　现　状　篇

第3章　世界科技园区发展的典型案例及启示

3.1　世界科技园区的典型案例分析

世界科技园的发展起源于国外发达国家,经过半个多世纪的探索和实践,形形色色的科技园区在世界各国兴起和发展。伴随着新技术的改革和生产力的发展,全球进入了大力发展新兴科技园区的热潮。以美国硅谷为代表的一流园区,成为推动科技创新、促进产业升级的重要载体和核心动力。以日本波筑科学城为代表的一些园区,由于自身发展模式的缺陷,经历了兴衰的波折。分析美国硅谷、日本筑波科学城等世界典型科技园区的发展经验和教训,对中国陕西科技园区的发展提供了诸多有益的启示。

3.1.1　美国创新产业温床的影响因素

一般而言,科学发现带动了创新产业的发展。然而,从美国高新技术产业的发展历史看,许多诺贝尔奖级别的科学发现成为产业发展引擎的却寥寥无几。美国有许多地区都集中了诸多世界一流大学和研究机构,但成为创新产业温床的只是少数几个地方。以美国现代生物技术产业为例,20 世纪 70 年代末和 80 年代初,在起飞之时,人们眼中的"明日之星"遍布全国,费城、新泽西州、华盛顿市、旧金山、波士顿、圣迭戈、纽约市、亚特兰大、西雅图、休斯敦、洛杉矶 11 个地区,这 11 个地区都具备丰厚的研究和商业资源,或多或少都拥有三项基本资源:

来自风险资本的大力支持、与大型制药企业的联系以及能够穿梭于学术和商业之间的"多面手"科学家们，因而可能成为生物技术产业发展的温床。然而到了 2000 年之后，却只有旧金山湾区、波士顿和圣迭戈三个地区胜出，成为产业集群重镇。超过半数的公司都集中在这三个地区，并且"生产"了过半的专利和新药。

斯坦福大学商学院的Walter W. Powell教授研究团队运用历史资料分析、组织网络分析、模拟分析等方法，追踪了美国生物技术产业组织的"进化过程"，解答了成功与失败背后的秘密。研究表明，起始资源并非决定着成功与否，不少后来表现平平的地区，恰恰是那些最初坐拥得天独厚资源的。波士顿、旧金山湾区、圣迭戈在 20 世纪末发展成为美国现代生物技术产业集群的三大重镇，它们却有着非常不同的起点。波士顿的成功主要依靠大学与研究机构、风险投资基金和生物科技公司三者的紧密结合。其中，哈佛大学、麻省理工大学等一流的大学和研究机构居于绝对核心的位置。在风险资本的支持下，大学里的教授创立了大量和大学实验室保持着紧密关系的生物科技公司。在旧金山湾区，风险投资推动和"开放的共同体"成就了生物技术产业的发展。风险投资人像寻宝一样搜寻着下一个重磅科学发现，他们成为连接科学世界和商业世界的一座桥梁。他们不仅仅在商业上全力支持新的生物科技公司，还努力保留了学术界的工作模式，让科学家们可以用他们习惯的方式在商业世界里工作：他们不必顾忌"商业机密"，可以发表研究成果；他们甚至可以和竞争者自由地交流最新的科学发现并相互合作。圣迭戈的起飞始于 1985 年美国制药企业礼来公司对一家生物技术公司的收购。在这个失败的生物技术创业团队分崩离析之后，它原来的成员形成了一个紧密的创业者网络，依托这里的一流生物医学研究机构和医院，创办了超过 40 家生物科技公司。同时，生物技术公司和研究机构的结合很快吸引了大批的风险投资人。

Walter W. Powell和他的研究团队认为，组织网络的演化过程对一个地方能否成为创新产业发展中心起决定性作用。成功者和失败者呈现出截然不同的网络演化轨迹（Powell and Owen-Smith，2012）。被寄予厚望的新泽西州、纽约、休斯顿、西雅图和洛杉矶等地区，也都有大型医院、世界一流的大学和研究机构，然而在这些地区，通常是一种类型的组织"统治"了整个地区，挡住了新来者进入产业的道路；形成了单一的组织规范、单一的评价标准，研究机构、医院、公司和风险投资机构并没有形成紧密的合作网络，打破常规的跨界尝试很难发生。波士顿、旧金山湾区和圣迭戈地区的成功，一是这三个地区都有非常多样化的组织，公共研究机构、生物科技公司、风险投资基金和制药公司都在网络上占据核心位置，有不可替代的作用。二是这三个地区的组织形成了一个动态的演化过程，大学和研究机构、风险投资基金及生物科技公司这些一开始占据主导位置的组织并没有试图对资源进行垄断，而是做了整个产业集群的桥梁，帮助其他组织建立联系。那些在他们支持下壮大起来的组织也接过"接力棒"，继续在共同体当中担当桥梁和纽带的角色。以上两个因素共同指出被称为"开放的精英"（open elite）的"领导者"在影响产业集群发展方向上的重要作用：他们不仅促进了多样化的组织之间的交流与合作，也鼓励新的做法、新的规范、新的组织形式产生。科学界"开放的共同体"精神在商业世界的投射，影响了组织进化的轨迹，也创造了一个新的产业格局（沈茜蓉，2015）。

3.1.2　硅谷为什么成为全球创新中心？

硅谷（silicon valley）是世界上第一个高科技园区，也是当今世界最具创新能力和活力的园区。硅谷坐落在加利福尼亚州北部，核心区面积约为 800 平方千米，大约有 300 万人口，占美国人口的 1%，却创造了 13% 的美国专利，诞生了世界上最多的高科技跨国公司。截至 2015年 8 月，硅谷市值超过 10 亿美元的前 99 家上市公司的总估值高达 2.8万亿美元，占美国所有公司利润的 6%。20 世纪 90 年代以来，硅谷被称为"互联网+"核心企业聚集地的"网络之谷"，成为软件产业、互联网服务、创新服务计算机和通信、半导体和网络设备、生物科技及航空等高科技产业集群。60 多年来，硅谷呈现出典型的"技术创新驱动发展"特征（聂鲲和刘冷馨，2016）。

硅谷从一个生产水果的农业区一跃成为全球最大、最密集、最具创造力的著名高科技园区，在早期主要依靠三个契机。第一个是在 20 世纪 50 年代，斯坦福大学工程学院院长、"硅谷之父"特曼教授提出将斯坦福广袤的土地租给工业界并创建了世界上第一个科技工业园——斯坦福研究园。第二个是IBM公司于 1952 年在硅谷南部建立了著名的阿尔马登研究中心，这为硅谷带来了世界顶级的工程师和科学家。第三个是 20 世纪 60 年代初，肖克利晶体管公司的"八个叛徒"创办了仙童半导体公司，它是大部分半导体公司之母，从它分离、衍生出来了英特尔、AMD等公司。因此，硅谷成功的第一条就是它把握住了时代赋予的发展契机（拉奥和斯加鲁菲，2014）。

　　但是，如果仅仅靠偶然的产业机会，硅谷可能会随着半导体行业发展的减速，变成像底特律或者匹兹堡一样的地区——一度十分辉煌，最终却随着核心产业的衰退而衰败。但是硅谷一直长盛不衰，虽然它的劳动力成本较高，房地产价格高，税收和管制水平仍然相对较高，但它依然是全球最具有竞争力的科技创新中心（冯兴元，2014）。如今的硅谷地区集中了近万家规模不等的高科技公司，其中约 60%的是以信息为主的集研究开发和生产销售为一体的实业公司；约 40%的是为研究开发、生产销售提供各种配套服务的第三产业公司，包括金融、风险投资等公司。另外还有生物、空间、海洋、通信、能源材料等新兴技术的研究机构迅速发展扩张，硅谷已成为美国新经济发展的主要策源地。

　　有人将硅谷成功的原因总结为吸引了大量的人才。在过去的 50 多年中，斯坦福大学为硅谷输送了大量的创新人才，惠普、苹果等 1 200多家硅谷公司均由其教师、学生和毕业生创建，50%以上的硅谷产品来自斯坦福校友开办的公司（徐井宏和张红敏，2011）。硅谷的高素质人才密集度在全球最高，诺贝尔奖获得者有 50 多名，科学院与工程院院士有上千位，科学家和工程师有 1 万多名，约 45%的人至少拥有学士学位，约 20%的人是研究生（聂鲲和刘冷馨，2016），而且有大量的专业化猎头公司和招聘团队，会计和律师为创新者提供创新支持。但是事实上硅谷（当地政府）本身没有为人才引进出过一分钱，相反，它还要征各种税。有人认为硅谷的成功是靠斯坦福大学，但斯坦福大学在 20 世纪 50 年代还只是美国一所二流偏上的大学，它能成为今天的世界一流大学，在很大程度上是硅谷成功的结果而不是原因。同样，人才的涌入和资金的涌入也更多的是硅谷成功的结果而不是原因（拉奥和斯加鲁菲，2014）。

硅谷之所以成为全球创新中心，其成功的真正原因在于它的四个优势：

一是多元的文化。最富创造力的地方一定是那些文化多元的地区。在硅谷的创新者群体中，有相当一部分是来自外国的技术移民，这群人最富于冒险精神并且有最强烈的通过努力提升自己社会地位的意愿。2014 年，员工来自于国外的比例达到 52%（其中近 2/3 是亚洲人），技术移民创建并经营的企业占硅谷全部高技术企业的 1/3 以上（聂鲲和刘冷馨，2016）。从 1937 年惠普公司成立以来，多元的文化使得硅谷的公司从很小开始就鼓励原创，将世界上最有冒险精神的年轻人吸引过来，成为一个国际化的公司（拉奥和斯加鲁菲，2014）。多元的文化崇尚近乎疯狂的"个人英雄主义"、挑战权威的叛逆精神和包容失败的社会心态（田杰棠，2016）。硅谷鼓励冒险、宽容失败的文化激发了大胆尝试、勇于探索的热情，崇尚竞争、平等开放的观念激发了锐意进取、人才流动的活力，知识共享、讲究合作的精神激发了相互学习、沟通灵感的氛围，容忍跳槽、鼓励裂变的思维激发了知识外溢、创造财富的追求。

二是先进的机制。科技企业中往往实行扁平化管理，管理者和员工之间没有严格的等级制度，在企业之间存在经常性的人员流动。大量的技术移民与其母国形成密切的联系，由此形成庞大的非正规社会网络，这些网络成员共享创新理念、信息、技术、人力等资源（冯兴元，2014）。硅谷创造了相对公平的利润再分配方式，就是通过股份和期权让每个人获得他所应得的那份财富。因此，硅谷成为创造百万富翁最快的地方，这吸引着全世界的英才来此创业（拉奥和斯加鲁菲，2014）。风险投资与硅谷发展形成一种良性互动机制，硅谷吸引了全美约 35%的风投资金，美国大约 50%的风险投资基金都设在硅谷（徐井宏和张红敏，2011）。

三是宽松的环境。硅谷是一个生机勃勃的创业生态系统，遍布着各种创业平台,充满了无数创新通道,为硅谷创新带来了无限的生机活力。对创造和发明的尊重高于一切,实际上没有人计较是否有人拿了职务发明去自己办公司挣钱。原来的公司甚至有些成为其员工新创公司的投资方,正是这种对发明和创业的极度鼓励和宽容,使得在硅谷创业相对容易。甲骨文、思科、英特尔、雅虎和谷歌等公司都是靠"前东家"的宽容才得以创立并且成功的(拉奥和斯加鲁菲,2014)。

四是有限的政府。虽然硅谷的发展主要依靠民间推动,但政府提供公平有效的法律政策和完善的公共产品,并总是以顾客的身份尽力满足高科技公司的需要(聂鲲和刘冷馨,2016)。美国联邦政府基于国家的长久根本利益,强化对基础研究的支持。在从 1990 年至 2011 年的 20 多年间,在所有对基础研究资助来源的总资助额中,美国联邦政府的资助份额占比高达 50%~60%。基础研究所催生的元技术为一代又一代的创业者提供了源头活水,使硅谷成为基础研究和元技术驱动商业创新的典范。同时,政府通过各种政策去敦促技术的商业化传播,增进其外部性收益,使得技术创新最大限度地为社会和经济发展做出贡献。为了拓展技术创新商业化进程,政府出资资助通常不直接参与研究项目,不坚持拥有研究结果的所有权。硅谷所在的加利福尼亚州政府每年拿出预算的 1%用于支持研发和相关活动,对技术教育直接给予资金资助。硅谷的中心城市圣何塞市出台了一系列吸引、扶持高新技术企业的服务和政策,如对硅谷高科技公司提供全年 365 天,每天 24 小时的快速服务,市政府为高科技公司提供贷款担保和税收优惠。

3.1.3　日本筑波的兴衰与反思

20 世纪 60 年代,日本为了从"贸易立国"向"技术立国",从"最佳模仿者"向"创造者"转型,分流东京人口,由政府主导规划建设了筑波科学城,其三个政策着力点是产(高端产业)、学(先进科技)和住(舒适城镇)各功能的有机结合。

经过 40 多年的发展,筑波建成了完整的城市基础设施系统和优美的自然生态,集聚了大批科研人员和创新要素,成为日本在先进科学技术方面向美欧挑战的重要国家谋略之地，是世界最知名的科技园区之一。目前，筑波集中了两所大学，31 家国家级科研机构，包括民间研究所在内，研究机构总数达到 300 家，代表了日本最尖端科学研发水平。研究人员约有 1.3 万人，占日本国家研究机构人员的四成左右。如果包括民间的研究人员在内，筑波的研究人员超过了 2 万人，其中四分之一为博士学位获得者。有超过 100 家的跨国企业和日本大企业在筑波设立了自己的研究所，入驻筑波的风投企业也达到了百余家。其研究领域包括了教育、建筑、物理科学、生物、农业、环境、安全等，并在多个领域取得了创造性突破，培养出了 4 位诺贝尔奖获得者。2011 年，筑波科学城被日本政府指定为全国七大特区之一的国际战略综合特区，筑波正在这一光环下努力朝着打造全球化创新特区的目标迈进（刘洪亮，2014）。

在筑波科学城发展过程中，日本政府发挥了主导作用。筑波科学城由日本政府主管，并设置了"筑波研究机构联络协议会"负责协调各方工作，努力打造产学研相结合的科技研发体系。专门针对高新技术园区制定了《高技术工业聚集地区开发促进法》等，出台了减免税、发补助金、低息长期贷款等优惠政策。政府投入占主导地位，为基础研究提供了很好的资金支持，自 20 世纪 80 年代末以来，国家研究机构全部预算的 50%左右投向了筑波科学城的政府研究机构。为了提升筑波的名气，1985 年政府在筑波举办了国际科技博览会，并以此次大会为契机，全力打造筑波的商业设施和交通系统建设，完善了投资环境。

筑波科学城曾经因其先进的管理模式和得天独厚的智力资源而受到世界的广泛关注，被冠以"现代科技的乌托邦"的称号。但无论是科技创新还是产业发展，其发展成果却并不尽如人意。高新技术产值在总产值中所占的比重十分有限，"科技城"的称号名不副实。主要原因有以下几点。

一是政府主导失灵。作为投资代理人的政府官员没有机制去了解市场、了解技术，政府往往不能准确地把握市场需求、预测技术发展方向。进入应该由市场机制发挥作用的领域，出现政府干预错误或者干预过度。相对于筑波在日本基础研究领域的地位而言，筑波的产业基础没有得到相应的发展，产业规模与科研投入完全不匹配，国立实验机构对企业的支持程度远远满足不了企业的渴求。此外，筑波科学城受到中央政府的直接管理，中央和地方政府的发展目标不统一，导致科学城无法与当地经济有机融合。

二是产学研联动不足。政府的垂直管理、条块分割，限制了研究机构、教育设施与科技公司之间的沟通与交流。过多从事基础研究而非工业应用，科研部门与工业界缺乏联系，科研成果的产品转化率不高，这不仅降低了科技转化产业的产值，也影响了当地民企或私人研究机构的发展。研发人员本身的收入与研究成果及其创造的价值没有直接联系，导致了科研成果没有能够充分应用，研究成本大而回报低限制了科学城的进一步发展。

三是体制机制滞后。日本企业的终身雇佣制虽有改变，但其强调权威、等级制度，强调下级对上级的服从、个人对企业的忠诚的基本传统。这一因素限制了筑波的科技人员流动以及彼此之间的交流，使得科研活动缺乏活力。研究人员一般由政府配备，竞争和流动率比较低，各部门的大学培养人才的目的，主要是为了本部门和机构补充人力，和社会、企业、产业实践有些距离。官僚作风也阻碍了科学城创新文化的形成，压制了科研人员的创造性，技术开发机制不健全，导致了个人创造习惯受到抑制。

为了解决上述问题，日本及筑波市开始进行制度变革和政策调整，力求再造 21 世纪的新筑波。

一是改变完全政府主导模式，积极引入市场机制。为了进一步振兴科研活动，筑波市在"科技振兴指针"中提出了"打破政府垂直条块，构建共同目标；强化成果的实用化、产业化；打破规章制度限制等改进措施。大力推动科研机构的市场化，促使科技成果由在"体制内"向"体制外"流转，进一步强化产学研合作。

二是对筑波的国家研究机构施行独立法人化，增加研究机构在经费和研究人员的使用上的自由度，推进符合社会需求的研究项目；此后，还将当地的国立大学转为独立法人，强化其教育研究的自主经营。

三是政府重点支持大学和科研机构成立科技中介机构,接受大学及研究者个人委托,为大学科研成果申请专利,进行技术营销,实施技术转移,促进政府、产业界和学术机构之间的相互影响,促使许多著名公司在筑波设立研究中心,带动了新技术的开发和新兴产业的发展。同时,日本推出了一系列人才培养计划,目的是建立一流人才培养基地,让一批国际顶尖级人才脱颖而出。

2011 年,筑波被日本政府指定为国际战略综合特区,当地政府计划利用这一机遇进一步放宽规章限制,加强产学研合作,推进产业振兴。目前,筑波提出了"面向未来推进全球化创新"的口号,正在谋求以"生活创新"和"环保(绿色)创新"为主导,以"新一代癌症治疗技术"、"生活支援机器人的实用化"、"藻类生物能源的实用化"、"打造世界级纳米技术基地"、"新药品和医疗技术研发"、"核医学检查药剂国产化"和"打造机器人医疗器械和技术的生产基地"七大领域为目标,努力拓展筑波科学城的未来发展。

3.2　世界典型科技园区发展的启示

世界各主要典型科技园区的发展特点和成功经验对于陕西科技园的发展具有重要的借鉴意义,其主要启示如下。

启示一:管理体制创新要依托园区自身的特点。

在管理体制方面,各成功园区均根据自身特色、所在国家和地区的政治体制、历史文化传统等,选择了各具特色的管理体制。例如,筑波科学城是政府主导型管理体制,硅谷则属于市场主导、政府为辅的管理体制。每一种管理体制都各具特色,既受到科技园区自身发展阶段的制约,又受其外部发展环境的影响,两者相互结合,才能做出最为准确的方案。发达国家市场机制发展成熟,在科技园的发展中政府的作用微弱,但在发展中国家,政府对园区发展中具有指导性的作用。根据世界典型科技园区的发展,中国根据自身的发展情况,可以做适当的调整,可以确定的是,科技园区具有复杂性,企业和科研机构的参与至关重要,政府的支持和干预在一定程度上不可或缺，园区的发展需尊重市场的选择，同时政府也要发挥引导作用。

启示二：充分发挥产、学、研相结合的发展模式。

纵观世界一流科技园发展的过程，我们可以看出，科技园的成功离不开具有科研能力的高校和研究所。硅谷有著名的斯坦福大学、加利福尼亚州（伯克利）大学等四所大学和其他几十所专业院校，知识和技术的密集度居美国之首，日本筑波有筑波大学等，园区内还有众多科研院所，这些高校和科研院所为园区科技发展提供了创新渠道，同时，园区又为科技研究提供了平台，两者相互促进，实现了"共赢"。中国的高新区也是如此，周围集聚了大量的高校和科学园，陕西省作为教育大省，在人才教育方面成绩显著，在发展区域科技园区经济过程中，要充分利用人力资本的优势，形成以大学为中心，科研和生产结合，科技成果转化为生产力，反过来促进高校和企业、市场之间紧密结合的产、学、研大融合。

启示三：完善中介服务，提升服务质量。

国外典型大学科技园，往往通信和交通便利，银行、融资机构、咨询机构、会务场所、日常生活服务场所等设施齐全，形成了完善的园区服务体系。陕西省高新区应建立和完善中介服务机构，包括提供成果转化、融资、法律咨询、创业指导等服务，建立一支具有一定管理能力、熟悉企业管理和市场经济规则的中介服务队伍。从企业入园到企业孵化并最终上市提供全程指导和服务，用优质的中介服务助推园区创新创业效率的大幅提升。

启示四：利用金融创新拓展融资渠道。

美国硅谷内衍生新技术企业在短时间内迅速强大，主要是著名的天使投资、风险投资为这些企业的起步做出显著的贡献；日本筑波科学城则以政府财政支持为主，投资渠道单一，创新不足。显然，金融创新使得投资渠道增多，更有利于科技园区的发展。因此，可通过税收、风险投资等政策导向，集聚分散的民间资本，通过运作把资金转向高新技术企业，风险投资主体获得高额回报，高新技术企业获得创新资金，从而推动科技园区发展。

第4章　中国科技园区发展的历史与现状

4.1　中国科技园区发展的历史进程

建设科技园区是党中央、国务院准确把握国际国内经济科技改革发展大势，加快我国高新技术产业发展，实现科技经济更紧密结合而做出的重大战略部署。

1988 年 5 月经国务院批准建立了中国第一个国家级高新技术产业开发区——北京市新技术产业开发试验区。

1991 年 3 月，国务院在全国 37 家地方兴办的高新区的基础上，批准建立了第一批 27 个国家高新区，同时制定了一整套扶持高新区发展的优惠政策。1992 年，国务院批准了苏州、无锡、常州等 25 个城市建设国家高新区。

1997 年 6 月，为推动农村高新技术产业的发展，国务院批准在杨凌建立了国家农业高新技术产业开发示范区。至 2007 年底，经国务院批准的国家高新区已经达到 54 个。

从 2008 年开始，高新区在深化改革、扩大开放的有力环境中获得快速发展，基本完成了各具特色的区域布局。

"十二五"期间，国家高新区通过探索经济发展新模式和辐射带动周边区域新机制，持续不断地集聚创新资源与要素，科技企业快速成长，创新成果大量涌现，高新技术产业蓬勃发展，经济社会和谐共进，在实施创新驱动发展战略中发挥了标志性引领作用，成为我国高新技术产业发展最为主要的战略力量。"十二五"期间，国家高新区队伍扩大到

146 家。依托一批代表性突出、综合实力强的国家高新区，国务院先后批复张江、深圳、苏南等 17 家国家自创区。

我国科技园区已走过近 30 年的发展历程，其诞生与发展对外顺应国际竞争和新技术革命的发展潮流，对内强力促进区域经济发展，通过有限资源的合理配置产生出巨大的社会效益和经济效益，是我国改革开放的成功实践，是推动高新技术产业化的伟大创举，已成为高新技术发展的核心载体和重要的区域经济增长极，对产业集中集聚、发展开放型经济、改善投资环境、促进体制改革创新发挥了重要作用，被认为是我国依靠科技进步和技术创新支撑经济社会发展、走中国特色自主创新道路的一面旗帜。

4.2　中国科技园区的发展现状

4.2.1　经济创造能力明显增强

"十二五"期间，国家高新区营业收入年均增长 17.4%。2015 年，146 家国家高新区共实现营业收入 25.37 万亿元，出口创汇 4 732.4 亿美元，占全国货物和服务出口的 20.9%。GDP 达到 8 万亿元，占全国GDP的 11.9%。区内企业上缴税费 1.4 万亿元，占全国税收收入的 11.4%。实现利润 1.8 万亿元，劳动生产率达 30 万元/人，是全国全员劳动生产率平均水平的 3.9 倍。实现净利润率 6.3%，实现工业总产值 18.6 万亿元，工业增加值率 25.4%，新产品销售收入占产品销售收入的比重达 30.8%。2016 年，国家高新区营业收入达 28.3 万亿元，工业总产值达 20.5 万亿元。3 个高新区营业收入超过 1 万亿元，63 个高新区营业收入超过 1 000 亿元，10 家高新区增速在 20%以上。在全国经济进入新常态的情况下，国家高新区依然在高基数上保持了较快发展，成为保持经济中高速增长的重要力量。

《国家高新区创新能力评价报告（2016）》显示，2015 年，国家高新区中属于高技术制造业、高技术服务业的企业和从业人员占高新区企业总数和从业人员总数的比例均在 40% 以上,其他各项主要经济指标占国家高新区总体的比重均在 30% 左右,其中出口创汇占比高达 61.4%,见表 4-1。

表 4-1　2015 年国家高新区高技术产业主要指标及占比

指标	单位	国家高新区	占高新区比重/%
企业数量	家	38 159	44.9
从业人员	万人	707	40.5
营业收入	亿元	83 037.8	32.2
工业总产值	亿元	57 716.7	30.4
净利润	亿元	5 894.0	35.9
上缴税额	亿元	3 976.1	27.4
出口总额	亿美元	3 105.4	61.4

资料来源:中国高新区研究中心《国家高新区创新能力评价报告(2016)》

4.2.2　新产业新业态加快发展

国家高新区不断发展新型产业组织,积极培育新兴业态,全面构建高新技术转移转化通道和产业化平台,新兴产业生成能力和集聚效应不断增强,成为我国培育和发展新兴产业的重要策源地,成为支撑和引领区域产业结构调整的核心力量。2015 年,国家高新区集聚了 31 160 家高新技术企业,占全国高企数量的 40.9%。

在一些国家高新区,下一代互联网、集成电路、光通信、通信设备等创新型产业集群已经具备国际竞争力,在关键前沿技术开发、重大产品与装备制造、国际技术标准创制等方面涌现出一大批高端技术和产品。新产品、新技术、新业态、新模式不断涌现,一批新的经济增长点、增长极、增长带正在加快形成。移动互联网、物联网、3D 打印、可穿戴设备等新业态在国家高新区不断涌现。高效能计算机、人工非线性晶体、纳米材料和印制、智能机器人、中文信息处理、量子通信、人用禽流感疫苗、3G/4G 技术及标准、燃料电池技术和应用等方面相继获得重要突破,开辟了产业发展新方向。

《国家高新区创新能力评价报告(2016)》显示,国家高新区高技术服务业在创造新的工作岗位、扩大就业方面贡献很大,尤其是对经济效益方面的贡献尤为突出。2015 年国家高新区的高技术服务业企业数量约为高技术制造业的两倍，高技术服务业企业从业人员数增长率和上缴税额增长率分别为高技术制造业的 3.2 倍和 5.2 倍，且高技术服务业企业的整体利润率高出高技术制造业 3.9 个百分点，见图 4-1。

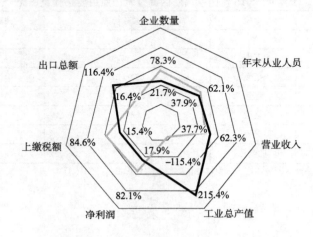

图 4-1　2015 年国家高新区高技术产业主要指标及占比

4.2.3　创新创业生态不断完善

　　坚持以人为本，持续优化创新创业环境与氛围，持续集聚创新要素与主体，持续提升创新效率与能力，在全国率先形成了"大众创业、万众创新"的生动局面，成为区域创新创业集聚区。截至 2015 年底，国家高新区的 1 719 万名从业者中，大专以上学历达 52.7%，拥有 82.2 万名硕士，8.9 万名博士，万人从业人员中研发人员数量是全国平均水平的 13.6 倍。

　　我国部分国家高新区从业人员的教育程度国际一流。2015 年，以西安、中关村、深圳等为代表的国家高新区的从业人员中本科及以上学历人员占比，均较硅谷地区居住人口中本科及以上学历人员占比高出 1.0 个百分点以上。

　　《国家高新区创新能力评价报告（2016）》显示，2015 年，与国际先进园区相比,我国各国家高新区吸引和凝聚国际人才的能力需要进一步加强。2015 年国家高新区从业人员中外籍常驻人才占比仅为 0.4%,外籍常驻人才占比最高的苏州工业园为 3.4%,而美国加利福尼亚州、硅谷的出生在国外的居民占比分别为 27.1% 和 37.4%,说明国家高新区需要继续加强人才国际化工作力度。薪酬体系的国际化水平极低,国家高新区从业人员福利水平优越但还需提升。2015 年 147 家国家高新区企业从业人员平均薪酬为 102 575 元/年,是全国单位在岗职工平均工资的 1.6 倍,但从业人员平均薪酬最高的上海紫竹高新区仅为硅谷从业人员平均薪酬（737 885 元/年）的 26.5%。

　　汇聚各类大学 753 所,研究院所 2 415 家,企业技术中心 9 557 家,技术转移示范机构 788 家。2015 年。区内企业R&D经费支出达 4 521.6 亿元,占全国企业的 31.8%,企业研发经费投入强度（企业研发经费内部支出与园区生产总值比例）为 5.5%,是全国平均水平的 2.6 倍。研发人员密度（每万名从业人员中R&D人员数）为 708.8 人,为全国的 14.6 倍。区内企业申请发明专利 18.7 万件,占全国发明专利申请总量的 17%,发明专利授权量占到全国授权量的 19.8%,实现了全国 50% 以上的企业发明专利。2015 年国家高新区万人授权发明专利（42.2 件）、拥有有效发明专利（164.8 件）分别为全国水平的 9.2 倍、8.7 倍;同时 2015 年国家高新区的每万名从业人员授权专利是硅谷每万名居住人口授权专利（2014 年为 65.5 件）的 1.9 倍,见图 4-2。

　　《国家高新区创新能力评价报告（2016）》显示,2015 年,国家高新区创新能力持续保持增长态势。2015 年国家高新区创新能力总指数为 180.9 点,见图 4-3。

　　国家高新区正在引领新时代的创业活动,涌现出一大批以创业咖啡、创业苗圃、新型孵化器为代表的众创空间。"天使投资+合伙人制+股权众筹"等一批新的创业模式正在兴起,创业"新四军"日益成为创业主群体,创新创业已经成为国家自创区的价值导向和生活方式。2015年,聚集了 1 354 家科技企业孵化器、1 021 家众创空间,全国经备案的众创空间 44% 在国家高新区内。80% 以上的国家高新区建立了创业投资引导机制。2015 年,国家高新区新增注册企业达 19 万家,当年新增

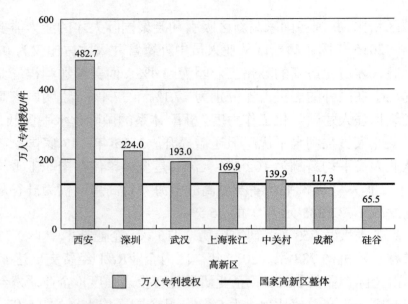

图 4-2　2015 年我国代表性高新区与硅谷万人专利授权对比

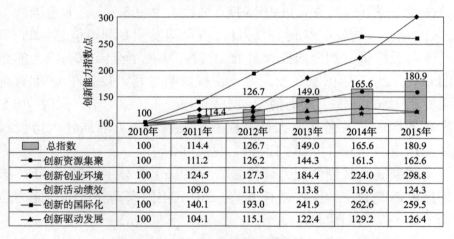

	2010年	2011年	2012年	2013年	2014年	2015年
总指数	100	114.4	126.7	149.0	165.6	180.9
创新资源集聚	100	111.2	126.2	144.3	161.5	162.6
创新创业环境	100	124.5	127.3	184.4	224.0	298.8
创新活动绩效	100	109.0	111.6	113.8	119.6	124.3
创新的国际化	100	140.1	193.0	241.9	262.6	259.5
创新驱动发展	100	104.1	115.1	122.4	129.2	126.4

图 4-3　国家高新区创新能力指数

企业数与企业总数的比例平均值为 20.1%。当年新注册企业中技术开发和技术服务型企业占园区当年新注册企业的 37.0%，见图 4-4。另据工业和信息化部对互联网企业的统计，在互联网百强企业里，96 家在高新区，前十名里九家在高新区。

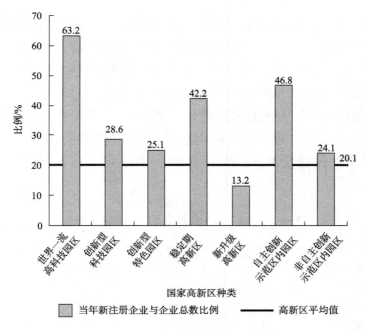

图 4-4 2015 年各类国家高新区群体当年新注册企业与企业总数比例

《国家高新区瞪羚企业发展报告（2016）》显示，国家高新区瞪羚企业发展势头十分强劲，成为经济发展的新亮点。瞪羚企业数量达到 2 085 家，分布于 127 个国家高新区，七成以上的瞪羚企业分布于 20 个高新区当中，其中瞪羚数量排名位于前十的高新区共拥有瞪羚企业 1 182 家，占国家高新区瞪羚企业总数的 56.7%。北京中关村瞪羚企业数量达到 535 家，约占国家高新区瞪羚企业总量的 25%（表 4-2）。瞪羚企业发展质量优异，瞪羚群体营业收入近三年复合增长率为 35.8%，2015 年平均营业收入为 9.06 亿元，平均净利润为 6 683.7 万元，平均员工数量为 527 人，平均上缴税额为 3 946.6 万元。瞪羚企业业绩表现全面大幅高于高新区平均水平，八成以上瞪羚企业为国家高新技术企业，是国家高新区企业的优秀代表。爆发式成长的瞪羚企业数量大幅增加，成立五年营业收入突破五亿元或者成立十年营业收入突破十亿元的企业共计 435 家。瞪羚企业创新成效显著，2015 年瞪羚企业内部研发支出投入强度为 2.7%，新产品的产值占总产值的四成，高新技术产品收入占总营业收入的四成，高新技术产品及技术服务出口三年复合增长率分别为 42.2%和 48.4%；瞪羚企业申请专利、拥有注册商标总数三年复合增长率分别为 25.7%与 43.6%。孵化器及加速器对瞪羚企业培育作用明显，14%的瞪羚企业入驻或毕业于孵化器或加速器。风险投资环境日益改善，2013~2015 年共计 79 家瞪羚企业获得风险投资，瞪羚企业获得的风险投资额快速增长，两年复合增长率高达 96.3%。挂牌及上市企业较多，截至 2015 年底，共有 259 家瞪羚企业上市或挂牌，占瞪羚企业总体数量的 12.4%，其中，2015 年上市及挂牌的瞪羚企业有 112 家。

表 4-2　国家高新区瞪羚企业数量前 20 名排名

排名	高新区	瞪羚数/家
1	中关村国家自主创新示范区	535
2	上海张江高新技术产业开发区	103
3	广州高新技术产业开发区	90
4	深圳高新技术产业开发区	78
5	杭州高新技术产业开发区	72
6	成都高新技术产业开发区	66
7	苏州工业园区	65
8	天津滨海高新技术产业开发区	62
9	武汉东湖高新技术开发区	57
10	襄阳高新技术产业开发区	54
11	西安高新技术开发区	48
12	合肥高新技术开发区	36
13	长沙高新技术开发区	33
14	厦门高新技术开发区	32
15	苏州高新技术开发区	29
16	常州高新技术开发区	28
17	济南高新技术开发区	26
17	重庆高新技术开发区	26
19	临沂高新技术开发区	23
19	无锡高新技术开发区	23

4.2.4　产业科技新城日益凸显

国家高新区土地利用程度总体良好，土地利用结构相对合理，土地利用效率、投资强度和效益方面均处于全国先进行列，已日渐成为节约集约用地的先导区和示范区。根据国土资源部 2014 年土地集约利用评价结果，国家高新区综合容积率为 1.00，工业用地综合容积率为 0.91，工业用地地均固定资产投资为 6 788.83 万元/公顷，在各类国家级开发区中均为最高。与 2012 年的评价结果相比，国家高新区综合容积率提高了 0.07，工业用地地均固定资产投资增长 17.37%，工业用地地均收入增长幅度为 1.68%，提升显著。

国家高新区努力践行绿色协调发展的新型工业化道路，经历了从实现科技价值到经济价值再到社会价值的转变。持续推动园区基础设施建设，商贸、医疗、交通、学校、娱乐等城市配套功能不断改进。社会治理模式不断创新，互联网新兴手段、广大社会力量广泛参与园区社会事务，产业社区、创业社区大量涌现。生态与环境建设持续推进，截至 2015 年底，146 家国家高新区中有 72 家通过 ISO 14000 环境体系认证。2015 年国家高新区规模以上工业企业万元 GDP 平均综合能耗为 0.584 吨标准煤，低于全国平均水平。大批节能、环保科技成果率先得到运用，成为"十城千辆""十城万盏""金太阳""三网融合""智慧城市"等工程的先行示范区。

4.2.5　开放协同发展步伐加快

国家高新区已经成为区域经济发展的引擎，2015 年，有 21 家国家高新区生产总值占所在城市的比重超过 30%，其中 7 家超过 50%。国家自创区积极探索产业协作、品牌共享、园区共建、技术输出、管理模式输出等辐射带动新机制，取得较好成效。中关村与 23 个省（自治区、直辖市）的 61 个地区（单位）建立了战略合作关系，园区企业在全国各地设立分支机构超过 8 300 个，约 80% 的技术合同成交额辐射到北京以外地区。张江在江苏和浙江等地共建 12 个园区，实现了和江浙的协同发展。东湖与周边区域建立协同发展机制，形成覆盖湖北全省的"光谷产业园"品牌。

在"一带一路"、自贸区等战略推动下，国家高新区深度融入全球经济体系，已成为全球创新网络的重要枢纽和节点。截至 2015 年底，146 家国家高新区共入选国家"千人计划"3 438 人，留学归国人员 10.9 万人，外籍专家 1.3 万人，外籍常驻人员 5.5 万人，24 家国家高新区成为国家"海外高层次人才创新基地"。越来越多的国家高新区开始建设海外孵化器、海外产业园，探索产能合作、技术溢出和成熟模式的国际辐射。

4.2.6　体制机制创新成效显著

国家高新区始终站在国家和社会的改革潮头，在科技和经济结合、科技和金融融合、知识产权保护和运用、人才吸引和培育，以及产城融合、国际化发展等方面开展了全方位的改革探索。大力培育各类创新创业促进组织，建设公共服务平台，形成了结构合理、功能完善、特色鲜明的科技服务体系，促进了科技资源的开放共享。

进一步深化"小政府，大服务"的理念，部分国家高新区探索实施了"负面清单"管理模式。加大简政放权力度，简化创业企业注册手续，持续优化"大众创业、万众创新"的制度环境。持续创新管理体制和社会治理模式，广泛汇聚利用各类社会力量，积极向产业组织者转变。国家自创区作为我国改革创新的先锋引领，开展了一系列体制机制和政策创新，成效显著。先后研究出台"6+4""新四条""黄金十条""科技新九条"等政策措施，极大程度上解放和发展了科技生产力。

4.2.7　代表性园区示范性增强

以中关村为代表的一批园区加快实施国家高新区战略提升行动，国家高新区战略位势显著提高。中关村作为国家首个高新区和国家自主创新示范区，20 余年间，引领了中国的创新创业浪潮，成为全国标杆。2015 年，高新技术企业实现总收入 4.07 万亿元，对北京市生产总值的增长贡献率达到 36.8%。

新创科技企业 2.4 万家。企业专利申请量突破 6 万件，获专利授权

34 946 件。中关村技术交易额超 3 000 亿元，占全国的三分之一以上。麻省理工《科技评论》中关于中关村的评论是：全世界仅中关村是硅谷真正对手。中关村是我国科教智力和人才资源最为密集的区域，拥有北京大学、清华大学等高等院校 40 多所，各类科研院所 206 个。截至 2015 年底，中关村聚集"千人计划"人才 1 091 人，占全市的 82%，占全国的 21%；"海聚工程" 424 人，占北京地区的 70%。行业领军企业、高校院所、高端人才、天使投资和创业金融、创新型孵化器、创客组织、创业文化等核心要素，以及市场、法治和政策三大环境，构成中关村的创业生态。

　　中关村是全国科技金融创新中心。全国 80% 的天使投资人活跃在中关村，披露的创业投资案例和金额占全国 40% 以上。截至 2016 年 3 月 29 日，中关村上市公司总数达到 284 家，其中境内 182 家，境外 102 家，市值超千亿元的企业 5 家，上市公司总市值突破 4.8 万亿元。2016 年上市公司市值达到 4.8 万亿元，比 2015 年增加 45%。小米、滴滴、美团等"独角兽"企业（即估值在 10 亿美元以上的初创公司）超过 40 家，体现了令人惊叹的中关村速度。在全球创新区域中，数量仅次于美国硅谷。在互联网、人工智能、生物医药、新材料等领域，中关村企业正在全球科技创新竞争格局中占据重要位置，成为自主创新的重要源头和原始创新的主要策源地。

第 5 章 陕西科技园区发展的历史与现状

5.1 总体情况

目前，陕西拥有省级以上开发区 43 个，其中包括 5 个国家级经济技术开发区，7 个国家级高新区以及 31 个省级开发区，覆盖了全省 11 个市区。"十二五"期间，新建 8 个国家农业科技园区、21 个省级农业科技园区。建立国家级特色产业基地 4 个，创新型产业集群 3 个。陕西开发区实际到位外资年均增速 26%，实际到位内资年均增速 20%，进出口额年均增速 29%。开发区已经成为全省经济发展最快、吸引外资最多、投资环境最优的重要区域，在促进陕西开放型经济发展中发挥了重要的辐射带动和示范窗口作用。

科技园区依托高标准基础设施的"硬环境"和以市场经济为特征的"软环境"成为陕西招商引资的主阵地。引进外商投资领域从最初的工业制造逐步扩展至基础设施开发、公共事业、现代服务业等多个领域，吸引外资经历了从招商引资到招商选资的转变，科技园区成为外来投资的热点区域，已吸引三星、美光、强生、华为等国内外数千家各类企业入驻，其中世界 500 强企业 54 家、中国 500 强企业 200 多家。

近年来，科技园区以产业结构调整和升级为目标，按照"存量调结构腾空间，增量优结构扩空间"原则，加快腾笼换鸟，培育引进了一大批电子信息、装备制造、汽车、生物医药、航空航天、光伏、高端化工和软件、服务外包等国内外知名企业，形成了以航空航天、输变电成套设备和汽车及零部件为主的装备制造业集群，以煤制油、煤制甲醇、煤制烯烃等资源深加工为重点的能源化工产业集群,以电子信息等为主的高新技术产业集群,及商用汽车产业集群和新材料产业集群,战略性新兴产业产值占陕西战略性新兴产业总产值的 80%以上,有力促进了陕西产业结构调整与升级。

自 1991 年陕西第一个国家高新区——西安高新区建立以来,陕西高新区蓬勃发展,西安高新区获批建设国家自主创新示范区,相继建立了西安、宝鸡、杨凌、渭南、咸阳、榆林和安康 7 个国家级高新区,位居全国第六。建立了延安、府谷、蟠龙、三原、富平、蒲城、凤翔、汉中、商洛、西户、旬阳 11 个省级高新区,形成了“7+11”国家和省级高新区的发展格局。经过 20 余年的建设和发展,高新区已经成为陕西高新技术产业化的主战场,成为支撑陕西创新型省份建设、引领陕西经济实现创新超越发展的新引擎。

陕西高新区主要经济指标始终保持较快增长,是陕西发展最快的区域,已经成为引领陕西经济发展的重要力量。2015 年,面对经济下行压力,陕西 7 个国家高新区收入和产值实现逆势上扬,高新技术产业产值和收入均保持两位数增长。2015 年陕西 7 个国家高新区实现收入 12 691.02 亿元,同比增长 15.19%。实现生产总值 4 562.49 亿元,占陕西生产总值的 25.11%。其中工业总产值同比增长 10.7%,达 10 250.05 亿元;实现工业增加值 3 199.29 亿元,占陕西工业增加值的 34.18%,远高于陕西 7.3%的平均增长水平。西安高新区产值和收入分别占到总量的 66%和 70%,增幅均超过 10%。安康高新区、咸阳高新区和杨凌示范区的工业总产值增幅分别达到 39.38%、17.68%和 12.93%,榆林高新区、安康高新区和咸阳高新区的营业收入增幅分别达到 69.02%、36.89%和 29.90%。7 个国家高新区实现净利润 695.80 亿元,同比增长 7.25%,其中宝鸡高新区、杨凌示范区、咸阳高新区、榆林高新区和安康高新区的净利润均保持了 20%以上的增长。出口创汇共 113.71 亿美元,其中西安高新区出口创汇 98 亿美元,占陕西的 86%;宝鸡高新区出口创汇 8.12 亿美元,增幅 18.2%;咸阳高新区和安康高新区出口创汇均突破了亿美元关口,增幅分别为 120.51%和 611.11%。

陕西省级高新区蓄势待发,除宝鸡蟠龙、榆林府谷高新区外,其他

5 个省级高新区实现营业收入 203.19 亿元，工业总产值 364.16 亿元，出口 0.79 亿美元，净利润 15.57 亿元，实际上缴税额 26.24 亿元。

陕西参与火炬统计快报的高新技术企业各项主要经济指标均高速增长，引领了陕西省高新技术产业的创新超越发展。2015 年，陕西参与统计的高新技术企业共 1 430 家，占陕西高新技术企业总数的 88.9%，比 2014 年增长 6.96%。陕西省实现营业收入 6 737.83 亿元，同比增长 32.12%；工业总产值 6 655.88 亿元，同比增长 41.70%；净利润 388.44 亿元，同比增长 56.80%；出口总额 40.49 亿元，同比增长 9.24%。

从 7 个国家高新区来看，参与火炬统计快报的高新技术企业有 1 096 家，占入统企业总数的 21.87%。营业收入 5 655.53 亿元，占总量的 44.56%；工业总产值 5 488.41 亿元，占总量的 53.54%；工业增加值 1 520.48 亿元，占总量的 47.53%；出口总额 27.90 亿元，占总量的 24.54%；净利润 321.71 亿元，占总量的 46.24%。可以看出，仅占参与统计企业总数 1/5 的高新技术企业，贡献了 7 个国家高新区各项主要经济指标的 1/2，对陕西高新区创新超越发展的引领作用显著。

到 2016 年底为止，陕西高新区聚集了陕西 80% 以上的高新技术企业、90% 以上的科技企业孵化器、60% 以上的研发平台。2015 年，高新区技术合同交易额占陕西的比重接近 50%。

渭南、杨凌、榆林、汉中、咸阳、宝鸡、西咸新区、铜川 8 个省级农业科技园区获批国家农业科技园区，新建澄城、眉县、神木、柞水、临渭等 21 个省级农业科技园区，建立了 76 个农业科技创业示范基地，国家级、省级星火技术密集区 34 个。

陕西各高新区以自身区域特色凝练产业发展方向，产业聚集水平不断提升，形成了各具特色的产业集群。西安高新区重点打造电子信息、先进制造、生物医药、现代服务业四大主导产业，形成了半导体、智能终端、软件及信息服务 3 个千亿元产业集群；宝鸡高新区重点培育新材料、石油钻采、汽车及零部件、机床工具、铁路器材及零部件、通信导航电子、中压输配电设备七大产业；杨凌示范区初步形成生物资源循环经济创新型产业集群；咸阳高新区重点打造电子信息、生物医药、新型材料、石油化工四大产业集群；渭南高新区建成全国首个 3D 打印产业培育基地；榆林高新区重点发展能源化工、装备制造、建材加工等主导产业；安康高新区大力发展富硒食品、生物医药、现代服务业。

陕西各高新区以体制机制创新为动力，积极探索人才引进、创新创业、科技金融、成果转化的有效机制。绝大多数高新区建立了一枚印章管审批、一个部门管市场、一支队伍管执法的"三个一"管理机制，企业办事效率大幅提升。安康高新区建立了各县的"飞地"工业园，引导区内创新资源向各县释放转移。西安高新区与户县、长安县政府联建草堂科技产业基地、长安通讯产业园，推动与核心区功能互补、错位发展。

5.2　国家高新区的发展

5.2.1　西安高新区

西安高新区是 1991 年 3 月经国务院首批的国家级高新区，建区以来充分发挥科教资源集聚优势，走出了一条内陆高新区实现跨越发展的成功之路，已成为全国重要的科技创新中心、西部开发开放战略高地，成为西安、陕西核心增长极和对外开放的先行区，在西部大开发和"一带一路"建设中发挥着先锋引领和示范带动作用。2006 年，被科学技术部列为全国六个建设世界一流科技园区的试点园区之一。2016 年，被确定为中国（陕西）自由贸易试验区西安片区的核心区。

在科学技术部 2016 年发布的全国国家高新区综合排名中，西安高新区在 146 个国家高新区中位列第 4 位，取得了历史最好名次。单项排名中，知识创造和技术创新能力位居全国第三，可持续发展能力位居全国第四。创新创业平台建设、从业人员结构、知识产权保护、产学研合作、人才引进等方面表现尤为突出。

"十二五"期间，主要经济指标保持年均 25%以上增速，2015 年，实现营业收入 12 746.52 亿元，位居全国高新区第三位，是 2010 年的 3.2 倍，年均增速为 28.42%；实现工业增加值 2 354.74 亿元，是 2010

年的 2.8 倍；规模以上工业增加值为 295 亿元，是 2010 年的 3.2 倍，年均增速为 25.95%；全社会固定资产投资为 734.14 亿元，是 2010 年的 2.1 倍，年均增速为 16.3%；外贸进出口总额为 219.17 亿美元，同比增长 18.78%；财政一般预算收入为 103.58 亿元，是 2010 年的 3.2 倍；实现生产总值 753.58 亿元，同比增长 15.5%。2016 年，全年实现营业收入 13 600 亿元，生产总值同比增长 11%，经济总量实现新跨越。

"十二五"时期，实际利用外资总额、实际累计利用内资累计达 60.26 亿美元和 2 007.47 亿元，分别是"十一五"时期的 3 倍和 2.5 倍。2015 年，生产总值占陕西省和西安市生产总值的比重分别为 3.8% 和 13.0%；实际利用外资额占陕西省和西安市的比重分别为 36% 和 41%，引进内资占陕西省和西安市的比重分别为 9.1% 和 26.7%。2016 年，实现外贸进出口总额 1 517.69 亿元，占陕西省的 76.85%，西安市的 83%。累计引进外资 18.85 亿美元，引进内资 490 亿元，吸引外资占到西安市的 50% 左右。共有外资企业 1 184 家，占西安市总外资企业数的 49.73%；投资总额为 210 亿美元，年营业收入为 1 100 亿元，纳税 50 亿元，提供就业岗位 90 000 个。世界 500 强中有 79 家设立了 170 个独立法人和分支机构。美光半导体（西安）封装测试产能占美光全球产能的 97% 以上，拥有 3 000 余名员工，是目前陕西省最大的外商投资项目之一，也是陕西省最大的进出口企业。美光西安 2016 年的进出口额达到了 124 亿美元，占陕西省全省进出口总额的 41%。

截至 2015 年底，备案科技企业小巨人累计达到 430 家，累计认定高新技术企业 1 200 家，占陕西省认定高新技术企业总数的 60% 以上。企业总数超过 4 万家，位居全国高新区第二位。2016 年，新注册各类市场主体近 1.2 万家，新认定高新技术企业 268 家。

招商引资不断取得新突破，已吸引三星、英特尔、美光半导体、应用材料、霍尼维尔、信泰电子、NEC、华新丽华、华为、中兴等世界 500 强企业和国际、国内知名企业入驻。三星公司一期投资 70 亿美元的 12 英寸（1 英寸=0.025 4 米）闪存芯片项目是改革开放以来陕西省引进的最大的外商投资项目，也是国内最大的电子类外商投资高新技术产业项目，2015 年，累计实现产值突破百亿元大关。随着闪存芯片项目的落户，"三星效应"逐步放大，美国空气化工、日本住友、韩国东进世美肯等 113 家国内外配套企业先后入驻。三星存储芯片封装测试、三星环新汽车动力电池项目竣工投产，三星存储芯片项目一期第二阶段 30 亿美元投资启动，三星财险正式开业。三星及其配套企业累计完成投资 176 亿元。全球第二大内存芯片厂美光科技公司落户以来，总投资额已超过 10 亿美元，截至 2015 年底，美光半导体（西安）有限责任公司已形成超过 126 亿美元的进出口额，占陕西省出口总额的 41%以上。

伴随三星、强生等上百家世界 500 强企业纷至沓来，西安高新区形成电子信息、先进制造、生物医药、现代服务业四大主导产业和通信、光伏与半导体照明、电力设备与能源技术、电子元器件、汽车、软件与服务外包、生物制药、创新型服务业八大产业集群。

2015 年西安高新区特色高技术四大主导产业营业收入为 8 650 亿元，五年年均增长 30%，占高新区产业总收入的比重超过 65%。电子信息产业营业收入为 1 990 亿元，占四大主导产业营业收入的比重提高至 23%。已形成半导体、智能终端、软件和信息服务三大千亿元产业集群，涌现了三星电子、华为、中兴通讯、GE 等一批国内外行业领先企业。正在成为全国重要的半导体产业基地、世界重要的智能手机产业基地、国家新一代信息技术创新示范园区、全国半导体知名品牌示范区、国家通信高新技术产业化基地。西安软件园成为全国重要的国家软件产业和软件出口双基地之一。先进制造产业营业收入为 2 080 亿元，占四大主导产业营业收入的比重提高至 24%。在通用设备、专用设备、仪器仪表、交通运输设备、电力设备五大领域形成汽车制造、能源设备、仪器仪表等 13 类优势行业。其中，高端装备制造形成汽车制造、能源装备、特种装备的研发与制造三大优势领域。新能源汽车领域走在全国前列，能源装备成为我国能源技术服务能力最强的产业领域之一，3D 打印产业化处于国内最前沿。生物医药产业营业收入为 780 亿元，占四大主导产业营业收入比重的 10%，初步形成以化学原料药和制剂生产加工为主体，以天然药物和中药开发为特色，以医疗机械和设备研发为支撑，以新型药物和生物制品为增长点的优势主导产业，已成为中西部地区重要的生物医药成果转化和产业化基地，先后获得国家级医药出口基地、国家火炬计划生物医药产业基地和国家生物产业基地称号。现代服务业营业收入为 3 800 亿元，占四大主导产业营业收入的比重为 43%，形成以科技服务为主导，以金融服务、总部经济和创意设计为特色的多元产业门类。科技服务业发展迅速，规模不断扩大，占园区服务业的比重超过 40%。2015 年，第三产业比重超过第二产业，达到 54%。

作为西安统筹科技资源改革示范基地先改先试区和核心承载区，创新破解科技资源分割、分离、分隔壁垒，形成较强的要素聚集能力和科技创新能力，技术创新能力位居全国高新区前三。截至 2015 年底，聚集各级重点实验室和工程技术中心 217 个，其中国家级 30 多个；拥有国内外知名企业研发中心 120 个，其中世界 500 强研发机构 48 个。与西安交通大学共建"丝路学院"和大数据研究院、与中国科学院西安光学精密机械研究所（简称西安光机所）共建陕西光电子集成电路先导技术研究院（简称先导院），成功获批国家技术转移西北中心和国家知识产权服务业集聚发展试验区、国家知识产权运营军民融合特色试点平台。区内企业获得国家和省部级科技奖 300 多项，累计授权专利 14 380 件，其中发明专利 3 167 件。2015 年新增专利申请 41 782 件，同比增长 37.2%，占西安市的 68.5%，占陕西省的 55.9%；授权专利 14 380 件，同比增长 56.6%，占西安市授权量的 57.3%，占陕西省授权量的 43.1%，在全国排名靠前。主导制定了同轴射频连接器等 19 项具有全球影响力的国际技术标准，制定国家标准 370 项，国军标准 36 项，行业标准 307 项，在全国高新区当中仅次于中关村国家自主创新示范区。

依托西安国防科技资源集群优势，建设了军民融合产业基地，有效促进了军民互动融合，成功获批国家知识产权运营军民融合特色试点平台。11 个军工集团中有 8 家在西安高新区投资布局，涉及军工电子、船舶、航空、航天和核工业等领域，是我国军工资源最为聚集的区域之一，拥有各类军转民、民进军企业 300 余家，2015 年军民融合产业产值突破 1 000 亿元。2016 年 10 月成立的特种飞行器工程研究院成为我国首个承担国家武器装备科研生产总体任务的民营单位，区内 4 所军工科研院所列入西安全面创新改革示范单位。北京理工大学军民融合（西安）创新基地、陕西空天动力研究院等八个军民融合创新平台入区。

通过政策引导、整合资源、搭建平台、创新方式等措施，推动科技与金融深度融合，引导金融资源向高新技术企业聚集，按照"提升科技金融结合、促进主导产业发展、服务小微科技企业融资三种能力，完善金融服务、信用服务两大体系，建设区域性金融中心"的"321"工作思路，创新方式机制，形成具有西安特色的科技金融服务体系。聚集各类金融服务机构和要素平台 1 272 家。其中汇集了"一行三会"等金融监管机构，聚集了银行、证券、保险、信托、汽车金融公司、财务公司、期货公司等金融机构全国或区域性总部 61 家，其中全国性金融总部 10 家，陕西省 10 家银行科技支行中的 9 家设立在高新区，协同中国人民银行在高新区设立了全国科技园区第三家信用报告查询窗口。此外，高新区还聚集各类新型金融服务机构 900 余家，成为首批投贷联动试点的五个国家自创区之一。先后获批陕西省首家"信用体系建设示范园区"和"中国人民银行西安分行小微企业信用体系建设试验区"。

有效对接金融资本与科技创新，陕西省 70% 的区域性金融机构总部已在西安高新区落户，成为全国高新区中科技金融资源最为密集的区域之一，形成"科技路—唐延路—锦业路"带状科技金融聚集区，成为陕西省乃至西北地区科技金融机构最密集的区域。率先打造了全国高新区中规模最大的"高新区信用与金融服务平台"，汇集了陕西省 200 万余家商事主体的登记信息和高新区近 15 000 家企业的深度信用信息，已注册国内各类金融机构 337 家，发布金融产品 316 种。与多家银行合作推出多款线上信用融资产品，依托信用平台为科技企业提供小额贷款互联网金融服务，累计为 244 户高新区科技型中小企业提供 6.11 亿元信用贷款。

创新股权投资服务体系，提升科技企业直接融资能力。设立了总规模为 50 亿元的西安高新区战略性新兴产业扶持引导基金，1 亿元的债务融资和天使投资风险补偿资金。并综合运用业务奖励、风险补偿、股权投入、担保放大、贷款贴息等多种方式，发挥财政资金的引导放大作用，带动社会资本参与科技创新。2016 年 4 月，高新区积极落实科学技术部火炬高技术产业开发中心"科技型中小企业成长路线图计划2.0"，和深圳证券交易所信息公司、陕西省股权交易中心共同搭建了

"陕西科技企业投融资常态化网上路演平台"，帮助科创企业面向全国3 200家机构，8 000位投资人实现了"7+24"永不落幕的项目对接平台。发起设立陕西省集成电路产业投资基金和西安高新区高技术军民融合基金，基金总规模达400亿元。引导发起设立了西科天使、军民融合、现代能源等八支市场化运作的创业投资基金，聚集了国内外知名创业投资机构150余家。建成1.8万平方米互联网金融产业基地，翼支付等一批互联网金融企业入驻。推出了我国第一款基于政府征信平台的互联网金融产品——"橙e税金贷"，累计对区内235家中小企业实现授信5.9亿元。知识产权抵押贷款、纯信用贷款等科技信贷以及科技企业保险集合投保方案、"政银保"履约保证保险产品等科技保险产品得以开发并投入市场，以股权众筹等为主的互联网金融业务相继开展。2015 年，企业贷款余额达到1 486.92亿元，同比增长34.12%；新增企业贷款54.89亿元，同比增长47.22%；中小企业贷款余额达到266.16亿元，同比增长53.92%。区内136家企业的156项知识产权，通过质押实现贷款6.82亿元，占到陕西省质押贷款金额的54.6%。

创新资本市场服务方式，拓宽科技金融服务渠道。高新区建立了上市挂牌企业后备库，制定了对主办券商、上市挂牌后备企业的动态跟踪服务制度，出台了上市、新三板挂牌的扶持政策，积极和深圳证券交易所、上海证券交易所、全国股转公司、陕西省股权交易中心对接交流，推动企业早日进入资本市场。截至2016年底，高新区境内外上市上柜企业已达到129家。

不断创新产品和服务模式，提升科技金融服务能力。与合作银行推出了"上市贷""三板贷""高新贷""环保贷"等特色中小微企业金融产品；与信托公司合作，推出了5 000万元科技型中小企业集合信托计划。与中国人寿等13家保险公司合作，推出企业财产保障类等6大类16小类科技保险险种；与保险经纪公司合作推出"西安高新区科技企业保险集合投保方案"，为科技企业提供"一站式"投保服务。

创新机构组织体系，丰富科技金融服务主体。引入了陕西省科技资源统筹中心、陕西省股权交易中心、西安股权交易中心、西安科技金融服务中心等科技金融服务平台，积极推动汽车金融公司、融资租赁、资产管理公司、P2P（peer-to-peer，即个人对个人）、众筹、第三方支付等新兴金融业态在高新区快速发展。

不断强化部门联动、资源共享、外引内培的人才工作机制，成为首批国家"海外高层次人才创新创业基地"、陕西省"高层次人才创新创业基地"，成为西北地区人才集聚中心和全国重要的高层人才基地。"十二五"期间，累计培育和引进专业技术人才 11.8 万人，累计新引进高层次留学人才 1 126 人。截至 2015 年底，从业人员总数达到 42.5 万，科技型企业年末从业人员有 39.9 万人，其中大专以上学历人员有 31.5 人，占科技型企业从业人员的 78.98%；硕士、博士共 5.5 万人，占科技型企业从业人员的 13.67%，中高级职称人数为 13 万，占科技型企业从业人员的 32.77%。到 2016 年底，高新区累计聚集国家"千人计划"专家 53 人，累计拥有博士后工作站、博士后创新基地 46 个，参与的两院院士达到 76 名。还有 400 多名外籍专家，有 2 600 多名留学人员在此创业和工作，其中仅留学人员创业园就有 890 余家新创企业，规模在全国仅次于北京中关村和上海张江。

作为我国第一批国家级科技企业孵化器，西安高新区已拥有由孵化基地、产业化基地、综合性功能园区组成的 12 个创业基地，总面积 57.41 万平方米，通过 1 个综合性孵化器和 8 个专业孵化器相结合的"1+8"的孵化器集群发展模式，形成了"苗圃—孵化—加速"为链条的创新创业孵化服务体系。截至 2015 年底，拥有科技孵化器 25 家，其中国家级的有 14 家，孵化面积超过 300 万平方米。累计孵化毕业企业 1 047 家，在孵企业 2 200 余家。从业人员超过 6 万人，服务企业 4 000 余家，转化科技成果 1 万余项，上市上柜企业 30 余家，在孵企业营业收入超过 600 亿元。建设了西部首家科技企业加速器，聚集了 140 余家高成长性企业，培育了力邦制药、西安富士达等一批具有自主知识产权的小巨人科技企业。30 余家各类"众创空间"在区内聚集，西安软件园建设了总面积为 864 平方米的西安软件园移动梦工厂。以"创途在XIAN"和中科创星为代表，已形成包括创咖类、社区类、媒体类、创客类、投资类等七类 30 余家众创空间，空间面积超过 3 万平方米。规划总面积 30 万平方米的"西安市众创示范街区"是西部最大的创新创业示范聚集区。通过实施注册制改革等措施，2015年在高新工商分局新登记注册各类企业6 367家，注册资本506.6亿元，同比分别增长9%和7.5%；登记个体1 784家，同比增长26.9%；名称核准12 790家，同比增长14.1%。

经过25年的建设，西安高新区以不到西安八分之一的土地，产出了陕西省和西安市生产总值的3.8%和13%，完成开发配套面积65平方千米，规划面积达到了307平方千米。截至2015年底，西安高新区综合容积率为1.76，是全国平均水平的2倍。工业用地平均每平方千米实现在地规模工业总产值超过55亿元、产出税收14亿元。产城融合高效推进、各项民生配套同步发展。生态宜居环境不断优化，绿化覆盖率达42%以上。教育医疗、文化娱乐、公园绿地、商务商贸等高端公共服务配套不断完善，已经成为我国西部地区环境最好的CBD（central business district，即中央商务区）之一。

持续深化的管理体制改革，形成了独具特色的"西安高新区模式"。建立了以"大部制""封闭式管理，开放式运行""能上能下"的人事管理体制为特征的高效管理体制和"城市开发+产业发展"联动的运营发展模式。高新区管理委员会作为政府机构，依照市场经济的要求，确定自身的结构和功能，按照"小政府、大社会，小机构、大服务"的理念，先后推行服务承诺、超时默认等六项服务制度，打造了西部首家"零收费园区"，形成了一整套鼓励支持自主创新和企业转型升级的政策体系。有了科技资源的统筹转化模式，推动科技与产业、军工与地方融合，有效解决科技资源分散、分隔等问题，营造了一个有利于创新创业、成果转化、企业成长的环境，实现科技优势向经济优势的加速转化。不断凝聚园区创新文化，逐渐形成了"创新有为、开放包容、务实担当、追求卓越"的高新精神。

5.2.2　杨凌示范区

杨凌示范区成立于1997年，规划面积为135平方千米。作为我国唯一的用"农"字打头、以"示范"定义的现代农业高新区，经过19

年的创新发展，在科学技术部等 23 个共建部委的大力支持下，杨凌示范区牢记国家使命、瞄准国家农业科技重大需求，充分发挥农科教资源优势，扎实推进特色现代农业建设，在农业科技协同创新、成果推广应用、产业体系培育、引领创新创业、农业国际合作等方面取得显著成效，发挥了"试验田"和示范引领作用，已经成为在全国乃至世界都具有较大影响力的农业高新区，基本奠定中国现代农业和北方旱区农业版图的核心地位，初步成为支撑和引领干旱半干旱地区现代农业发展的先锋队和排头兵。

"十二五"期间，杨凌示范区服务旱区农业，坚持打造集科技创新、产业发展、核心示范、国际合作为一体的新型农业示范园区，实现一产"接二连三"融合发展，推动了农业增效、农民增收、农村繁荣，经济增速连年位居全省前列，可持续发展能力、知识创造和技术创新能力均位居全国前列。从 2009 年到 2015 年，杨凌农民人均收入增速连续六年位居全省第一。累计建设设施农业 2.52 万亩（1 亩≈666.67 平方米），建设良种基地 0.3 万亩，建设经济林果示范基地 3 000 亩，全区农业总产值达 13.5 亿元。

为把农业科技创新的"源头活水"引入经济社会发展的"田间地头"，杨凌示范区瞄准粮食安全、生态安全和旱区现代农业发展等国家需求，充分发挥在现代农业科技创新方面的优势，深入实施"六三二一"计划，干旱半干旱区节水农业技术集成与示范等一批重大项目进展顺利。依托国家农业科技园区协同创新战略联盟和全国高校新农村发展研究院协同创新战略联盟两个联盟平台，在全国 164 个国家农业科技园区、39 所新农村发展研究院，扎实开展跨区域协同创新，成为以创新驱动战略引领农业科技突破的中国农科城。实施"区校一体、协同创新"战略，大力促进示范区与西北农林科技大学融合发展，打造科技创新资源科学配置的"国家队"。"十二五"期间，新增科技成果 3 313 项，获省部级以上奖励 64 项，拥有国家级和省部级科研平台 60 多个，研发（R&D）经费占生产总值的比重达 5.58%，进入全国先进地区行列；科技成果和专利申报量累计达到 3 081 件，发明专利授权量达 609 件，万人发明专利数全省第一、全国领先；累计审（认）定动植物新品种 150 个以上，先后培育 100 多个农作物新品种，新增科技成果 3 313 项。拥有中高级以上科技人才 6 000 多名，其中两院院士、"千人计划"等高端领军人才近 30 名，累计引进博士以上高层次人才 343 名。"杨凌农科"品牌价值达 661.9 亿元，居全国区域品牌第二位。

大力推动创新创业，杨凌先后建成农业电商产业园、创业工场、大学生创业孵化基地、众创田园、星创天地等创新创业平台，涌现出一大批"农科创客"团队，聚集了 650 多家创业企业，其中创新创业团队超过 400 家。打造了"创业苗圃—孵化器—加速器—产业园"全链条孵化体系，形成了创业能力培育、创业孵化、资源共享、创业投融资"四位一体"的创业体系，近五年累计引进创业团队 500 余家，孵化企业 750 余家，大学生领办企业 120 多家。国家（杨凌）旱区植物品种权交易中心、国家（杨凌）农业技术转移中心、职业农民培训管理中心、农产品检验检测中心、农产品认证中心、农业大数据中心"六大中心"相继建成，成为引领创新的重要载体。

通过推进科技服务体系试点建设，杨凌现代农业科技已经从"盆景示范"发展为全国"遍地开花"，独具特色的大学、产业链、科技特派员、农民科技培训、展会和媒体"六位一体"推广模式，构成了多元化、信息化、社会化农业科技示范推广服务新体系，成立了陕西省农业科技协同创新和示范推广联盟，形成了"核心示范、周边带动、广泛辐射"的示范推广新格局。"十二五"期间，杨凌在 18 个省区建立了 249 个农业科技示范推广基地，累计开展实用技术培训 12 万人次，推广实用技术和新品种 1 000 余项，年示范推广面积达 5 500 万亩，推广效益超过 158 亿元，5 000 多万农民从中受益。小麦新品种西农"979"累计推广种植近亿亩，成为全国种植面积最大的三个品种之一，强筋丰产稳产特性位居国际前列。"秦油 7 号"成为全国推广面积最大的高油双低杂交油菜品种，苹果新品种"瑞阳""瑞雪"有望成为苹果主产区最具潜力的主栽品种，选育成功陕西省首个适宜全程机械化生产的油菜新品种"陕油 28"。

以现代农业园区为依托，通过推进科学技术部产业集群试点建设，以打造陕西涉农工业战略高地、陕西省农产品深加工产业园和生物医药产业聚集区三大产业集群为引擎，打造旱区种业硅谷，发展壮大生物医药、农产品加工、农业装备制造三大支柱产业，推动设施农业、特色经济林果、食用菌等八大产业迈上新台阶，加快培育科技服务、生物环保、现代物流、农业信息、健康休闲等新兴产业，形成园区化、专业化、市场化和高效化的现代农业产业体系。"十二五"以来，先后有中国华电、新华水务、陕西燃气集团等央企国企落户杨凌；美国嘉吉、日本日立、葡萄牙阿莫林等世界 500 强以及阿根廷生源霸科、法国CBE、新西兰环球园艺等一批外资企业入驻；同时还有海利生物、剑南春种业、众兴菌业等一批知名民企顺利落户，并形成富有特色的集群式产业。医药企业聚集密度居全省前列，新型饲料产业生产规模占到陕西省饲料产量的三分之一，生物材料产业正逐步成为陕西省重要的环保型和循环经济型新材料产业集聚地。

大力推广新型高效生态农作模式，加快发展寓种养业、农产品加工、采摘体验、休闲观光为一体的现代农庄集群矩阵。目前已发展重点龙头企业 40 户，农民专业合作社 460 个（其中国家级示范社 4 个，省级示范社 14 个），现代农庄 20 个、家庭农场 61 家，带动 2 万多农户"组团"发展产业。杨凌土地流转率达 61.9%，位居全省第一。大力发展健康休闲、农业生态旅游、农业展会等新兴服务业，积极探索高效农业生产模式，构建集良种、农资、农技、信息、流通、保险服务为一体的现代农业服务产业链，推动现代农业服务向更高层次迈进，促进一、二、三产业融合发展。依托杨凌农业大数据中心发展"智慧农业"，建设国内领先的杨凌"农科城"互联网运营中心。全面实施"互联网+"行动计划，提升改造传统产业，加快杨凌电商产业发展，形成"线上线下"一体化品牌营销模式。通过陕西省科技和金融结合试点区建设，组建种业集团和杨凌种业投资基金。

作为全国农业科技领域最负盛名的 5A 级展会，连续举办 22 届的中国杨凌农业高新科技成果博览会（简称杨凌农高会）已成为全国农业科技领域的盛会，深受农民热爱，备受农企热捧，广受市场青睐，成为中国现代农业发展的"风向标"。仅第二十二届农高会举行的 5 天里，杨凌农高会就集中展示了 8 500 多项农业科技成果及先进适用技术，接待国内外各界代表和群众 165 万人次,签约项目投资及交易总额达 1 105.9 亿元,发布最新农业科研成果及专利 1 922 项。"十二五"期间,杨凌示范区年种子交易总额约 6 亿元,占陕西省年交易量的三分之一。

从丝路农业合作交流到农业科技示范推广,从建设现代农庄集群到打造大数据"杨凌云",在农村产权制度,农村金融改革,农业经营新主体培育,安全农产品产业链建设、一、二、三产业融合发展,"互联网+"现代农业等诸多领域,杨凌示范区正在成为现代农业供给侧结构性改革的探索者和方案提供者,做出了富有示范意义和值得借鉴的有益探索,成为破解"三农"难题的样板和农村改革的先行者。在科教体制改革方面,杨凌创新出政、产、学、研、用紧密结合的新机制,进一步打破部门、区域、学科界限,推进农科教、产学研互动合作,完善成果转化机制,激发人才创新动力。持续深化户籍、住房等领域改革,落实好"人地钱"挂钩政策,向改革要红利。

主动融入"一路一带"国家战略,坚持"走出去"和"引进来"相结合,作为国际农业科技合作与交流的平台和窗口作用日益凸显。搭建了中加、中以、中美农业科技创新中心等 13 个国际合作平台,组织实施国际合作项目 120 多个,先后在哈萨克斯坦、美国、澳大利亚、荷兰等国家重点建设了 8 个国际合作园区。设立中国旱作农业技术援外培训基地,累计为 100 多个国家培训 1 400 多名农业专业人才。政府间的现代农业国际合作也撬动了市场间的贸易往来,杨凌汇承果业、众兴菌业、天和生物、秦川节水等企业积极与丝路沿线国家开展农业项目洽谈合作,从温室和节水灌溉技术,到特色水果、花卉牧草的种植,杨凌的先进技术和优质农产品已经搭上新丝路的"快车",现代农业的"杨凌模式"已经走出国门,在丝绸之路经济带沿线国家开花结果,让世界农业有更多的"杨凌元素"。2016 年 8 月 31 日,陕西省获批国家第三批自由贸易试验区。其中,规划面积 5.76 平方千米的杨凌片区位列其中。自由贸易区杨凌片区以"努力建设农业特色鲜明的国际一流自由贸易试验区"为目标,将着力构建一流的营商环境、完善国际贸易基础设施、推进农业领域国际双向投资、开展农业金融国际合作、加强国际农业科技合作与交流,在投资贸易便利化服务中彰显"杨凌速度"。

5.2.3　咸阳高新区

咸阳高新区成立于 1992 年，2012 年升级为国家高新区，位于咸阳市区西部，由"一城五园"空间布局构成，"一城"即智慧城，"五园"即电子信息产业园、生物医药及医疗器械产业园、新型合成材料产业园、新兴纺织工业园和高科技文化产业园。

经过 20 余年的发展，咸阳高新区全力加快科技创新、特色产业培育和新城市建设，聚集了一大批科技资源、高端人才和优势企业，基础设施日趋完善，扶持体系逐步健全，主要经济指标连续多年位居全省开发区前列。2015 年，实现营业总收入 670 亿元，同比增长 13.7%；实现工业总产值 645 亿元，同比增长 14.1%；实现工业增加值 267 亿元，同比增长 14.8%，约占全市的 22.5%；完成进出口总额 3.35 亿美元，同比增长 6%；上缴税金总额 72 亿元，同比增长 13.5%；完成固定资产投资 74.7 亿元，同比增长 16%。

咸阳高新区现已聚集咸阳市 60% 以上的科技资源，初步形成科研院所、企业研发中心等各类创新资源的聚集优势。拥有科研机构 23 家、科研院所 4 家、省级企业工程技术中心 9 家、企业研发中心 13 家、检测检验中心 8 家、公共技术服务平台 10 家、博士后工作站 4 个。苏州苏试试验仪器股份有限公司与陕西科瑞迪机电设备有限公司合作建设了"国家级力学环境检测试验中心"。部分企业在原创技术上实现了突破，伟华绝缘在"电子包封材料"领域起草了 4 项国家级标准，三精科工贸自主研制的反应型不抽搐防老剂技术属全球独创，金钻数码自主开发的数字控制开关电源芯片及系统，提升了行业整体技术水平，并打破海外技术壁垒。全力促进"大众创业、万众创新"，先后建成了咸阳高新区创业园、咸阳高新区生产力促进中心等科技企业孵化器，总孵化面积达 16.7 万平方米。2015 年，设立了 300 万元的孵化基金，1 000 万元的创新创业发展专项基金。丽彩实业投资的"丽彩创业园"2015 年在孵企业有 11 家，咸阳龙冠光电科技有限公司与西安众创空间信息科技有限公司合作建设的"西部光电产业孵化器项目"正在实施之中。

围绕电子信息、生物医药及医疗器械、新型合成材料和石油化工四大支柱产业，形成了以彩虹集团、西北橡胶塑料研究设计院、步长制药、科隆能源等为龙头的特色鲜明的主导产业集群，启动建设了"韩国中小企业产业园""电子信息产业创业基地"，成为陕西省重要的电子工业基地和新医药、新材料、能源化工基地。2005 年 5 月，被信息产业部认定为西部唯一的国家显示器件产业园。2008 年 10 月，被商务部认定为承接东部产业转移国家级示范园区。现有各类创新型、科技型企业328 家。

作为全国首批 6 家国家级显示器件产业园区之一，聚集了彩虹集团、陕西源杰半导体芯片以及国内最大覆铜板生产商生益科技等行业巨头和一大批配套企业，通过实施中国电子信息产业集团总投资 280 亿元的"8.6 代薄膜晶体管液晶显示器件"、生益科技总投资 8 亿元的适应欧盟环保标准的"电子电路用高频微波及高密度封装覆铜板"等项目，初步形成产业基础雄厚、布局相对集中的电子信息产业集群。8.6 代液晶面板生产线项目是中国西北地区首条 8.6 代液晶面板生产线，于 2017年建成投产后预计年均实现销售收入 200 亿元，间接带动新增工业产值1 000 亿元以上。总投资 80 多亿元的"高新区医药产业园"建设项目实施顺利，修正制药、保康、华科辐照等 13 家医药生产及配套服务企业落户，填补了医药产业规模小的短板。军民融合发展不断增强，西北橡塑院总投资 5.34 亿元的"航空航天、轨道交通、地铁隧道等配套用高端橡胶密封研制及生产"项目正在积极实施；科隆能源全套引进意大利生产线及检测设备，总投资 9 亿元的"高压胶管生产线"项目建成投产，产品替代进口，打破了我国高端液压胶管依赖进口的局面。

5.2.4　宝鸡高新区

宝鸡高新区是 1992 年 11 月国务院批准设立的国家级高新区，2011年，成为西部首个经国务院批准建设的国家创新型科技园区，为国家知识产权示范园区。在建面积 35 平方千米，规划面积 100 平方千米。2015年，实现区域生产总值 605 亿元、工业总产值 1 630 亿元、工业增加值480 亿元、全社会固定资产投资 265 亿元，同比分别增长 11.6%、11.2%、

12.6%、25%，外贸进出口总额 9.03 亿美元，主要经济指标始终保持两位数增长，经济规模已占到宝鸡市的三分之一，在国家高新区中综合排名逐年前移，日益发展成为宝鸡市科技创新的新高地、经济发展的新引擎、城市建设的主阵地和对外开放的新窗口。

目前，宝鸡高新区已累计建立省级以上企业技术中心 46 个，其中国家级技术中心、研发中心 7 个，建成院士、博士后工作站 10 个；认定高新技术企业 114 户，占全区企业总数的 21%；建立产学研联盟 11 个、企业科研机构 79 家、工程技术中心 30 余家。园区企业获准国家级、省级科技计划项目 1 600 项，获国家或省部级科技进步奖和科研成果奖共 480 余项。2011 年以来，宝鸡高新区累计申报专利 7 000 余件，其中 2016 年申报专利 2 500 余件，获准专利授权 1 490 件，转化科技成果 300 余项，科技进步对经济增长的贡献率超过 55%。会聚各类人才 119 056 人，其中博士 122 人、硕士 835 人、科技研发人员 9 802 人。2011~2015 年，专利授权量达 1 490 件，转化科技成果 218 项，科技进步对经济增长的贡献率超过 55%。宝鸡高新区是国家知识产权试点园区、全国首批专利导航产业发展实验区、陕西省知识产权试点区域和循环经济示范园区。2008 年，宝钛集团国际科技合作基地被科学技术部认定为国家"示范型国家国际科技合作基地"。2015 年，宝钛集团国际科技合作基地在全国 78 个示范型国际科技合作基地中评估排名位居第一，取得了以泰华磁机电世界首座模块式高温气冷堆核电站示范工程传输设备项目、宝钛集团 4 500 米载人潜水器球壳制造技术研究项目等一批标志性成果。

按照"大集团引领、大项目带动、园区化承载、集群化发展"的基本思路，科学筛选主导产业，发挥龙头带动作用，不断调整产业结构，逐步形成钛及钛合金新材料、现代石油钻采传输装备、汽车及零部件、高速铁路装备、电子信息装备、中低压输变电、机床工具制造七大优势产业集群，着力打造一个产业园、多个园中园，一个大产业、多条产业链，一个大集群、多个小集群的发展格局，培育了享誉海内外的"中国钛谷"品牌。先后被认定为国家新材料高技术产业基地、国家火炬计划钛产业基地、国家钛材料高新技术产业化基地、国家火炬计划石油装备特色产业基地、国家火炬计划重型汽车及零部件特色产业基地、国家科技兴贸创新基地（新材料）、国家新型工业化产业示范基地（钛材料）、国家创新型产业集群试点工程，孕育了亚太地区最大的真空断路器生产基地、石油钢管生产基地和纺织电子仪器及设备生产基地，全国最大的钛及钛合金生产研发基地，西北最大的专用车辆生产基地、新型化学建材生产基地和氨基酸生产基地。

截至 2015 年底，园区注册企业 2 860 家，年销售收入过亿元的企业有 52 家，过 10 亿元的企业有 18 家。实现经营总收入 3 000 亿元。施耐德、住友、西门子等世界 500 强和秦川发展、宝光股份、宝钛股份、国核锆业、蒙牛乳业等国内外知名企业入区。建成了亚太地区最大的真空断路器生产基地、石油钢管生产基地和纺织电子仪器及设备生产基地，全国最大的钛及钛合金生产基地，西北最大的专用车生产基地和新型化学建材生产基地。培育了一批在全国甚至世界有竞争优势的隐形冠军企业。例如，宝钛集团拥有钛及钛合金 60% 的国内市场份额，95% 的高端市场份额；宝鸡石油机械有限责任公司是全球最大的陆地石油钻机和 F 系列泥浆泵研发制造基地；宝鸡石油钢管有限责任公司在国内管线市场上的占有率始终保持第一；宝光股份的"宝光牌"真空灭弧室产销量和技术质量水平，一直保持中国第一；中铁电气化宝鸡器材公司是国内铁路接触网领域的老大，产品份额占到国内市场的 90% 以上。

加大产业基金的投入力度，以此撬动民间资本以及风险投资机构的关注。陕西高端装备高技术创业投资基金、陕西省新材料高技术创业投资基金，是在高新区诞生的宝鸡市首批两个重要基金。

5.2.5　渭南高新区

渭南高新区于 2010 年 9 月升级为国家级高新区，位于秦、晋、豫黄河金三角腹地，辖区面积 49 平方千米，规划控制面积 31 平方千米。

近年来，围绕"创建国内一流创新型特色产业园区"的目标要求，坚持"开放、合作、创新、高效"的发展理念，促进了全区经济社会发展再上新台阶。2015 年，渭南高新区全区经营总收入完成 290 亿元，同比增长 15.5%；规模以上工业总产值完成 140.85 亿元，增长 5.51%；固定资产投资完成 147.65 亿元，增长 23.07%；区级财政收入 3.15 亿元，增长 8.73%；限额以上社会消费品零售额 17.57 亿元，同比增长 10.63%。

积极发挥科技引领和创新驱动作用，建立以高校为技术引领，以企业为创新主体的政、产、学、研、用协同创新机制。投资 23.16 亿元，建设西安交通大学渭南科技园；与西安交通大学、西安理工大学等 12 所高校签订战略合作协议，联合共建高新区；与国内众多大院大所建立合作关系，通过建设研发基地、工程中心、重点实验室、院士工作站、博士后工作站，开展联合攻关、成果转化、企业孵化、人才培养和引进。建设了钼化工、煤化工、土方机械、印刷机械等主导产业技术研发基地；创立了国家钼产品检验中心、国家煤质分析中心、生产力促进中心、创业服务中心；创建了省级工程技术中心 14 家，专家工作站、博士后科研工作站、重点实验室共 6 个，企业技术中心 6 个；市级以上工程技术研究中心 5 个、企业研发中心 5 个，博士后流动站 1 个，在建院士专家工作站 1 个。

通过设立 2.5 亿元创投基金，建立激光成型、检验检测等 10 个公共服务平台，引进和孵化了 20 余户企业。积极促进创新创业，成立了渭南创新创业服务有限公司，采取市场化运作模式，为入驻创业人员提供专业化服务。依托现有企业两栋 1.5 万平方米的闲置楼宇，围绕科技创新区、电子商务区、大学生创业区、草根创业区、创业辅导区和公共服务区六大功能板块，完善了办公、住宿、餐饮、宽带接入等配套功能，为创客提供梦想展示空间、服务办公空间和便捷生活空间。先后打造了渭南创新创业中心、3D打印孵化器和容厦电子商务园三大服务平台，目前已经入驻陕西路通、陕西恒通、同城购、"创客汇"等 100 余家科技型中小企业和创客。

坚持"特色、集群"的产业发展思路，形成了装备制造、精细化工、新能源新材料三大主导产业集群。依托渭化、金堆城等龙头企业，通过建设新型煤化、钼化工生产研发基地，形成了关天经济区最大的精细化工产业集群。依托中联重科、北人印机、青峰科技和科赛机电等龙头企业，通过建设土方工程机械、印刷机械、纺织机械产业基地，形成了陕西最大的装备制造产业集群。

启动建设了以机械工业、电子工业、医药制造业、精细化工业、新材料生产、农副产品加工为主的六大产业园区，形成了以陕西北人印刷机器制造公司、合容电器为代表的机械加工业；以美国独资陕西线艺电子有限公司、海泰电子为代表的电子工业；以利君现代中药公司、陕西容厦药业有限公司为代表的医药制造业；以渭河煤化工集团、中众化工公司为代表的精细化工产业；以金城工业园有色金属加工为代表的新材料研发基地和以邦淇油脂、高迪尔果汁、大农饲料为代表的农副产品加工业。

以 3D打印和新能源汽车为重点，全面推进战略性新兴产业培育发展。在国内率先启动 3D打印产业培育工作。通过创新技术链、完善资本链、健全服务链、培育产业链四个环节，实施"6+1"发展模式，打造国内一流的创新型示范基地。投资 4.5 亿元，建成占地 460亩的 3D打印产业培育基地起步区，入驻企业 32 户，2015 年实现产值 2 亿元。设立了 2.5 亿元 3D打印创投基金，通过股权投资等新模式，引进了陕西恒通、陕西路通、渭南鼎信等一批 3D打印企业。依托西安交通大学和西北工业大学 3D打印领军人才及技术团队，组建了陕西增材制造（3D打印）协同创新研究院、快速制造国家工程研究中心渭南分中心。3D基地先后获得国家新材料高新技术产业化基地、中国医学 3D打印技术创新发展基地、陕西省新型工业化（3D打印）产业示范基地和陕西省 3D打印技术成果转化中试基地等称号，在全省树立了 3D打印的一面旗帜。围绕着新能源汽车产业链，规划了占地 4 000 亩、具备关键技术研发、核心部件生产及整车制造、展示体验、物流仓储、商业配套等功能的新能源汽车产业园。沃特玛动力电池一期 3 吉瓦时项目，天臣新能源项目的投产以及星美新能源项目和电机、电控等项目的相继引入，将形成产值千亿元的新能源产业应用及示范基地。

5.2.6　榆林高新区

榆林高新区 2012 年 8 月升级为国家高新区，规划面积为 914 平方千米。2015 年，榆林高新区营业总收入为 560 亿元，地区生产总值完成 264 亿元，完成工业总产值 340 亿元；完成固定资产投资 32 亿元，完成财政总收入 23.5 亿元。

大力推动科技创新，设立了高新区科技创新专项基金，高新区财政每年拿出 3 000 万元对园区企业和个人进行科技创新扶持；建成创业大厦科技孵化中心，已有 10 多家科技孵化项目入驻；国家煤及盐化工产品质量监督检验中心已经入驻。以科技创新为支撑，不断引领能化产业迈向高端化。其中，神木天元化工有限公司的"低阶粉煤回转热解制取无烟煤"工艺以及"将煤转化为可替代汽柴油的轻质化煤焦油"技术，陕西未来能源化工有限公司的百万吨级煤间接液化示范项目、煤油共炼项目、煤油气资源综合转化项目，中盐榆林盐化有限公司自主研发的"岩盐卤水井下处理工艺技术" 6 项技术已居世界领先水平。联合西安交通大学等 13 所高校和榆林市 102 家企业共同发起成立了陕西省第一个大学产学研合作联盟，产学研协同创新机制初步形成。

5.2.7　安康高新区

安康高新区是 2009 年设立的省级高新区，2015 年升级为国家高新区，成为陕西省第七个、秦巴山区和全国 14 个集中连片特困地区唯一的国家高新区。规划控制面积 67 平方千米。内有城乡统筹 6 大社区，居住人口 13 万人；有学院 3 所，职业培训基地 3 个。

安康高新区充分发挥引领、示范与辐射作用，始终保持高于全市 20% 的发展速度一路领跑，已成为陕西南部、秦巴山区的重要经济增长极和高新技术产业聚集区。"十二五"期间，高新区生产总值从 2010 年的 6.01 亿元增长到 2015 年的 33.37 亿元，年均增长 36%；工业总产值从 2010 年的 9.23 亿元增长到 2015 年的 76.82 亿元，年均增长 47%；工业增加值从 2010 年的 3.20 亿元增长到 2015 年的 23.11 亿元，年均增长 47%；固定资产投资累计完成 194.26 亿元，年均增长 43%；财政总收入从 2010 年的 1.60 亿元增长到 2015 年的 8.31 亿元，年均增长 39%；社会消费品零售总额从 2010 年的 1.50 亿元增长到 2015 年的 14.52 亿元，年均增长 57%。2016 年，实现生产总值 39.98 亿元，比上年增长 20.9%；规模以上工业总产值 96.03 亿元，增长 22.8%；固定资产投资完成 100.53 亿元，增长 36.6%；财政总收入完成 11.94 亿元，增长 43.6%；社会消费品零售总额完成 17.61 亿元，增长 21.1%。

构建了国家新型工业化安康高新区富硒食品产业示范基地、国家级安康高新区科技创业孵化中心、国家级安康富硒产品科技创新孵化器、国家小型微型企业安康高新区创业创新示范基地、富硒食品开发国家地方联合工程安康高新区实验中心、国家级安康高新区秦巴众创空间六个国家级创新创业平台。2015 年，富硒食品、生物医药、新型材料、先进制造和现代服务五大产业总产值达到 74.31 亿元。

"十二五"期间，累计建立各类研发机构 31 个，建成了国家级和省级科技区域孵化器，形成了科技统筹体系。2015 年，研发投入强度达到 2.12%，科技对经济发展的贡献达到 50%。引进各类企业 400 余家，孵化企业 158 家，研发新品种、新产品和新技术 370 项，专利授权 529 项，认定高新技术企业 10 家、民营科技企业 38 家。2016 年，完成技术合同成交额 350 万元。

已建成食品医药、新型材料、先进制造、现代服务、现代物流和"飞地经济"六大产业园区，形成城市交通、现代商业、生态宜居、优质教育、医疗康健、体育运动、文化旅游、休闲美食、总部办公创业、科研统筹十大功能圈。累计招商引进项目 150 个，合同引资 527 亿元，到位资金 180 亿元。钒氮合金、帝奥电梯等 30 余个产业项目建成投产。天贸物流城、南水汽配等 50 余个产业项目加快推进。

5.3　中国西部科技创新港

创新港是教育部与陕西省合作共建、西安交通大学与西咸新区校区联建,创新服务国家战略及地方发展的国家级项目,是落实"一带一路"、创新驱动及西部大开发三大国家战略的重要平台,是陕西省全面加速"追赶超越"、发挥"大西安"发展示范引领作用的创新举措,成为西安交通大学建设世界一流大学的强大动力引擎。项目由西安交通大学与西咸新区联合建设,位于西咸新区沣西新城,占地面积 5 000 亩,建筑面积约 360 万平方米,预计总投资逾 200 亿元。

创新港将贯彻"五大发展理念",突出创新的核心地位,深化规划、建设、体制机制、政策保障等方面的全方位创新;以国家战略为使命担当,做好科教资源的有效整合,科技创新领域的交叉互动,科研成果转移、孵化与产业化的高效衔接;充分体现西咸新区的现代田园都市建设理念,打造"生态良好、环境宜居、开放包容、青春激扬"的智慧学镇示范;坚持自主培养与积极吸引创新人才相结合,引进、输出、合作、转移科技创新成果;着眼于技术产品的广泛应用与先进管理经验的可复制性,以点带面促进整个西部地区创新发展。

来自 35 个国家和地区的 135 所大学加盟的"丝绸之路大学联盟"的总部将入驻创新港;与美国明尼苏达大学联合建立的"热流科学与工程"国际合作联合实验室、和加利福尼亚州大学伯克利分校联合建立的"可再生能源"国际合作联合实验室、西安交通大学-米兰理工联合设计学院、西安交通大学利物浦创新研究院、牛津大学-西安交通大学联合国际技术转移中心等一批与国际知名高校共建机构将落户创新港;雀巢、安利、3M、LG等国际知名企业也纷纷向创新港伸出橄榄枝。

在这个国家级创新驱动平台上,国家级科技资源也在不断汇聚。2016 年,西安交通大学和国家质量监督检验检疫总局、陕西省质量技术监督局三方携手共建中国西部质量科学与技术研究院。同年"一带一路"质量高端论坛隆重开幕,《西安质量宣言》向全球发布,"一带一路"产业质量共生链由创新港向全球延伸。2017 年,国家能源局、教育部、陕西省人民政府联合发文批复,同意依托西安交通大学建设国家西部能源研究院,院址落户创新港,这是国家在西部建设集能源技术、能源装备、能源战略研究为一体的综合性研究基地的重要部署。即将落户创新港的国家增材制造创新中心是工业和信息化部落实《中国制造2025》首批布局的 15 个国家创新中心之一。

　　陕西省一次性批复 29 个陕西省科研基地落户创新港，包括 18 个省重点实验室、工程技术研究中心，11 个省工程实验室、工程研究中心，覆盖动力工程及工程热物理、电气工程、管理科学与工程、生物医学工程等 19 个学科。积极与陕西省各地市合作，建设辐射西部的"创新码头"，实现人才、信息、资本等市场要素的穿梭流动。与榆林市共建的新能源研究院，与延安市共建的"创新港科研飞地"，与商洛市共建的新材料技术研究院等都在紧锣密鼓地推进中。

第三篇　环　境　篇

第6章 陕西科技园区发展面临的国际环境

6.1 总体形势

"十三五"时期，世界多极化、经济全球化、文化多样化、社会信息化深入发展，国际金融危机冲击和深层次影响在相当长时期依然存在，世界经济正处在新旧思维碰撞、新旧动力转换、新旧力量对比、新旧规则交替的转型期、变革期和深度调整期。主要经济体走势和宏观政策取向分化，金融市场动荡不稳，大宗商品价格大幅波动，全球贸易持续低迷，贸易保护主义强化，新兴经济体困难和风险明显加大，世界经济步入低速增长的新常态（表6-1）。

表6-1 2010~2015年世界经济增长率（单位：%）

年份	世界经济增长率	发达经济体增长率	新兴经济体增长率
2010	5.4	3.1	7.5
2011	4.2	1.7	6.3
2012	3.4	1.2	5.2
2013	3.3	1.1	5.0
2014	3.4	1.8	4.6
2015	3.1	1.9	4.0

资料来源：国际货币基金组织

全球经历着前所未有的重构和重组过程，创新已升格为新一轮全球经济格局重塑的战略选项。全球已进入新的创新密集活跃时期，创新创业也正处在改变国家竞争力量的对比之中。

　　国际分工不断深化，国际分工体系正在从产业间分工到产业内分工、产品内分工不断演变，形成全球生产价值链网络。全球价值链分工格局打破了国家和地区界限，导致了新一轮的全球产业变革。

6.2　全球科技创新趋势

　　当前，新一轮科技革命正在孕育兴起，一些重大科学问题和关键核心技术已经呈现出革命性突破的先兆，带动了关键技术交叉融合、群体跃进。从国际看，世界正孕育新一轮创新竞争高潮。自全球金融危机以来，产业和经济竞争的赛场正在发生转换，创新战略竞争在综合国力竞争中的地位日益重要，抢占创新先机就是抢占新规则的制定权和新赛场的主导权，全球进入了空前的创新密集时代。主要发达国家均开始选择面向未来的重大科技创新作为重点领域，纷纷推出各自的创新发展战略，焦点不约而同地锁定在新一代互联网、生物技术、新能源、高端制造业等战略新兴产业上，构成新一轮增长竞赛。

6.2.1　典型国家和地区的科技创新趋势

　　世界主要国家和地区为迎接新一轮科技革命，纷纷把科技作为国家发展战略的核心，出台一系列创新战略和行动计划，在新能源、新材料、信息网络、生物医药、节能环保、低碳技术、绿色经济等重要领域加强布局，更加重视通过科技创新来优化产业结构，驱动可持续发展和提升国家竞争力，力图保持科技前沿领先地位，抢占未来发展制高点。

　　1）美国

　　美国一直是全球创新的引领者和风向标。近年来，美国为重振经济，促进可持续增长和高质量就业，保障经济增长和繁荣昌盛，于 2009 年、2011 年、2015 年连续出台三版创新战略，完成了面向未来的新一轮创新战略的整体布局。美国强调"对科技创新的支持是经济竞争力的关键"，在振兴制造业、发展清洁能源等方面采取一系列战略行动。

2011 年发布的《美国创新战略：确保经济增长与繁荣》提出要实施"创业美国计划"，核心目标是促进大学实验室研究成果的转化，提高增长型企业的数量和规模，带来经济增长、创新和高质量的工作岗位，核心内容包括夯实创新基础、培育市场环境和突破关键领域三大方面。美国政府认为，人才、科研、基础设施是创新和创业的基石，是经济增长的"种子"，包括实施教育、技术、工程和数学提升计划等。其目标，首先，建立具有国际竞争性和创新型的教育体系，并积极实施全球高层次人才培养和引进计划。其次，投资于一流的基础教育和研究设施，推动创新创意思想的发展。最后，进一步发展先进信息技术生态系统，开发部署新一代无线宽带网络，缩小城市与农村间"数字鸿沟"，部署建设全国输配电智能网络，支持高速网络、下一代超级计算机等领域的研究开发，保证ICT（information and communication technology，即信息通信技术）发展处于世界最前沿。在培育刺激创新创业的高效竞争市场上，美国创新战略从资本获得、创新资助、集群发展的角度阐释了推动创新创业的新举措。

美国通过引领创新潮流的尖端科学技术抢占科技发展的制高点，确立在未来经济发展中的领先地位。一是美国政府最先对大数据技术革命做出战略反应，利用大数据提升国家竞争优势。迄今为止，美国政府在大数据方面实施了三轮政策行动，在推进大数据上，已形成从发展战略、法律框架到行动计划的完整布局。二是争取在可再生能源、先进电池、替代燃料和先进汽车工业领域达到世界最尖端水平，在未来的能源经济中占据领导地位。三是生物、纳米和先进制造业方面是今后几年和未来数十年的经济增长平台，是美国重点培育的潜在领域，包括完成重大疾病DNA测序、实施国家纳米技术行动计划、启动先进制造技术联盟计划，支持美国在开发先进制造技术上的领导地位。四是重点推动研发新一代的太空交通工具，创造性地使用国际空间站，开发新一代全球定位卫星和服务；利用宽带、云计算、数码设备软件等开发有利于教育改善的先进技术。

2015 年 10 月，白宫发布的《美国创新新战略》主要是力挺先进制造、精密医疗、大脑计划、教育技术、智慧城市、太空探索等九大战略新兴领域和一批颠覆性技术。

2）欧盟

欧盟提出要建立创新型的欧洲，实现智慧增长、包容增长、可持续增长。从 2006 年《创建创新型欧洲》、2010 年《欧洲 2020 战略》到 2014 年《欧盟"地平线 2020"计划》后，又发布了"*Global European 2050*"，以复兴欧洲为目标，提出了中长期研发重点和政策，力图掌握未来发展主动权。

《欧盟"地平线 2020"计划》首次提出将欧盟所有的研究和创新投资统一起来，其重点是将科学突破转化为创新产品和服务，为企业提供商机。该计划将资助从基础研究到创新产品市场化的整个"创新链"所有环节的创新机构和创新活动，并根据研发活动的不同性质，灵活实行拨款、贷款、政府资金入股和政府采购等多种形式。

欧盟加大公共创新研发的支持力度，从 1984 年开始的欧盟研发框架计划，是迄今为止世界上最大的公共财政科研资助计划。2014 年《欧盟"地平线 2020"计划》将在 2014~2020 年共投入约 770.28 亿欧元。到 2020 年，欧盟研发与创新投入将占欧盟总财政预算的 8.6%。

2010 年《德国 2020 高科技战略》提出创新取向的公共采购。据估计，与创新有关的德国"公共采购"总额每年大约为 230 亿欧元，创新取向的公共采购必将推动创新产品的快速传播。欧盟支持联盟层面的跨地区合作的各种计划，如"第七个科技框架计划"中的"竞争力与创新框架计划"资助的"集群计划"、欧洲企业网络以及与欧洲区域合作计划的联合资助行动等。

3）日本和韩国

日本提出科技创新立国的目标，致力于建设世界上最适宜创新的国家，实施应对资源匮乏、老龄化社会和经济停滞危机的新增长战略。自 2007 年出台《日本创新战略 2025》、2010 年出台《未来 10 年经济增长战略》后，2011 年，日本提出要成立科技创新战略本部来代替综合科学技术会议，从而最大限度地发挥"创新司令塔"的指挥作用，促进科技创新创业的一体化进程。为了抢夺全球以及亚洲创新人才，日本提出"亚洲人才资金构想"，设立"外国人特别研究员计划"，吸引以中韩为主的亚洲留学生。

韩国政府于 2009 年 1 月发布并启动实施《新增长动力规划及发展战略》。2013 年初，韩国总统提出了实施"创造经济"的创新战略发展思路，要将科技、信息通信技术应用到全部产业上，促进产业和产业、产业和文化之间的结合。推动新产业发展，创造新的就业机会。为此，韩国政府推出了相应的措施，出台了包括创新管理政府部门的结构、以塑造"创造经济"生态环境为方针，从国家科技研发、信息通信技术出发，构建只要有别出心裁的构想和热情就可挑战创业的生态系统，塑造从富有创意的人才培养到创业、成长等阶段投资、回收、再挑战的循环结构，发展并保护中小企业，使其成为"创造经济"的主力军等在内的五大战略。近期，美国彭博社发布 2015 年全球最创新的 50 个国家的排名中，韩国在研发经费、教育以及专利方面位居榜首。

6.2.2　五次科技革命及其启示

16 世纪以来，人类社会发展到今天一共发生过五次科技革命，其中两次是科学革命、三次是技术革命，三次技术革命都带来了工业革命。

在 16 世纪中叶到 17 世纪末，以伽利略、哥白尼、牛顿等为代表的科学家，在天文学、物理学等领域带来了世界第一次科技革命，这场前后经历 144 年的科技革命标志着人类知识增长的重大转折和近代科学的诞生。

18 世纪中后期，蒸汽机、纺织机的发明及机器作业代替手工劳动带动了第二次科技革命。英国皇家学会成立，逐步形成近代自然科学体系，为蒸汽机等新技术发明奠定了科学和人才基础。以蒸汽机的发明为标志的第一次技术革命也带来了世界上第一次工业革命，蒸汽机广泛应用于采矿、冶炼、纺织、运输等行业将人从体力劳动中解放出来，实现了生产的机械化。凭借这次工业革命，英国成为世界上最强大的国家，当时英国工业生产能力相当于全世界的 50%，欧洲大陆和美国也在那时先后开始了工业化进程。

在 19 世纪中后期，以电力技术和内燃机的发明为主要标志的第三次科技革命，带动了钢铁、石化、汽车、飞机等行业的快速发展，催生了第二次技术革命和第二次工业革命，促成了大规模、流水线生产。德国迅速跃升为世界工业强国，化工等方面的很多技术都源于德国在当时的创新。美国在世界工业生产中的份额于 1890 年上升到世界第一位，日本也在那个时期建立了工业化基础。

19 世纪中后期至 20 世纪中叶，以进化论等为代表的科学突破引发了第四次科技革命和第二次科学革命，促进了自然科学理论的根本变革。20 世纪初发生的第四次科学革命的标志性成果包括量子论、相对论、宇宙大爆炸学说、DNA双螺旋结构模型、板块构造理论、计算机科学等，带动了化学、生物、天文、地学等学科的革命性突破，也带来新技术的发明和广泛的应用，带动了原子能、无线电、半导体、航天、生物工程、信息网络等技术的突破等相应的产业革命。

从 20 世纪中后期开始，电子计算、信息网络的出现带来了第五次科技革命和第三次的技术革命，开启了第三次工业革命。这次革命的重要标志是电子计算机的面世、生物工程的发明、空间技术的应用等，涉及新材料、新能源、信息技术、生物技术、海洋技术等诸多领域。美国、德国、法国和英国等进入工业化成熟期，日本在这个阶段抓住了机遇，实现了经济的腾飞。但 20 世纪下半叶以来，从科学的角度来说，未能出现可以与上述六大成果相提并论的理论突破或重大发现，"科学的沉寂"已达 70 余年。

移动网络在生活中已不可或缺，更小更强大的传感器不断升级换代，人工智能不断取得实质性突破，第四次产业革命的入口正悄然开启。第四次产业革命的核心是智能化与信息化，进而形成一个高度灵活、人性化、数字化的产品生产与服务模式。人工智能、物联网、无人驾驶汽车、3D打印、第五代移动通信、能源储存和量子计算，都是这次工业革命的标志性技术。与以往历次产业革命相比，第四次革命以指数级而非线性速度展开，将彻底改变整个生产、管理和治理体系。

目前，整个世界正处于第五次技术革命的展开期，以移动互联网、云计算、大数据、物联网等为标志的新一代技术取得了飞速的发展，对经济社会的渗透率越来越高，信息经济在全球范围内迅速兴起。

　　国际金融危机后，全球技术创新在经历了短暂低潮后又迅速恢复。例如，全球企业研发投入和国际专利授权增长率于 2009 年跌入谷底，但 2010 年就出现反弹，2013 年国际专利授权数达到近年新高，为 257 万件，比 2012 年高出 9%。信息技术进入一个新的发展阶段，云计算、大数据、虚拟现实（virtual reality）、移动互联网、物联网等技术的突破，为信息技术应用模式以及经济模式带来了一场深刻变革。世界范围的信息技术持续创新和深度应用为中国"互联网+"的快速发展提供了条件和机遇。

　　新一轮信息产业的快速发展，将催生出许多新模式、新业态、新产业。在新一轮技术革命的孕育阶段，直接关乎未来领导权的问题，蕴含着新的重大发展机遇。为了抢夺新一轮的领导权和话语权，各国技术竞争日益激烈，发达国家对我国技术创新上的进步会加大打压力度，在人才培养和引进、技术标准和平台以及产业链的主导权方面的争夺将成为重点。中国应充分利用"互联网+"的战略，把科技创新作为国家发展战略的核心，努力抢占未来科技和产业制高点，实现"弯道超车"。

　　回顾这五次科技革命和四次产业革命，可以得到的启示是：

　　（1）科学革命是技术革命和产业革命的先导和源泉。首先在某些科学领域有一些基本问题率先取得了突破，引发了一些群发性的系统性的突破，进而产生一批重大的理论和技术创新，也涌现出一批新兴的交叉前沿方向的领域，最终会推动技术革命带来产业的革命。

　　（2）双轮驱动。经济社会发展的需求驱动和知识与技术体系的内在驱动是科技和产业革命两个强大的驱动力。

　　（3）科技强国。每一次科技革命总是导致世界中心的转移，同时伴随着大国的兴衰，形成了国际竞争格局的大调整。一些国家抓住科技革命的难得机遇，实现了经济实力、科技实力、国防实力迅速增强，综合国力快速提升（白春礼，2015）。英国在第一次科技革命后，依靠完整的科技体系和持续创新能力，成为世界上第一个工业国家；德国在以内燃机和电气化为代表的第二次科技革命后崛起成为欧洲工业强国；美国抓住以电子信息等为代表的第三次科技革命机遇成为世界头号强国；日本、亚洲四小龙（包括中国香港、中国台湾、新加坡和韩国）等依靠科技创新实现赶超成为发达经济体（万钢，2016）。

6.2.3　世界科技创新的十大新趋势

21 世纪以来，全球科技创新呈现新的发展态势和特征。全球新一轮科技革命蓄势待发，一些重大科学问题和关键核心技术已经呈现出革命性突破的先兆，带动了关键技术交叉融合、群体跃进，需求引领更为明显，创新驱动更为迫切，全球竞争日益激烈，创新格局深刻变化。当今世界科技创新正呈现以下十大新趋势。

1. 趋势一：颠覆性技术不断涌现

作为全球研发投入最集中的领域，信息网络、生物科技、清洁能源、新材料与智能制造等领域不断突破和相互融合，正孕育一批具有重大产业变革前景的颠覆性技术。量子计算机与量子通信、干细胞与再生医学、合成生物和“人造叶绿体”、纳米科技和量子点技术、石墨烯材料等，已展现出诱人的应用前景。新一代信息技术向网络化、智能化、泛在化方向发展，移动互联、云计算、智能终端快速发展，大数据将呈指数级增长，催生大量新型服务与应用。生命科学和生物技术在推动健康、农业、资源环境等领域发展中的作用更加突显，成为改善民生福祉的重要力量。分布式、智能化、低碳化的新能源技术正在改变经济社会发展的动力结构，可再生能源、非常规油气技术大规模应用，第四代核能技术有望取得重大突破。碳纤维、纳米材料等新型材料的广泛应用将极大降低产品制造成本，提升产品质量。以机器人、增材制造等为代表的先进制造技术推动制造业向智能化、网络化、服务化方向演进，极端制造技术向极大（如航母、极大规模集成电路等）和极小（如微纳芯片等）方向迅速推进。这些颠覆性技术将不断创造新产品、新需求、新业态，为经济社会发展提供前所未有的驱动力，推动经济格局和产业形态深刻调整，成为创新驱动发展和国家竞争力的关键所在。

未来科技将更加重视生态环境保护与修复，致力于研发低能耗、高效能的绿色技术与产品。以分子模块设计育种、加速光合作用、智能技术等研发应用为重点，绿色农业将创造农业生物新品种，提高农产品产量和品质，保障粮食和食品安全。基因测序、干细胞与再生医学、分子靶向治疗、远程医疗等技术大规模应用，医学模式将进入个性化精准诊治和低成本普惠医疗的新阶段。智能化成为继机械化、电气化、自动化之后的新"工业革命"，工业生产向更绿色、更轻便、更高效的方向发展。服务机器人、自动驾驶汽车、快递无人机、智能穿戴设备等的普及，将持续提升人类生活质量，提升人的解放程度。科技创新在满足人类不断增长的个性化多样化需求、增进人类福祉方面，将展现出超乎想象的神奇魅力。

新一代信息技术发展和无线传输、无线充电等技术实用化，为实现从人与人、人与物、物与物、人与服务互联向"互联网+"发展提供丰富高效的工具与平台。随着大数据的普及，人类活动将全面数据化，云计算为数据的大规模生产、分享和应用提供了基础。工业互联网、能源互联网、车联网、物联网、太空互联网等新网络形态不断涌现，智慧地球、智慧城市、智慧物流、智能生活等应用技术不断拓展，将形成无时不在、无处不在的信息网络环境，对人们的交流、教育、交通、通信、医疗、物流、金融等各种工作和生活需求做出全方位及时智能响应，推动人类生产方式、商业模式、生活方式、学习和思维方式等发生深刻变革。互联网的力量将借此全面重塑这个世界和社会，使人类文明继农业革命、工业革命之后迈向新的"智业革命"时代。

2. 趋势二：全球进入高强度研发时代

全球研发投入自 20 世纪 90 年代末开始加速增长。2015 年，全球创新 1000 强企业的研发支出同比增幅超过 5%，创下自 2012 年以来的最大增幅。由中国、日本、韩国主导的亚洲已成为全球研发重心。2000年以来，亚洲研发支出高速扩张，并在 2009 年首次超过美国，占当时全球份额的 32%。企业研发布局变化是推动亚洲创新地位上升的重要动力。2015 年，亚洲超过北美和欧洲，成为企业研发支出最高的地区，也成为发达国家企业研发投资的首选地，从而改变了 2007 年以来欧洲第一、北美第二、亚洲第三的企业研发格局。特别是，非亚洲企业研发支出占到 52%，显示出亚洲创新资源对跨国研发的较强吸引力以及跨国公司对亚洲发展前景的信心。如今的亚洲已不仅是全球生产体系中的制造基地，也成为全球创新网络中的创新活跃区。在全球高端生产要素和创新要素加速向亚洲转移的趋势下，亚洲正向全球创新的又一核心地带发展。未来的亚洲将很可能产生若干具有世界影响力的创新城市。中国研发投入、科技产出和技术能力的快速增长是改变亚洲乃至全球创新格局的决定性因素，据 OECD（Organization for Economic Co-operation and Development，即经济合作与发展组织）预测，中国的研发支出将在 2019 年前后超过欧盟和美国，跃居世界首位（马名杰，2016）。

3. 趋势三：国际科技竞争日趋激烈

空间进入、利用和控制技术是空间科技竞争的焦点，天基与地基相结合的观测系统、大尺度星座观测体系等立体和全局性观测网络将有效提升对地观测、全球定位与导航、深空探测、综合信息利用能力。海洋新技术突破正催生新型蓝色经济的兴起与发展，多功能水下缆控机器人、高精度水下自航器、深海海底观测系统、深海空间站等海洋新技术的研发应用，将为深海海洋监测、资源综合开发利用、海洋安全保障提供核心支撑。地质勘探技术和装备研制技术不断升级，将使地球更加透明，人类对地球深部结构和资源的认识日益深化，为开辟新的资源能源提供条件。量子计算机、非硅信息功能材料、第五代移动通信技术等下一代信息技术向更高速度、更大容量、更低功耗发展。第五代移动通信技术有望成为未来数字经济乃至数字社会的"大脑"和"神经系统"，帮助人类实现"信息随心至、万物触手及"的用户体验，并带来一系列产业创新和巨大经济及战略利益。

4. 趋势四：多点突破、交叉融合和群体跃进态势日益明显

21 世纪前十年全球三方专利授权量达到 47.5 万件，比上一个十年多出近 10 万件。科学技术从微观到宏观各个尺度向纵深演进，物质科学不断向宏观、微观和极端条件拓展；生命科学走向精确化、可再造和可调控。新兴学科加快发展，学科交叉融合更加深入，基础研究、应用

研究、技术开发和产业化边界日趋模糊，从科学发现到技术应用的周期越来越短，人类已经进入大学科的时代。物质结构、宇宙演化、生命起源、意识本质等一些重大科学问题的原创性突破正在开辟新前沿、新方向，信息网络、人工智能、生物技术、清洁能源、新材料、先进制造等领域呈现群体跃进态势，催生新经济、新产业、新业态、新模式，对人类生产方式、生活方式乃至思维方式将产生前所未有的深刻影响（白春礼，2015）。

5. 趋势五：国际科技合作向更高层次和更大范围发展

全球气候变化、能源资源短缺、粮食和食品安全、网络信息安全、大气海洋等生态环境污染、重大自然灾害、传染性疾病疫情和贫困等一系列重要问题，事关人类共同安危，携手合作应对挑战成为世界各国的共同选择。太阳能、风能、地热能等可再生能源开发、存贮和传输技术的进步，将提升新能源利用效率和经济社会效益，深刻改变现有能源结构，大幅提高能源自给率。据国际能源署（International Energy Addministion，IEA）预测，到 2035 年可再生能源将占全球能源的 31%，成为世界主要能源。极富发展潜能的新一代能源技术将取得重大突破，氢能源和核聚变能可望成为解决人类基本能源需求的主要方向。人类面临共同挑战的复杂性和风险性、科学研究的艰巨性和高昂成本，使相互依存与协同日趋加深，将大大促进合作研究和资源共享，推动高水平科技合作广泛深入开展，并更多上升到国家和地区层面甚至成为全球共同行动。

创新模式发生重大变化，创新活动的网络化、全球化特征更加突出。全球创新版图正在加速重构，创新多极化趋势日益明显，科技创新成为各国实现经济再平衡、打造国家竞争新优势的核心，正在深刻影响和改变国家力量对比，重塑世界经济结构和国际竞争格局。

6. 趋势六：科技创新模式将显著改变创新生态

网络信息技术、大型科研设施开放共享、智能制造技术提供了功能强大的研发工具和前所未有的创新平台，使创新门槛迅速降低，协同创新不断深化，创新生活实验室、制造实验室、众筹、众包、众智等多样化新型创新平台和模式不断涌现，科研和创新活动向个性化、开放化、网络化、集群化方向发展，催生越来越多的新型科研机构和组织。以"创客运动"为代表的小微型创新正在全球范围掀起新一轮创新创业热潮，以互联网技术为依托的"软件创业"方兴未艾，由新技术驱动、以极客和创客为重要参与群体的"新硬件时代"正在开启。这些趋势将带来人类科研和创新活动理念及组织模式的深刻变革，激发出前所未有的创新活力。

研发组织模式向全球化和专业化发展，国家和企业的创新能力提升不再局限于独立的内部研发，而是在更大范围内，运用技术和资本等各种手段整合外部创新资源，创新全球化和网络化趋势已经形成，开放与合作创新日益普遍。全球研发支出最多的 1 000 家企业中，有94%的企业在海外开展研发。在研发全球化过程中，研发合作不断增多并形成专业分工。企业研发外包渐成趋势，专业研发服务部门不断扩大。集成电路设计公司、消费电子独立设计企业、第三方设计公司、软件研发外包企业、生物医药合同研究组织等研发新业态不断出现，从而促进了研发活动的效率提升（马名杰，2016）。

技术创新与金融资本深度融合，创业投资、贷款投资、担保投资、企业股权交易与并购、多层次资本市场等金融手段不断完善，众筹、余额贷款等民间金融工具层出不穷，新技术与新资本加速融合，推动新兴产业快速成长。商业模式创新改变产业组织、收入分配和需求模式，个性化、多样化、定制化的新兴消费需求成为主流，智能化、小型化、专业化的产业组织新特征日益明显，电子商务、电子金融、第三方支付平台、能源合同管理等正推动相关领域的变革（万钢，2016）。

7. 趋势七：科技创新资源全球流动形成浪潮

全球创新创业进入高度密集活跃期，人才、知识、技术、资本等创新资源全球流动的速度、范围和规模达到空前水平。一方面，经济全球化对创新资源配置日益产生重大影响，人才、资本、技术、产品、信息等创新要素全球流动，速度、范围和规模都将达到空前水平，技术转移和产业重组不断加快。另一方面，科技发达国家强化知识产权战略，主导全球标准制定，构筑技术和创新壁垒，力图在全球创新网络中保持主导地位，新技术应用不均衡状态进一步加剧，发达国家与发展中国家的"技术鸿沟"不断扩大。发达国家利用优势地位，通过放宽技术移民政策、开放国民教育、设立合作研究项目、提供丰厚薪酬待遇等方式，持续增强对全球优秀科技人才的吸引力。新兴国家也纷纷推出各类创新政策和人才计划，积极参与科技资源和优秀人才的全球化竞争。人才跨国流动规模扩大，国际流向渐趋多元。

　　以美国为首的发达国家对高层次人才仍具有强大的吸引力，在美国工作和学习的科学家有 38% 来自海外。跨国创业是新兴的人才流动模式，欧美等发达国家通过实施全球创业人才计划等政策，在创业环境方面有较强优势，成为高端跨国创业者的集聚地。发达国家之间人才流动逐渐由"单向"向"多元"转变，在争取本国人才回流的同时，采取选择性的移民鼓励政策吸引其他国家的人才"逆流"。此外，从发达国家向发展中国家的人才回流已经出现，中国等新兴经济体的快速发展大幅增强了本国的吸引力，留学人员和海外移民归国创业和工作的趋势增强（马名杰，2016）。

8. 趋势八：跨国公司主导全球创新资源整合

　　以发达国家为主的跨国公司在资金实力、研发能力、技术储备和人才等方面具备综合优势，主导着GIC。大型跨国公司集中在高技术领域主导着全球企业研发。全球 500 强的研发支出占全球份额的 65% 以上。在全美投资规模最大的前 100 名企业中，研发强度平均在 12% 以上。其中，生物技术产业研发强度高达 47%。跨国公司在全球布局创新资源，在海外投资国进行一些前沿和核心的研发活动，在中国等新兴经济体的投入比重大幅上升，传统上在发达国家研发、在发展中国家加工的国际生产格局正在改变。

9. 趋势九：全球科技创新格局出现重大调整

　　随着经济全球化进程加快和新兴经济体崛起，特别是国际金融危机以来，全球科技创新力量对比悄然发生变化，开始从发达国家向发展中国家扩散。虽然以美国为代表的发达国家目前在科技创新上仍处于无可争议的领先地位，但优势正逐渐缩小，中国、印度、巴西、俄罗斯等新兴经济体已成为科技创新的活化地带，在全球科技创新"蛋糕"中所占份额持续增长，对世界科技创新的贡献率也快速上升。美欧经济体占全球研发投入总量的比例由 61% 降至 52%，亚洲经济体的比例从 33% 升至 40%，新兴金砖国家占比显著提高（万钢，2016）。全球创新中心由欧美向亚太、由大西洋向太平洋扩散的趋势总体持续发展，未来 20~30 年，北美、东亚、欧盟三个世界科技中心将鼎足而立，全球创新竞争呈现新格局。

10. 趋势十：国防科技创新加速推进

受世界竞争格局调整、军事变革深化和未来战争新形态等影响，主要国家将重点围绕极地、空间、网络等领域加快发展"一体化"国防科技，信息化战争、数字化战场、智能化装备、新概念武器将成为国防科技创新的主要方向。大数据技术将使未来战争的决策指挥能力实现根本性飞跃，推动现代作战由力量联合向数据融合方向发展，自主式作战平台将成为未来作战行动的主体。军民科技深度融合、协同创新，在人才、平台、技术等方面的界限日益模糊。随着脑科学与认知技术、仿生技术、量子通信、超级计算、材料基因组、纳米技术、智能机器人、先进制造与电子元器件、先进核能与动力技术、导航定位和空间遥感等的重大突破，将研发更多高效能、低成本、智能化、微小型、抗毁性武器装备，前所未有地提升国防科技水平，并带动众多科技领域实现重大创新突破。

6.2.4　新一轮科技革命可能突破的重点领域

当今世界科学技术发展呈现出多点、群发突破的态势，某些领域将会引发群发性、系统性突破，产生一批重大理论和技术创新，涌现一批新兴交叉前沿方向和领域，进而引发新一轮科技革命。

　　从硅谷等全球技术中心来看，人类正进入创新的新黄金时代，这将从根本上提高生产率并改善我们生活和工作的方式。突破性创新在六个领域是显而易见的：ET（energy technology，即能源技术，包括页岩气/石油这类新形式的矿物燃料，以及太阳能和风能等替代性能源、储能技术清洁技术以及智能电网）；BT（biology technology，即生物技术，包括基因疗法干细胞研究、利用大数据来降低医疗费用，并从根本上令人们更长寿、更健康）；IT（information technology，即信息技术，如Web2.0/3.0、社交媒体、新APP应用、物联网、大数据、云计算、人工智能和VR设备）；MT（manufacture technology，即制造技术，如机器人、自动化、3D打印和个性化制造）；FT（finance technology，即金融技术，彻底改变从支付系统到贷款、保险服务乃至资产配置等一切金融事务的金融技术）；DT（defense technology，即防御技术，包括无人驾驶飞机和其他先进武器系统的研发）（鲁比尼，2016）。中国科学院专家认为在一些基本科学问题领域，预示着新科技革命的重大突破口。

　　第一，在宇宙演化、物质结构、意识本质等一些基本科学问题上，孕育着新的科技突破。在宇宙演化方面，揭开暗物质、暗能量之谜，将是继哥白尼的日心说、牛顿的万有引力定律、爱因斯坦的相对论及量子力学之后，人类认识宇宙的又一重大飞跃，将引发新的物理学革命。在物质结构方面，随着科学家已经能够对单粒子和量子态进行调控，量子世界的探索从"观测时代"走向"调控时代"，量子计算、量子通信、量子网络、量子仿真等领域将实现变革性突破，也可以成为解决人类对于能源、环境、信息等需求的重要手段，其意义不亚于量子力学进展导致的 20 世纪信息革命。在意识本质方面，探索智力的本质、了解人类的大脑和认知功能，是当代最具挑战性的基础科学问题，一旦突破将极大深化人类对自身和自然的认识，会引起信息与智能科学技术新的革命。

　　第二，在能源与资源领域，人类必然从根本上转变无节制耗用化石能源和自然资源的发展方式，迎来后化石能源时代和资源高效、可循环利用时代。可再生能源和安全、可靠、清洁的核能将逐步代替化石能源，成为人类社会可持续发展的基石。通过对未来全球能源结构的分析和预测，欧洲研究报告预计到 2050 年全球一半的能源需求将通过可再生能源来满足。

第三，在网络信息领域，信息技术和产业正在进入一个转折期，2020年前后可能出现重大的技术变革。目前，宽带网络、无线网络、智能网络继续快速发展，超级计算、VR、网络制造与网络增值服务等产业突飞猛进。集成电路正在逐步进入"后摩尔时代"，计算机逐步进入"后PC时代"，"Wintel"平台正在瓦解，多开放平台正在形成。互联网将进入"后IP时代"，云计算兴起是信息技术应用模式的一场变革。2012年 3 月，美国启动"大数据研究和发展计划"，把大数据称为"未来的新石油"。在过去的 5 年里，全球大数据计算性能实现了超过 20 倍的增长。阿里云在 2016 云栖大会上海峰会上发布大数据平台"数加"，集合了计算引擎、开发套件、可视化工具和行业解决方案，这是全球首个囊括前、中、后台的大数据一站式开发平台，可让数据分析和预测成本降至原有的 10%左右。

第四，在先进材料和制造领域，绿色和智能将凸显。智能制造从分子层面设计、制造和创造新材料，与直接数字化制造结合，将产生爆炸性的经济影响。未来 30~50 年，能源、信息、环境、人口健康、重大工程等对材料和制造的需求将持续增长，先进材料和制造的全球化、绿色化、智能化将加速发展，制造过程的清洁、高效、环境友好日益成为世界各国追求的主要目标。新一代材料的发现和应用可以改变生产、生活的很多方面。

第五，农业领域将在一些基本的问题上取得突破。在生物多样性演化过程及其机理，高效抗逆、生态农业育种科学基础与方法，营养、土壤、水、光、温与植物相互作用的机理和控制方法，耕地可持续利用科学基础，全球变化农业响应和食品结构合理演化等方面取得突破，将能够保证农业生态高效和可持续发展。分子育种成为农业前沿科技和热点，未来的发展方向是多基因控制、多目标嵌入的农业分子模块育种。

第六，人口健康领域孕育重大突破和产业发展。通过疾病早期预测诊断与干预、干细胞与再生医学等研发，攻克影响健康的重大疾病。基于干细胞的再生医学，有望解决人类面临的神经退行性疾病、糖尿病等重大医学难题，引发继药物、手术之后的新一轮医学革命，正在孕育重大创新突破。干细胞产业随着制药企业和风险投资的大量介入，逐步进入成熟阶段，替代器官、干细胞药物研发等将促进干细胞新兴产业快速发展。

在上述的六个领域中，任何一个领域的突破性原始创新，都会为新的科学体系打开空间，引发新的科学革命；任何一个领域的重大技术突破，都有可能引发新的产业革命，为世界经济增长注入新的活力，引发新的社会变革，加速现代化和可持续发展进程（白春礼，2013）。

6.2.5　可能改变世界的颠覆性技术

麦肯锡全球研究所（McKinsey Global Institute）发布研究报告，公布未来 12 项可能改变生活、企业与全球经济的颠覆性技术（disruptive technologies），这些技术有望在 2025 年带来 14 万亿至 33 万亿美元的经济效益。研究报告从 100 种技术中挑选出 12 项经济效益最高的技术，然后分析这些技术可能的应用方式，以及可创造的价值，并以经济效益排名。报告估计 2025 年全球经济产出为 100 万亿美元。这些技术包含以下几项。

第一名：移动互联网。应用的技术包括无线技术、小型、成本低廉的运算与储存设备，先进的显示科技、自然用户接口，以及先进但价格低廉的电池。可用于提高生产力，远程监控系统，减少治疗慢性疾病的成本。预估移动互联网在 2025 年带来 3.7 万亿~10.8 万亿美元的经济效益。

第二名：知识工作的自动化。例如，以智能软件系统取代人工来处理顾客服务电话。预估该技术可带来 5.2 万亿~6.7 万亿美元的经济效益。

第三名：物联网。全球物联网的发展呈现提速状态，主要发展方向是工业物联网、消费物联网（包括可穿戴设备、智能终端等）、混合物联网（包括车联网和智能家居等）和智慧城市（物联网集大成应用的综合平台）。据思科公司预测，到 2020 年，将有超过 500 亿个传感器连接到物联网。到 2022 年，物联网所节约的成本和产生的收入将达到 14.4

万亿美元。到 2030 年，将有超过 100 万亿个传感器连接到物联网。

第四名：云计算。厂商可透过网络提供服务，也可增强企业信息科技的生产力。市场调研机构IDC公司发布的数据显示，到 2019 年全球云计算基础设施支出将达到 546 亿美元，占到全球IT基础设施支出的近一半（46.5%）。在此期间，IT领域的非云计算基础设施将年均减少 1.4%，而公有云则将年均增长 16.5%。

第五名：机器人技术。未来机器人会发展得更敏感、更灵巧、更有智慧，可完成以往认为过于细致或不符经济效益的工作。若用于医学上，机械人手术系统可降低风险，机器义肢可恢复截肢者或老人的四肢功能。预计到 2025 年，机器人每年将为全球带来 1.7 万亿~4.5 万亿美元的经济规模。

第六名：自动或半自动导航与驾驶的交通工具。自动驾驶技术到 2025 年的经济规模将达到万亿美元，可降低交通事故发生率，每年将拯救 3 万~15 万人的生命，降低汽车的废气排放可达 90%。

第七名：新一代基因组学。以快速、低廉的成本完成基因组定序，进行先进的分析，用于合成生物，可应用在治疗疾病、发展农业上，还可以生产高价值物质。

排名第八到第十二的其他技术包括能源储存、3D打印、更强韧和更有传导性的先进材料、石油和天然气探勘与发现，以及再生能源。

有媒体将无人驾驶、可穿戴设备、VR、氢燃料电池、量子通信、人工智能、石墨烯、3D打印列为当今世界上的八大热门前沿科技。全球高科技企业在前沿研究中，人工智能、智能汽车/新能源汽车、新计算技术、无人机是主要的方向。互联网时代的思想家和预言家凯文·凯利宣称，人工智能是下一个 20 年里颠覆人类社会的技术，它的力量堪比电与互联网。从 2011 年开始，大数据、深度学习算法和计算资源的成熟令人工智能技术实现飞跃，包括微软、IBM、谷歌、Facebook、BAT在内的企业一边在整合自身的技术资源，形成体系和重点；一边则加快对相关公司的收购与合作步伐，试图把握风口，成为产业变革中的下一个巨擘。谷歌的Google X实验室网罗了世界顶尖科学家，追踪未来 100个重大科技项目，开发了无人驾驶汽车、谷歌眼镜、机器人等项目。微软宣布Skype开始支持任意两种语言之间的实时翻译，这一波技术突破源于三个因素：计算能力的巨大提升、数据的极大丰富和核心算法的重要突破。华为设立 2012 实验室、腾讯推出了可以自动识别图片内容的服务，阿里巴巴推出了人脸识别技术并应用于金融支付（藏瑾，2016）。中兴通讯成立深蓝实验室，开发无线充电技术（杨绍育，2014）。2013年 7 月，百度成立了中国公司里的第一个人工智能研究院，人工智能技术已经应用在它的搜索、广告等产品线和业务线上（谢丽容和梁辰，2016）。

6.3　全球产业变革趋势

在后危机时代，世界范围内新一轮产业变革蓄势待发，世界主要国家纷纷着眼于在新一轮国际产业分工中抢占制高点，将提升国际价值链分工地位作为产业升级的重要目标（隆国强，2016）。随着新一代信息技术与先进制造的深度融合，制造业的数字化、网络化、智能化仍是经济增长的重要引擎，成为保持国家竞争实力和创新活力的源泉。主要发达国家的共性是以关注人类社会不断面临的新问题为方向、以追踪技术发展的前沿为动力、以增强国家产业竞争力与综合国力为目标布局和发展战略性新兴产业（祝尔娟等，2011）。

发达国家再次掀起了以知识产权为基础和支撑的制造业转型升级的"第四次工业革命"浪潮。一些发展中国家也在加快谋划和布局，积极参与全球产业再分工，承接产业及资本转移，拓展国际市场空间。以绿色、智能为特征的群体性技术不时有新突破，新一代信息技术与制造业深度融合，正在引发影响深远的产业变革，形成新的生产方式、产业形态、商业模式和经济增长点。世界各国都在加大科技创新力度，推动3D打印、移动互联网、云计算、大数据、生物工程、新能源、新材料等领域取得新突破。基于信息物理系统的智能装备、智能工厂等智能制造正在引领制造方式变革；网络众包、协同设计、大规模个性化定制、精准供应链管理、全生命周期管理、电子商务等正在重塑产业价值链体系；可穿戴智能产品、智能家电、智能汽车等智能终端产品不断拓展制造业新领域。

　　未来 5~10 年，是全球新一轮产业变革从蓄势待发到群体迸发的关键时期。信息革命进程持续快速演进，物联网、云计算、大数据、人工智能等技术广泛渗透于经济社会各个领域，信息经济繁荣程度成为国家实力的重要标志。增材制造（3D打印）、机器人与智能制造、超材料与纳米材料等领域技术不断取得重大突破，推动传统工业体系分化变革，将重塑制造业国际分工格局。基因组学及其关联技术迅猛发展，精准医学、生物合成、工业化育种等新模式加快演进推广，生物新经济有望引领人类生产生活迈入新天地。应对全球气候变化助推绿色低碳发展大潮，清洁生产技术应用规模持续拓展，新能源革命正在改变现有国际资源能源版图。数字技术与文化创意、设计服务深度融合，数字创意产业逐渐成为促进优质产品和服务有效供给的智力密集型产业，创意经济作为一种新的发展模式正在兴起。创新驱动的新兴产业逐渐成为推动全球经济复苏和增长的主要动力，引发国际分工和国际贸易格局重构，全球创新经济发展进入新时代。

6.3.1　典型国家的产业变革趋势

1）美国

　　美国制造业处于全球制造业第一方阵，德国、日本处于第二方阵，英国、法国、韩国、中国处于第三方阵。美国是制造业价值链的掌控者，占据了利润最为丰厚的产业和一些产业附加值最高的环节，并把低附加值的环节主动配置到海外，可以说，美国一直在掌控大部分制造业价值链的产业秩序安排，并按照对自己最有利的方式组织全球协作。美国在化工、宇航、机械、医疗和半导体方面仍然占据着全球领导者的地位，弱势的制造业只是纺织品、服装、家电、家具、计算机设备等领域。通过树立对高利润制造业的竞争优势，及在中低利润制造行业里控制高利润价值链环节，让美国制造业能够获取远高于全球平均水平的制造业利润率。

　　持续的创新能力是美国保持制造业竞争优势的根本因素。以苹果为代表的智能手机行业，美国企业攫取了价值链上利润最丰厚的环节，并按照最符合自己商业利益的方式安排整个产业链的协作方式。汽车产业在特斯拉的颠覆式创新逼迫之下向电动车领域加速发展。2012 年，谷歌的无人驾驶汽车已经拿到了美国内华达州的正式牌照，传统车厂又一次面临着推倒重来式的威胁。未来信息产业创新的领域，如大数据、云技术、VR、可穿戴技术、3D打印，还是在美国最先发明与创立。在可预见的一段时间内，美国在信息技术的领先还会让美国的制造业继续保持创新的优势（李军，2015）。

　　制造业对于美国经济的繁荣至关重要，美国制造业规模占GDP总量的比重仅为 11%，但从产业链角度看，由制造业所支撑起来的价值链的价值占到了美国GDP的三分之一。美国政府测算，制造业领域 1 美元的产值会带动其他领域 1.4 美元的产出。在工作岗位上的乘数效应，制造业达到了 3.4。制造业对美国每年贡献 2 万亿美元的GDP，占美国出口的比重更高达 60%，在私营领域研发支出的占比达四分之三。通常一名美国制造工人每年能挣取 7.8 万美元的薪资福利，而非制造行业平均待遇只有 6.3 万美元。像普惠这样的航空航天公司是最成功的出口商之一，产品约 90%在美国制造，超过 80%销往海外，实现了贸易顺差。在美国制造业所创造的增加值中，劳动者报酬占了 60%，资本报酬占了 38%，美国机械工业从业者小时工资的中值是 20 美元左右，约高于制造业 10 个百分点（鞠恩民，2016）。

　　美国为重振经济，出台了《美国竞争力计划》《先进制造业国家战略计划》，掀起"再工业化"风潮，通过集中产、学、研等力量，结成"创新共同体"推动实体经济，特别是制造业创新发展。2011 年 3 月，奥巴马提出《美国制造业创新网络计划》；同年 4 月，美国白宫科技政策办公室出台"21 世纪大挑战"计划。2012 年 2 月，美国总统行政办公室和国家科技委员会公布了《先进制造业国家战略计划》，正式将先进制造业提升为国家战略。随之而来的是苹果、卡特彼勒等制造业企业开始把海外生产线迁回美国本土。美国总统奥巴马在 2012 年宣布投资 10 亿美元建立 15 个制造业创新研究所，并将以信息网络、智能制造、新能源和新材料领域的创新技术为核心，重新树立美国制造业在 21 世纪的竞争优势。2013 年 1 月，美国总统执行办公室、国家科学技术委员会和高端制造业国家项目办公室联合发布《国家制造业创新网络初步设计》。2015 年 9 月，美国推出国家创新战略，提出利用国家制造业创新网络来恢复美国在高精尖制造业创新中的领先地位，重新投资供应链创新并支持扩大技术密集型制造业企业。创新网络计划的目标是通过投资 10 亿美元组建美国制造业创新网络，推动高校、企业和政府部门形成合力，通过缩小科研与商业之间的差距，打造一批具有先进制造业能力的创新集群。此外，美国积极推动工业互联网战略，其核心就是构建工业信息高速公路，保持其制造业的领先地位。当前，美国已形成以政府、高校及科研机构、应用研究机构、企业和服务机构为主体的完整的先进制造创新生态体系。

　　美国产业链的创新往往是集中在科技园区完成的，如旧金山硅谷、波士顿的"128 公路"高科技园区以及北卡罗来纳州的三角研究园（Research Triangle Park, RTP），这些都被称为"经济群落"（economic cluster），也是美国最重要的创新基地。三角研究园毗邻北卡罗来纳州的罗利（Raleigh）、达勒姆（Durham）和教堂山（Chapel Hill），处在三座城市夹成的三角研究区域中。其中罗利有北卡罗来纳大学，达勒姆有杜克大学，教堂山有北卡罗来纳州立大学。三角研究园内有超过 130 家研发设施，超过 3.9 万名雇员为总共 157 家组织工作。三角研究园是IBM全球重要运营地点之一，有约 1.1 万名IBM雇员在三角研究园工作。同时它还是联想集团全球总部所在地，有超过 2 000 名联想雇员在此工作。三角研究园还是葛兰素史克（GSK，Glaxo Smith Kline）制药公司最大的研发中心的所在地，拥有约 5 500 名GSK雇员。三角研究园的制造业企业有巴斯夫（BASF）、拜耳（Bayer）、思科（Cisco）、飞思卡尔、国家半导体、爱立信、通用电气、杜邦等一系列全球性企业。在三角研究园内，产业链的上下游、研究机构与生产企业、不同领域的协作伙伴以高度紧密的方式进行协作，把沟通与整合成本降到了最低。园区内某一个企业的创新有可能带动产业链上下游的全面跟进与提升。三角研究园最强大的资产就是这个地区的三所研究型大学。

在美国乃至全世界，很少有地方能比得上建立在罗利—达姆勒—教堂山地区的科研人员和设备的聚集密度。由美国能源部牵头并承诺五年出资 700 万美元，参与者包括近 30 家企业和大学及其他非政府组织等。这些参与者绝大部分都集中在三角研究园周围。可以想象，在三角研究园，成员企业在地理上的邻近，为它们之间分享知识、紧密协作、共同创新提供无限的可能（李军，2015）。

2）德国

德国推行"工业 4.0"战略的同时，在 2010 年《德国 2020 高科技战略》提出，欧洲须建立卓越、能辐射全球的"欧洲尖端集群"，强调着眼未来和面向欧洲等战略新重点，优先发展环保、健康、安全、气候、资源及交通领域。2014 年《欧盟"地平线 2020"计划》在产业领导力领域的预算总金额为 170.16 亿欧元，占计划总额的 20% 以上，主要投向能使技术和工业技术领先的领域，如新一代信息技术、纳米技术、生物技术、制造技术、空间技术等。英国以数字经济和低碳经济为重点，推出了《以增长为目标的创新与研究战略》，力求在全球创新网络中成为关键伙伴，其贸易投资署设立了"创新门户"组织，吸引国际投资，并积极推动英国八大技术国际化。

6.3.2　经济危机引发世界产业格局调整

世界经济发展的历史经验表明，受益于科技创新力量的推动，一批又一批新兴产业总是在战胜重大经济危机的过程中孕育和成长起来，并以其特有的生命力成为新的经济增长点，并在危机过后，推动经济进入新一轮繁荣。1857 年的世界经济危机推动人类社会从蒸汽时代进入电气时代，创造了电力与电气、汽车、能源化工等一大批新兴产业；1929 年的世界经济危机引发了电子革命，推动人类社会从电气时代进入电子时代；20 世纪 40 年代第二次世界大战对全球经济秩序的摧毁导致计算机、核能和空间技术的快速发展，使世界迎来技术的新浪潮；1987 年华尔街大崩溃促使文化和金融服务业成为美国最具有竞争力的支柱产业；1994 年墨西哥金融危机使信息技术产业为代表的高技术产业成为美国经济快速成长的"发动机";1997 年亚洲金融危机催生了互联网经济发展,并成为引领世界经济新的增长点(祝尔娟等,2011),见表 6-2。

表 6-2　历次推动经济走出危机的新兴产业

经济危机	产业革命	新兴产业	引导增长的方式	持续力度
圈地运动	第一次工业革命	纺织、运输和机器设备	纺纱机、蒸汽机等的出现极大地提升了劳动生产率	持续到19世纪初期
19世纪20年代纺织业严重产能过剩	铁路革命	冶金、煤炭和机车制造	铁路业兴起,运输成本迅速降低,进而带动其他工业发展	持续到19世纪末期
1857年过度铁路投机引发经济危机	第二次工业革命	电力、电气、汽车和能源化工	在电气革命推动下,煤炭、钢铁等工业迅猛发展	持续到20世纪初
1890年金融危机	钢铁繁荣	钢铁	钢铁及其制品的需求迅速扩张,带动了新一轮经济繁荣	持续到第一次世界大战
第一次世界大战之后	汽车普及	汽车	汽车制造业的发展推动了钢铁、橡胶、石油等产业发展	持续到1929年经济危机
第二次世界大战之后	第三次工业革命	原子能、航天、计算机和生物工程	产业结构智能化趋势使一批西方国家完成了现代化	持续到石油危机
石油危机	信息化技术革命	个人计算机、通信设备和微电子	为互联网时代打下基础,带动美国等走出石油危机的衰退	持续到20世纪90年代
1997年亚洲金融危机	互联网革命	互联网、移动通信	互联网使现代服务业出现重大变革	持续至今
2008年国际金融危机	第四次工业革命	新一代信息、新能源、新材料、生物医药、节能环保等	以绿色、智能和可持续为特征	开始启动

资料来源:祝尔娟等(2011)

2008 年国际金融危机以来,以绿色、智能和可持续为特征的新兴产业蓄势待发。

2015 年全球人工智能市场规模达 484 亿元。BBC预测,2020 年全球人工智能市场规模将达 1 190 亿元,年增长率约为 19.7%(谢丽容和梁辰,2016)。据Allied市场研究公司报告,全球工业机器人市场从 2013 年到 2020 年期间将以 5.4%的复合年增长率发展,到 2020 年其销售额将达到 411.7 亿美元。

市场研究机构IDC预计,到 2020 年全球增强现实(augmented reality,AR)和VR市场营收将从当前的 52 亿美元扩张至 1 620 亿美元。这意味着未来五年全球AR/VR市场年增长率将高达 181.3%。高盛于 2016 年 2 月发布的《VR与AR：解读下一个通用计算平台》的行业报告称，基于标准预期，到 2025 年VR/AR市场规模将达到 800 亿美元。

6.3.3　全球价值链国际分工呈现新趋势

20 世纪 90 年代以来，跨国公司通过对全球价值链的分切，牢牢控制了具有战略意义、资本技术密集的高附加值环节，如技术研发、品牌管理等，并保持对上述高利润环节的垄断优势，将其他诸如零部件加工、产品组装等非战略、低附加值环节，以代工方式转移到成本低、效率高的发展中国家加工生产。随着知识经济的发展和经济全球化进程的深化，全球价值链的国际分工呈现新的发展趋势。

（1）研发网络全球化。跨国公司的研发活动已不再限于母公司基地，而是在全球布局研发网络，如IBM在全球建立了 80 多个研发中心。

（2）采购生产全球化。跨国公司为降低生产成本，加快了在发展中国家寻找布局代工厂商的进程，通过全球采购，与供应商之间从短期买卖关系演变为战略合作伙伴关系，在提升其快速响应市场能力、确保关键零部件供应可靠性的同时，其得以维持较高的盈利水平。

（3）国际品牌主导化。跨国公司在全球范围内筛选中间商与分销商，全球价值链逐渐从产业链演变为由不同国籍知名品牌主导控制的产品链。

（4）微笑曲线深U化。跨国公司往往将高附加值的设计研发以及品牌等技术资金密集型环节留在发达国家，将低附加值的加工转配等劳动密集型环节布局到发展中国家。两极分化的工资水平及投资回报使全球价值链的微笑曲线呈日益陡峭深凹的"U"形演化。同时，国内资本与劳动力的可流动性，使国家价值链的各环节资本回报和工资水平趋同，其价值曲线呈现一条相对平缓的"U"形分布（邵安菊，2016），见图 6-1。

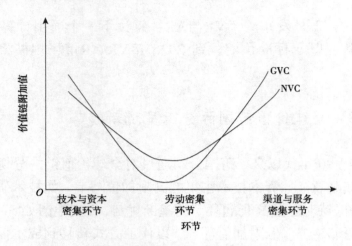

图 6-1　GVC 与 NVC 的微笑曲线

第7章 陕西科技园区发展面临的国内环境

7.1 总体形势

改革开放以来，我国经济实现了长达 30 余年的高速增长，经济实力、人民生活水平、综合国力和国际影响力都迈上一个大台阶。1978~2011 年GDP年均增长率为 9.9%，1978~2015 年GDP年均增长率为 9.6%，GDP总量从 1978 年的 1 482 亿美元达到 2015 年的 67.7 万亿元，居世界第十位，占全球GDP的 1.8%，上升为 14%左右。自 2010 年起超过日本，成为仅次于美国的世界第二大经济体，人均GDP达 7 924 美元，进入上中等收入国家行列。

从 2012 年开始，我国经济进入了速度变化、结构优化和动力转换的新常态，在 2012 年和 2013 年增长率降到 7.7%之后，2014 年和 2015 年分别进一步下降到 7.3%和 6.9%。同时，我国产业结构调整步伐加快。2012 年，三次产业比例为 9.5：45.0：45.5，第三产业的增加值首次超过第二产业。2015 年，第三产业增加值比重首次突破 50%（表 7-1）。

表 7-1 2012~2016 年我国 GDP 增长及三次产业结构变化

年份	GDP		三次产业结构/%		
	增加值/亿元	增长率/%	第一产业	第二产业	第三产业
2012	534 123	7.7	9.5	45.0	45.5
2013	588 019	7.7	9.4	43.7	46.9
2014	635 910	7.3	9.2	42.7	48.1
2015	676 708	6.9	9.0	40.5	50.5
2016	744 127	6.7	8.6	39.8	51.6

　　我国产业层次低、发展不平衡和资源环境刚性约束增强等矛盾仍然突出，正处于跨越"中等收入陷阱"的紧要关头。从国际经验看，第二次世界大战后只有少数经济体从低收入水平成功迈进高收入水平，实现现代化，而一些国家未能依靠科技创新打造竞争新优势，无法提升自身在全球价值链中的位势，长期处于"中等收入陷阱"。例如，拉美地区33个经济体中，人均收入处于 4 000 美元至 12 000 美元间的国家就有28个，这些国家在高收入国家行列外已徘徊 40 多年，经济增长主要依靠资本积累和要素投入，科技创新对经济增长的贡献不高，产业长期被锁定在全球价值链的中低端（万钢，2016）。

　　"十三五"时期，我国将坚持发展是第一要务，牢固树立和贯彻落实创新、协调、绿色、开放、共享的发展理念，以提高发展质量和效益为中心，以供给侧结构性改革为主线，确保如期全面建成小康社会。经济保持中高速增长，产业迈向中高端水平，农业现代化进展明显，工业化和信息化融合发展水平进一步提高，先进制造业和战略性新兴产业加快发展，新产业新业态不断成长，服务业比重进一步提高。创新驱动发展成效显著。创新驱动发展战略深入实施，创业创新蓬勃发展，全要素生产率明显提高。科技与经济深度融合，创新要素配置更加高效，重点领域和关键环节核心技术取得重大突破，自主创新能力全面增强，迈进创新型国家行列。

　　据预测，"十三五"期间，中国经济潜在增长率维持在 6.2% 左右，并且"十三五"之后的（2016~2020 年）的 2022 年，中国人均GDP将达到 12 600 美元，开始进入高收入国家行列。而到 2030 年，中国人均GDP将达到 19 000 美元，届时将稳居高收入国家行列（蔡昉，2014）。国家发展和改革委员会经济研究所预测，我国将在 2020~2025 年经济总量超过美国，成为世界第一大经济体，并将在 2025 年左右成功跨越中等收入阶段，进入高收入国家行列（国家发展和改革委员会经济研究所，2014）。

　　今后更长一个时期，我国仍处于可以大有作为的战略机遇期。建设经济强国的"两步走"战略目标是：在中国共产党成立一百年时，GDP达到 15 万亿美元左右，人均收入超过 1 万美元，城镇化率达到 60% 左右，实现全面建成小康社会的目标。在新中国成立一百年时，GDP的世界占比达到 20% 左右，科技创新水平指数迈入世界前五名国家的行列；服务业产值占GDP的比重达到 60% 左右；具有一批跨国企业与世界知名品牌；城镇化率达到 70% 左右，形成一批具有国际影响力的城市群；人民币成为国际货币，并在国际储备货币中的占比达到 4% 左右，实现中华民族伟大复兴的中国梦。

7.2 国内科技创新趋势

7.2.1 国内科技创新的进展

"十二五"以来，我国科技创新能力大幅提升，进入以跟踪为主转向跟踪和并跑、领跑并存的历史新阶段，科技整体水平正处于从量的积累向质的飞跃、从点的突破向系统能力提升的重要时期，在国家发展全局中的核心位置更加凸显，在全球创新版图中的位势进一步提升，已成为具有重要影响力的科技大国。

我国推进供给侧结构性改革，促进经济提质增效、转型升级，迫切需要依靠科技创新培育发展新动力。协调推进新型工业化、信息化、城镇化、农业现代化和绿色化，建设生态文明，迫切需要依靠科技创新突破资源环境瓶颈制约。应对人口老龄化、消除贫困、增强人民健康素质、创新社会治理，迫切需要依靠科技创新支撑民生改善。落实总体国家安全观，维护国家安全和战略利益，迫切需要依靠科技创新提供强大保障。同时，我国国民收入稳步增加，市场需求加速释放，产业体系更加完备，体制活力显著增强，教育水平和人力资本素质持续提升，经济具有持续向好发展的巨大潜力、韧性和回旋余地，综合国力将再上新台阶，必将为科技创新的加速突破提供坚实基础。

科技创新能力持续提升，战略高技术不断突破，一些重要领域方向跻身世界先进行列。多复变函数论、陆相成油理论、人工合成牛胰岛素等成就，高温超导、中微子物理、量子反常霍尔效应、纳米科技、干细胞研究、肿瘤早期诊断标志物、人类基因组测序等基础科学实现突破，"两弹一星"、超级杂交水稻、汉字激光照排、高性能计算机、三峡工程、载人航天、探月工程、移动通信、量子通信、北斗导航、载人深潜、深地钻探、高速铁路、航空母舰等工程技术成果突出，正处在跨越发展的关键时期（习近平，2016）。

"十二五"时期以来，我国科技进步贡献率已由 50.9%增加到 55.3%，其中农业科技进步贡献率达到 56%以上，国家综合创新能力跻身世界第 18 位。2015 年，全社会研究与试验发展经费支出达 14 220 亿元，继 2010 年超过德国之后，2013 年又超过日本，目前我国已成为仅次于美国的世界第二大研发经费投入国家，投入强度为 2.1%，已达到中等发达国家水平，居发展中国家前列，其中企业研发支出超过 77%。

创新人才竞相涌现，科技人力资源总量超过 7 100 万人，研发人员超过 535 万人，其中企业研发人员 398 万人。千人计划、万人计划、创新人才推进计划、长江学者、中国科学院百人计划等人才计划有力促进高端人才引进和培养，近 5 年回国人才超过 110 万人，是前 30 年回国人数的 3 倍。

国际科技论文数稳居世界第 2 位，被引用数升至第 4 位，农业、化学、材料等 7 个学科已升至第 2 位。重大科研仪器装置和平台建设持续推进，国家重点实验室达到 481 个，国家工程技术研究中心达到 346 个。暗物质探测卫星"悟空"成功升空，上海光源、500 米口径球面射电望远镜、散裂中子源等一批大科学装置建设取得重要进展，有力支撑了科学研究。截至 2015 年底，我国累计认定的国家级企业（集团）技术中心为 1 187 家，建在企业的国家重点实验室有 177 个，建在企业的国家工程（技术）研究中心有 144 个，国家工程实验室有 158 个。

国内专利申请量从 2011 年的 110.9 万件上升到 2015 年的 263.9 万件；授权量从 2011 年的 74.1 万件上升到 2015 年的 159.7 万件。2015 年，我国专利授权数为 171.8 万件，其中发明专利授权数为 35.9 万件，发明专利授权数占专利授权数的比重为 20.9%。世界知识产权组织最近发布的报告显示，自 2005 年以来，在 3D打印和机器人工程学领域，全球超过四分之一的专利申请来自我国，所占比例为全球各国之最。在纳米技术方面，我国是第三大专利申请来源国，占全球申请量的近 15%。我国一批信息技术企业创新能力进入世界前列。

全社会创新创业生态不断优化，国家自主创新示范区和高新区等科技园区成为创新创业重要载体。规模 400 亿元以上的国家新兴产业创业投资引导基金投入运作，全国各类众创空间已超过 2 300 家，与现有 2 500 多家科技企业孵化器、加速器，11 个国家自主创新示范区和 146 个国家高新区，共同形成完整的创业服务链条和良好的创新生态，在孵企业超过 10 万家，培育上市和挂牌企业 600 多家，吸纳就业人数超过 180 万人。技术转移转化加速发展，2015 年国家技术转移示范机构达 453 家，技术（产权）交易机构有 30 家。2015 年，全国技术合同交易达 307 132 项，总成交额达 9 835.79 亿元。彭博社曾据英国伦敦会计和咨询公司UHY International的研究报告指出，中国创业界正处于最佳状态，一天诞生约 4 000 家企业，增速位列全球第一。

科技体制改革向系统化、纵深化迈进，科技资源统筹协调进一步加强，市场导向的技术创新机制逐步完善，企业技术创新主体地位不断增强。科技创新国际化水平大幅提升，国际科技合作深入开展，国际顶尖科技人才、研发机构等高端创新资源加速集聚。

正在兴起的全球新一轮科技革命，与中国深入实施创新驱动发展战略形成千载难逢的历史性交汇，为中国提供了弯道超车的历史机遇，"创新红利"的作用将远远超过历史上任何一个时期。未来二三十年，中国将处于技术追赶后半程，进入世界前沿的科技领域将逐步增多，在一些技术领域正向领军国家迈进。据美国巴特尔公司与《研发杂志》开展的全球调查，在影响未来研发走向的十大关键性领域中，中国全部进入研发领先国家前五位。中国有望在今后 20 年左右的时间内实现局部技术领先（马名杰，2016）。

随着互联网、大数据、移动互联网等新一代信息技术的大爆发，创新门槛大幅降低，草根创新、蓝领创新、快捷和低成本创新活动大量涌现，新产品、新业态、新商业模式层出不穷，创新创业的主体多元化，在众创、众包、众扶、众筹等新模式促动下，创新边界和空间大为拓展，中国科技创新的"新引擎"正在加速发力。

在《2016 年全球创新指数报告》中，中国位列第 25 位，是有史以来最高的排名，也是中等收入经济体首次进入这个梯队。高水平的创新质量仍是发达经济体领先的一个显著特征，但中国是唯一一个创新质量不亚于领先者的中等收入国家。在创新质量领域，中国的排名升至第七位，缩小了与高收入经济体的差距。具体评估指标中，中国有十项位居全球第一。中国在"知识和技术产出"方面表现突出，在其中"本国人专利申请量/十亿购买力平价美元GDP""本国人实用新型申请量/十亿购买力平价美元GDP""高技术出口减去再进口在贸易总额中的占比"三项指标中位列全球第一，在"本国人工业品专业外观设计申请量/十亿购买力平价美元GDP"方面也占第一。中国在全球研发公司前三位平均支出、国内市场规模、企业中的研发人员、本国外观设计专利申请这四个指标的表现相对领先，分别排名第九位、第一位、第九位、第一位。在"国内市场规模"、"提供正规培训的公司占比"、高技术和创意产品贸易领域等指标同样表现突出。从创新效率比的指标看，中国是效率比排名中唯一位居前十位的中高收入经济体，排名第七位，超过了德国、美国等发达国家。这显示，中国是唯一一个在科技创新领域全力追赶发达国家的国度（辛继召，2016）。

GII 指数排名显示，以瑞士、瑞典和英国为首的发达经济体是全球创新的第一阵营，这些国家主要集中在西欧、北美地区。国际主要经济体中，美国排在第四位，德国排在第十位。中国在GII指数在金融危机后逐渐上升。排名一度从金融危机前至 2007 年的第 29 位滑落至 2009~2010 年度的第 43 位，此后逐年上升，到 2016 年排名上升到第 25 位。以东亚、东南亚经济体来看，中国内地排在新加坡、中国香港、韩国、日本之后。新加坡进入前 10 名，中国香港位居第 14 位，韩国、日本分别位居第 11 位、第 16 位（辛继召，2016）。

同时，与进入创新型国家行列和建设世界科技强国的要求相比，中国科技创新还存在一些薄弱环节和深层次问题，主要表现为科技基础仍然薄弱，科技创新能力特别是原创能力还有很大差距，关键领域核心技术受制于人的局面没有从根本上改变，许多产业仍处于全球价值链中低端，科技对经济增长的贡献率还不够高。例如，2015 年，中国进口单一最大金额商品是集成电路，进口金额为 2 300 亿美元，占全部进口额的比重达 13.7%。特别是计算机核心CPU芯片、4G智能手机高端芯片的 90%以上被几家外国公司控制。又如，2015 年中国规模以上工业企业研发经费首次突破 1 万亿元，但仅占主营收入的 0.92%，仅为发达国家平均水平的三分之一。2015 年，中国科技成果转化为产业引用技术的比例仅约为 15%，远低于发达国家约 30%的比例。

制约创新发展的思想观念和深层次体制机制障碍依然存在，创新体系整体效能不高。高层次领军人才和高技能人才十分缺乏，创新型企业家群体亟须发展壮大。激励创新的环境亟待完善，政策措施落实力度需要进一步加强，创新资源开放共享水平有待提高，科学精神和创新文化需要进一步弘扬。

目前，全球创新 90%以上集中在北美、西欧和东亚地区，真正主导全球创新的，首先还是美国，其次就是日本、德国、英国、法国、韩国、瑞士、以色列等十余个国家。中国虽然跻身GII第 25 位，却依然是创新第三世界的龙头，而非跻身第一、第二世界。

综合判断，中国科技创新正处于可以大有作为的重要战略机遇期，也面临着差距进一步拉大的风险。必须牢牢把握机遇，树立创新自信，增强忧患意识，勇于攻坚克难，主动顺应和引领时代潮流，把科技创新摆在更加重要位置，让创新成为国家意志和全社会的共同行动，在新的历史起点上开创国家创新发展新局面，开启建设世界科技强国新征程。

7.2.2 国内科技创新的趋势

《国家创新驱动发展战略纲要》明确提出：到 2020 年进入创新型国家行列，科技进步贡献率提高到 60%以上；到 2030 年跻身创新型国家前列；到 2050 年，即新中国成立 100 年时使中国成为世界科技强国。

《"十三五"国家科技创新规划》突出科技创新的总体目标是：国家科技实力和创新能力大幅跃升，创新驱动发展成效显著，国家综合创新能力世界排名提升到 2020 年的第 15 名，迈进创新型国家行列，有力支撑全面建成小康社会目标实现（专栏 7-1）。

专栏 7-1　　"十三五"我国科技创新主要指标

	指　　标	2015 年指标值	2020 年目标值
1	国家综合创新能力世界排名/位	18	15
2	科技进步贡献率/%	55.3	60
3	研究与试验发展经费投入强度/%	2.1	2.5
4	每万名就业人员中研发人员/（人·年）	48.5	60
5	高新技术企业营业收入/万亿元	22.2	34
6	知识密集型服务业增加值占 GDP 的比例/%	15.6	20
7	规模以上工业企业研发经费支出与主营业务收入之比/%	0.9	1.1
8	国际科技论文被引次数世界排名	4	2
9	《专利合作条约》专利申请量/万件	3.05	翻一番
10	每万人口发明专利拥有量/件	6.3	12
11	全国技术合同成交金额/亿元	9 835	20 000
12	公民具备科学素质的比例/%	6.2	10

资料来源：《"十三五"国家科技创新规划》

（1）自主创新能力全面提升。基础研究和战略高技术取得重大突破，原始创新能力和国际竞争力显著提升，整体水平由跟跑为主向并行、领跑为主转变。研究与试验发展经费投入强度达到 2.5%，基础研究占全社会研发投入比例大幅提高，规模以上工业企业研发经费支出与主营业务收入之比达到 1.1%；国际科技论文被引次数世界排名达到第二；通过《专利合作条约》提交的专利申请量比 2015 年翻一番；每万人口发明专利拥有量增至 12 件。

（2）科技创新支撑引领作用显著增强。科技创新作为经济工作的重要方面，在促进经济平衡性、包容性和可持续性发展中的作用更加突出，科技进步贡献率从 2015 年的 55.3%提高到 2020 年的 60%，知识密集型服务业增加值占 GDP 的比例由 15.6%提高到 20%。高新技术企业营业收入达到 34 万亿元，全国技术合同成交金额由 2015 年的 9 835 亿元增至 20 000 亿元；成长起一批世界领先的创新型企业、品牌和标准，若干企业进入世界创新百强，形成一批具有强大辐射带动作用的区域创新增长极，新产业、新经济成为创造国民财富和高质量就业的新动力，创新成果更多为人民共享。

（3）创新型人才规模质量同步提升。规模宏大、结构合理、素质优良的创新型科技人才队伍初步形成，涌现一批战略科技人才、科技领军人才、创新型企业家和高技能人才，青年科技人才队伍进一步壮大，人力资源结构和就业结构显著改善，每万名就业人员中研发人员达到60 人·年。人才评价、流动、激励机制更加完善，各类人才创新活力充分激发。

（4）有利于创新的体制机制更加成熟定型。科技创新基础制度和政策体系基本形成，科技创新管理的法治化水平明显提高，创新治理能力建设取得重大进展。以企业为主体、市场为导向的技术创新体系更加健全，高等学校、科研院所治理结构和发展机制更加科学，军民融合创新机制更加完善，国家创新体系整体效能显著提升。

（5）创新创业生态更加优化。科技创新政策法规不断完善，知识产权得到有效保护。科技与金融结合更加紧密，创新创业服务更加高效便捷。人才、技术、资本等创新要素流动更加顺畅，科技创新全方位开放格局初步形成。科学精神进一步弘扬，创新创业文化氛围更加浓厚，全社会科学文化素质明显提高，公民具备科学素质的比例超过 10%。

《"十三五"国家科技创新规划》围绕增加创新的源头供给，持续加强基础研究，部署了强化目标导向的基础研究和前沿技术研究。

面向国家重大需求、面向国民经济主战场，针对事关国计民生、产业核心竞争力的重大战略任务，凝练现代农业、人口健康、资源环境和生态保护、产业转型升级、节能环保和新能源、新型城镇化等领域的关键科学问题，促进基础研究与经济社会发展需求紧密结合，为创新驱动发展提供源头供给。面向未来有望引领人类生活和工业生产实现跨越式发展的前沿方向，建立变革性技术科学基础的培育机制，加强部署基因编辑、材料素化、神经芯片、超构材料、精准介观测量等方面的基础研究和超前探索，通过科学研究的创新和突破带动变革性技术的出现和发展，为未来我国产业变革和经济社会可持续发展提供科学储备（专栏 7-2）。

专栏 7-2 面向国家重大战略任务重点部署的基础研究

1. 农业生物遗传改良和可持续发展。
2. 能源高效洁净利用与转化的物理化学基础。
3. 面向未来人机物融合的信息科学。
4. 地球系统过程与资源、环境和灾害效应。
5. 新材料设计与制备新原理和新方法。
6. 极端环境条件下的制造。
7. 重大工程复杂系统的灾变形成及预测。
8. 航空航天重大力学问题。
9. 医学免疫学问题。
资料来源：《"十三五"国家科技创新规划》

面向世界科学前沿和未来科技发展趋势，选择对提升持续创新能力带动作用强、研究基础和人才储备较好的战略性前瞻性重大科学问题（专栏 7-3），强化以原始创新和系统布局为特点的大科学研究组织模式，部署基础研究重点专项，实现重大科学突破、抢占世界科学发展制高点。

专栏 7-3 战略性前瞻性重大科学问题

1. 纳米科技。
2. 量子调控与量子信息。
3. 蛋白质机器与生命过程调控。
4. 干细胞及转化。
5. 依托大科学装置的前沿研究。
6. 全球变化及应对。
7. 发育的遗传与环境调控。
8. 合成生物学。
9. 基因编辑。
10. 深海、深地、深空、深蓝科学研究。
11. 物质深层次结构和宇宙大尺度物理研究。
12. 核心数学及应用数学。
13. 磁约束核聚变能发展。
资料来源：《"十三五"国家科技创新规划》

　　《"十三五"国家科技创新规划》明确，"十三五"时期，部署实施一批体现国家战略意图的重大科技项目，在战略必争领域抢占未来竞争制高点，开辟产业发展新方向，培育新经济增长点，带动生产力跨越发展，为提高国家综合竞争力、保障国家安全提供强大支撑。国家科技重大专项将持续攻克"核高基"（核心电子器件、高端通用芯片及基础软件产品）等关键核心技术，着力解决制约经济社会发展和事关国家安全的重大科技问题；研发具有国际竞争力的重大战略产品，建设高水平重大示范工程，发挥对民生改善和国家支柱产业发展的辐射带动作用；凝聚和培养一批科技领军人才和高水平创新创业团队，建成一批引领性强的创新平台和具有国际影响力的产业化基地，造就一批具有较强国际竞争力的创新型领军企业，在部分领域形成世界领先的高科技产业（专栏 7-4）。

专栏 7-4　"十三五"时期国家科技重大专项

　　核心电子器件、高端通用芯片及基础软件产品。突破超级计算机中央处理器（CPU）架构设计技术，提升服务器及桌面计算机 CPU、操作系统和数据库、办公软件等的功能、效能和可靠性，攻克智能终端嵌入式 CPU 和操作系统的高性能低功耗等核心关键技术；面向云计算、大数据等新需求开展操作系统等关键基础软硬件研发，基本形成核心电子器件、高端通用芯片和基础软件产品的自主发展能力，扭转我国基础信息产品在安全可控、自主保障方面的被动局面。

　　极大规模集成电路制造装备及成套工艺。攻克 14 纳米刻蚀设备、薄膜设备、掺杂设备等高端制造装备及零部件，突破 28 纳米浸没式光刻机及核心部件，研制 300 毫米硅片等关键材料，研发 14 纳米逻辑与存储芯片成套工艺及相应系统封测技术，开展 75 纳米关键技术研究，形成 28—14 纳米装备、材料、工艺、封测等较完整的产业链，整体创新能力进入世界先进行列。

　　新一代宽带无线移动通信网。开展第五代移动通信关键核心技术和国际标准以及 5G 芯片、终端及系统设备等关键产品研制，重点推进第五代移动通信技术标准和生态系统构建，支持 4G 增强技术的芯片、仪表等技术薄弱环节的攻关，形成完整的宽带无线移动通信产业链，保持与国际先进水平同步发展，推动我国成为宽带无线移动通信技术、标准、产业、服务与应用领域的领先国家之一，为 2020 年启动第五代移动通信商用提供支撑。

　　高档数控机床与基础制造装备。重点攻克高档数控系统、功能部件及刀具等关键共性技术和高档数控机床可靠性、精度保持性等关键技术，满足航空航天、汽车领域对高精度、高速度、高可靠性高档数控机床的急需，提升高档数控机床与基础制造装备主要品的自主开发能力，总体技术水平进入国际先进行列，部分产品国际领先。

大型油气田及煤层气开发。重点攻克陆上深层、海洋深水油气勘探开发技术和装备并实现推广应用，攻克页岩气、煤层气经济有效开发的关键技术与核心装备，以及提高复杂油气田采收率的新技术，提升关键技术开发、工业装备制造能力，为保障我国油气安全提供技术支撑。

大型先进压水堆及高温气冷堆核电站。突破 CAP1400 压水堆屏蔽主泵、控制系统、燃料组件等关键技术和试验验证，高温堆蒸汽发生器、燃料系统、核级石墨等关键技术设备材料和验证。2017 年，20 万千瓦高温气冷堆核电站示范工程实现并网发电；2020 年，CAP1400 示范工程力争建设完成。形成具有国际先进水平的核电技术研发、试验验证、关键设备设计制造、标准和自主知识产权体系，打造具有国际竞争力的核电设计、建设和服务全产业链。

水体污染控制与治理。按照控源减排、减负修复、综合调控的步骤，在水循环系统修复、水污染全过程治理、饮用水安全保障、生态服务功能修复和长效管理机制等方面研发一批核心关键技术，集成一批整装成套的技术和设备，在京津冀地区和太湖流域开展综合示范，形成流域水污染治理、水环境管理和饮用水安全保障三大技术体系，建设水环境监测与监控大数据平台。

转基因生物新品种培育。加强作物抗虫、抗病、抗旱、抗寒基因技术研究，加大转基因棉花、玉米、大豆研发力度，推进新型抗虫棉、抗虫玉米、抗除草剂大豆等重大产品产业化，强化基因克隆、转基因操作、生物安全新技术研发，在水稻、小麦等主粮作物中重点支持基于非胚乳特异性表达、基因编辑等新技术的性状改良研究，使我国农业转基因生物研究整体水平跃居世界前列，为保障国家粮食安全提供品种和技术储备。建成规范的生物安全性评价技术体系，确保转基因产品安全。

重大新药创制。围绕恶性肿瘤、心脑血管疾病等 10 类（种）重大疾病，加强重大疫苗、抗体研制，重点支持创新性强、疗效好、满足重要需求、具有重大产业化前景的药物开发，以及重大共性关键技术和基础研究能力建设，强化创新平台的资源共享和开放服务，基本建成具有世界先进水平的国家药物创新体系，新药研发的综合能力和整体水平进入国际先进行列，加速推进我国由医药大国向医药强国转变。

艾滋病和病毒性肝炎等重大传染病防治。突破突发急性传染病综合防控技术，提升应急处置技术能力；攻克艾滋病、乙肝、肺结核诊防治关键技术和产品，加强疫苗研究，研发一批先进检测诊断产品，提高艾滋病、乙肝、肺结核临床治疗方案有效性，形成中医药特色治疗方案。形成适合国情的降低"三病两率"综合防治新模式，为把艾滋病控制在低流行水平、乙肝由高流行区向中低流行区转变、肺结核新发感染率和病死率降至中等发达国家水平提供支撑。

大型飞机。C919 完成首飞，取得中国民用航空局型号合格证并实现交付，开展民机适航审定关键技术研究。

高分辨率对地观测系统。完成天基和航空观测系统、地面系统、应用系统建设，基本建成陆地、大气、海洋对地观测系统并形成体系。

　　载人航天与探月工程。发射新型大推力运载火箭，发射天宫二号空间实验室、空间站试验核心舱，以及载人飞船和货运飞船；掌握货物运输、航天员中长期驻留等技术，为全面建成我国近地载人空间站奠定基础。突破全月球到达、高数据率通信、高精度导航定位、月球资源开发等关键技术。突破地外天体自动返回技术，研制发射月球采样返回器技术，实现特定区域软着陆并实现采样返回。

　　资料来源：《"十三五"国家科技创新规划》

　　面向 2030 年，启动实施科技创新 2030-重大项目工程，包含 15 个重大项目工程。重大科技项目包括：航空发动机及燃气轮机、深海空间站、量子通信与量子计算机、脑科学与类脑研究、国家网络空间安全、深空探测及空间飞行器在轨服务与维护系统。重大工程包括：种业自主创新、煤炭清洁高效利用、智能电网、天地一体化信息网络、大数据、智能制造和机器人、重点新材料研发及应用和健康保障（专栏 7-5 ）。

专栏 7-5　科技创新 2030-重大项目

　　重大科技项目：

　　1. 航空发动机及燃气轮机。开展材料、制造工艺、试验测试等共性基础技术和交叉学科研究，攻克总体设计等关键技术。

　　2. 深海空间站。开展深海探测与作业前沿共性技术及通用与专用型、移动与固定式深海空间站核心关键技术研究。

　　3. 量子通信与量子计算机。研发城域、城际、自由空间量子通信技术，研制通用量子计算原型机和实用化量子模拟机。

　　4. 脑科学与类脑研究。以脑认知原理为主体，以类脑计算与脑机智能、脑重大疾病诊治为两翼，搭建关键技术平台，抢占脑科学前沿研究制高点。

　　5. 国家网络空间安全。发展涵盖信息和网络两个层面的网络空间安全技术体系，提升信息保护、网络防御等技术能力。

　　6. 深空探测及空间飞行器在轨服务与维护系统。重点突破在轨服务维护技术，提高我国空间资产使用效益，保障飞行器在轨安全可靠运行。

重大工程：

1. 种业自主创新。以农业植物、动物、林木、微生物四大种业领域为重点，重点突破杂种优势利用、分子设计育种等现代种业关键技术，为国家粮食安全战略提供支撑。

2. 煤炭清洁高效利用。加快煤炭绿色开发、煤炭高效发电、煤炭清洁转化、煤炭污染控制、碳捕集利用与封存等核心关键技术研发，示范推广一批先进适用技术，燃煤发电及超低排放技术实现整体领先，现代煤化工和多联产技术实现重大突破。

3. 智能电网。聚焦部署大规模可再生能源并网调控、大电网柔性互联、多元用户供需互动用电、智能电网基础支撑技术等重点任务，实现智能电网技术装备与系统全面国产化，提升电力装备全球市场占有率。

4. 天地一体化信息网络。推进天基信息网、未来互联网、移动通信网的全面融合，形成覆盖全球的天地一体化信息网络。

5. 大数据。突破大数据共性关键技术，建成全国范围内数据开放共享的标准体系和交换平台，形成面向典型应用的共识性应用模式和技术方案，形成具有全球竞争优势的大数据产业集群。

6. 智能制造和机器人。以智能、高效、协同、绿色、安全发展为总目标，构建网络协同制造平台，研发智能机器人、高端成套装备、3D 打印等装备，夯实制造基础保障能力。

7. 重点新材料研发及应用。重点研制碳纤维及其复合材料、高温合金、先进半导体材料、新型显示及其材料、高端装备用特种合金、稀土新材料、军用新材料等，突破制备、评价、应用等核心关键技术。

8. 京津冀环境综合治理。构建水-土-气协同治理、工-农-城资源协同循环、区域环境协同管控的核心技术、产业装备、规范政策体系。建成一批综合示范工程，形成区域环境综合治理系统解决方案。

9. 健康保障。围绕健康中国建设需求，加强精准医学等技术研发，部署慢性非传染性疾病、常见多发病等疾病防控，生殖健康及出生缺陷防控研究，加快技术成果转移转化，推进惠民示范服务。

资料来源：《"十三五"国家科技创新规划》

《"十三五"国家科技创新规划》围绕我国产业国际竞争力提升和迈向全球价值链中高端的紧迫需求，部署了重点领域关键环节的重大技术开发，产业转型升级和新兴产业培育的技术突破方向。

（1）发展高效安全生态的现代农业技术。

以加快推进农业现代化、保障国家粮食安全和农民增收为目标，深入实施藏粮于地、藏粮于技战略，超前部署农业前沿和共性关键技术研究。以做大做强民族种业为重点，发展以动植物组学为基础的设计育种关键技术，培育具有自主知识产权的优良品种，开发耕地质量提升与土地综合整治技术，从源头上保障国家粮食安全；以发展农业高新技术产业、支撑农业转型升级为目标，重点发展农业生物制造、农业智能生产、智能农机装备、设施农业等关键技术和产品；围绕提高资源利用率、土地产出率、劳动生产率，加快转变农业发展方式，突破一批节水农业、循环农业、农业污染控制与修复、盐碱地改造、农林防灾减灾等关键技术，实现农业绿色发展。力争到 2020 年，建立信息化主导、生物技术引领、智能化生产、可持续发展的现代农业技术体系，支撑农业走产出高效、产品安全、资源节约、环境友好的现代化道路（专栏 7-6）。

专栏 7-6　"十三五"部署的现代农业技术

1. 生物育种研发。以农作物、畜禽水产和林果花草为重点，突破种质资源挖掘、工程化育种、新品种创制、规模化测试、良种繁育、种子加工等核心关键技术，培育一批有效聚合高产、高效、优质、多抗、广适等多元优良性状的突破性动植物新品种；培育具有较强核心竞争力的现代种业企业，显著提高种业自主创新能力。

2. 粮食丰产增效。围绕粮食安全和农业结构调整对作物高产高效协同、生产生态协调的科技需求，在东北平原、黄淮海平原、长江中下游平原三大平原，开展水稻、小麦、玉米三大作物丰产增效新理论、新技术和集成示范研究，使产量提高 5%，减损降低 5% 以上，肥水效率提高 10% 以上，光温资源效率提高 15%，生产效率提高 20%。

3. 主要经济作物优质高产与产业提质增效。以种植规模较大的果树、花卉、茶叶、木本（草本）油料、热带经济作物、特色经济植物、杂粮等为对象，重点突破增产提质增效理论和方法，创制优异新种质，研发新产品，形成高效轻简技术，确保我国农业产品多样性和国家农业安全，促进主要经济作物产业提质增效。

4. 海洋农业（蓝色粮仓）与淡水渔业科技创新。研究种质资源开发、新品种选育、淡水与海水健康养殖、捕捞与新资源开发、精深加工、渔业环境保护等新原理、新装备、新方法和新技术，建成生态优先、陆海统筹、三产贯通的区域性蓝色粮仓，促进海洋农业资源综合利用，改善渔业生态环境，强化优质蛋白供给，引领海洋农业与淡水渔业健康发展。

5. 畜禽安全高效养殖与草牧业健康发展。以安全、环保、高效为目标，围绕主要动物疫病检测与防控、主要畜禽安全健康养殖工艺与环境控制、畜禽养殖设施设备、养殖废弃物无害化处理与资源化利用、饲料产业、草食畜牧业、草原生态保护和草牧业全产业链提质增效等方面开展技术研发，为我国养殖业转型升级提供理论与技术支撑。

6. 林业资源培育与高效利用。加强速生用材林、珍贵用材林、经济林、花卉等资源的高效培育与绿色增值加工等关键技术研究，开展林业全产业链增值增效技术集成与示范，形成产业集群发展新模式，单位蓄积增加 15%，资源利用效率提高 20%，主要林产品国际竞争力显著提升。

7. 农业面源和重金属污染农田综合防治与修复。突破农林生态系统氮磷、有毒有害化学品与生物、重金属、农林有机废弃物等污染机理基础理论及防治修复重大关键技术瓶颈，提升技术、产品和装备标准化产业化水平。制订重点区域污染综合防治技术方案，有效遏制农业面源与重金属污染问题。

8. 农林资源环境可持续发展利用。突破肥药减施、水土资源高效利用、生态修复、农林防灾减灾等关键技术，加强农作物病虫害防控关键技术研究，提升农作物病虫害综合治理能力，推动形成资源利用高效、生态系统稳定、产地环境良好、产品质量安全的农业发展格局。

9. 盐碱地等低产田改良增粮增效。加强盐碱地水盐运移机理与调控、土壤洗盐排盐、微咸水利用、抗盐碱农作物新品种选育及替代种植、水分调控等基础理论及改良重大关键技术研究，开发新型高效盐碱地改良剂、生物有机肥等新产品和新材料。开发盐碱地治理新装备，选择典型盐碱地及低产田区域建立示范基地，促进研发成果示范应用。

10. 农业生物制造。以生物农药、生物肥料、生物饲料为重点，开展作用机理、靶标设计、合成生物学、病原作用机制、养分控制释放机制等研究，创制新型基因工程疫苗和分子诊断技术、生物农药、生物饲料、生物肥料、植物生长调节剂、生物能源、生物基材料等农业生物制品并实现产业化。

11. 农机装备与设施。突破决策监控、先进作业装置及其制造等关键核心技术，研发高效环保农林动力、多功能与定位变量作业、设施种植和健康养殖精细生产、农产品产地处理与干燥、林木培育、采收加工、森林灾害防控等等技术与装备，形成农林智能化装备技术体系，支撑全程全面机械化发展。

12. 农林生物质高效利用。研究农林废弃物（农作物秸秆、畜禽粪便、林业剩余物等）和新型生物质资源（能源植物、微藻等）的清洁收储、高效转化、产品提质、产业增效等新理论、新技术和新业态，使农林生物质高效利用技术进入国际前列，利用率达到 80%以上。

13. 智慧农业。研发农林动植物生命信息获取与解析、表型特征识别与可视化表达、主要作业过程精准实施等关键技术和产品，构建大田和果园精准生产、设施农业智能化生产及规模化畜禽水产养殖信息化作业等现代化生产技术系统，建立面向农业生产、农民生活、农村管理以及乡村新兴产业发展的信息服务体系。

14. 智能高效设施农业。突破设施光热动力学机制、环境与生物互作响应机理等基础理论，以及设施轻简装配化、作业全程机械化、环境调控智能化、水肥管理一体化等关键技术瓶颈，创制温室节能蓄能、光伏利用、智慧空中农场等高新技术及装备，实现设施农业科技与产业跨越发展。

资料来源：《"十三五"国家科技创新规划》

（2）发展新一代信息技术。

大力发展泛在融合、绿色宽带、安全智能的新一代信息技术，研发新一代互联网技术，保障网络空间安全，促进信息技术向各行业广泛渗透与深度融合。发展先进计算技术，重点加强E级（百亿亿次级）计算、云计算、量子计算、人本计算、异构计算、智能计算、机器学习等技术研发及应用；发展网络与通信技术，重点加强一体化融合网络、软件定义网络/网络功能虚拟化、超高速超大容量超长距离光通信、无线移动通信、太赫兹通信、可见光通信等技术研发及应用；发展自然人机交互技术，重点是智能感知与认知、虚实融合与自然交互、语义理解和智慧决策、云端融合交互和可穿戴等技术研发及应用。发展微电子和光电子技术，重点加强极低功耗芯片、新型传感器、第三代半导体芯片和硅基光电子、混合光电子、微波光电子等技术与器件的研发（专栏 7-7）。

专栏 7-7　"十三五"部署的新一代信息技术

1. 微纳电子与系统集成技术。开展逼近器件物理极限和面向不同系统应用的半导体新材料、新器件、新工艺和新电路的前沿研究和相关理论研究，突破极低功耗器件和电路、7 纳米以下新器件及系统集成工艺、下一代非易失性存储器、下一代射频芯片、硅基太赫兹技术、新原理计算芯片等关键技术，加快 10 纳米及以下器件工艺的生产研发，显著提升智能终端和物联网系统芯片产品市场占有率。

2. 光电子器件及集成。针对信息技术在速率、能耗和智能化等方面的核心技术瓶颈，研制满足高速光通信设备所需的光电子集成器件；突破光电子器件制造的标准化难题和技术瓶颈，建立和发展光电子器件应用示范平台和支撑技术体系，逐步形成从分析模型、优化设计、芯片制备、测试封装到可靠性研究的体系化研发平台，推动我国信息光电子器件技术和集成电路设计达到国际先进水平。

3. 高性能计算。突破 E 级计算机核心技术，依托自主可控技术，研制满足应用需求的 E 级高性能计算机系统，使我国高性能计算机的性能在"十三五"期间保持世界领先水平。研发一批关键领域/行业的高性能计算应用软件，建立若干高性能计算应用软件中心，构建高性能计算应用生态环境。建立具有世界一流资源能力和服务水平的国家高性能计算环境，促进我国计算服务业发展。

4. 云计算。开展云计算核心基础软件、软件定义的云系统管理平台、新一代虚拟化等云计算核心技术和设备的研制以及云开源社区的建设，构建完备的云计算生态和技术体系，支撑云计算成为新一代信息通信技术的基础设施，推动云计算与大数据、移动互联网深度耦合互动发展。

5. 人工智能。重点发展大数据驱动的类人智能技术方法；突破以人为中心的人机物融合理论方法和关键技术，研制相关设备、工具和平台；在基于大数据分析的类人智能方向取得重要突破，实现类人视觉、类人听觉、类人语言和类人思维，支撑智能产业的发展。

6. 宽带通信和新型网络。以网络融合化发展为主线，突破一体化融合网络组网、超高速和超宽带通信与网络支撑等核心关键技术，在芯片、成套网络设备、网络体系结构等方面取得一批突破性成果，超前部署下一代网络技术，大幅提升网络产业国际竞争力。

7. 物联网。开展物联网系统架构、信息物理系统感知和控制等基础理论研究，攻克智能硬件（硬件嵌入式智能）、物联网低功耗可信泛在接入等关键技术，构建物联网共性技术创新基础支撑平台，实现智能感知芯片、软件以及终端的产品化。

8. 智能交互。探索感知认知加工机制及心理运动模型的机器实现，构建智能交互的理论体系，突破自然交互、生理计算、情感表达等核心关键技术，形成智能交互的共性基础软硬件平台，提升智能交互在设备和系统方面的原始创新能力，并在教育、办公、医疗等关键行业形成示范应用，推动人机交互领域研究和应用达到国际先进水平。

9. VR 和 AR。突破虚实融合渲染、真三维呈现、实时定位注册、适人性 VR 技术等一批关键技术，形成高性能真三维显示器、智能眼镜、动作捕捉和分析系统、个性化 VR 整套装置等具有自主知识产权的核心设备。基本形成 VR 与 AR 技术在显示、交互、内容、接口等方面的规范标准。在工业、医疗、文化、娱乐等行业实现专业化和大众化的示范应用，培育 VR 与 AR 产业。

10. 智慧城市。开展城市计算智能、城市系统模型、群体协同服务等基础理论研究，突破城市多尺度立体感知、跨领域数据汇聚与管控、时空数据融合的智能决策、城市数据活化服务、城市系统安全保障等共性关键技术，研发智慧城市公共服务一体化运营平台，开展新型智慧城市群的集中应用创新示范。

资料来源：《"十三五"国家科技创新规划》

（3）发展先进制造技术。

围绕建设制造强国，大力推进制造业向智能化、绿色化、服务化方向发展。发展网络协同制造技术，重点研究基于"互联网+"的创新设计、基于物联网的智能工厂、制造资源集成管控、全生命周期制造服务等关键技术；发展绿色制造技术，重点研究再设计、再制造与再资源化等关键技术，推动制造业生产模式和产业形态创新。发展机器人、智能感知、智能控制、微纳制造、复杂制造系统等关键技术，开发重大智能成套装备、光电子制造装备、智能机器人、增材制造、激光制造等关键装备与工艺，推进制造业智能化发展。开展设计技术、可靠性技术、制造工艺、关键基础件、工业传感器、智能仪器仪表、基础数据库、工业试验平台等制造基础共性技术研发，提升制造基础能力。推动制造业信息化服务增效，加强制造装备及产品"数控一代"创新应用示范，提高制造业信息化和自动化水平，支撑传统制造业转型升级（专栏 7-8）。

专栏 7-8　"十三五"部署的先进制造技术

1. 网络协同制造。开展工业信息物理融合理论与系统、工业大数据等前沿技术研究，突破智慧数据空间、智能工厂异构集成等关键技术，发展"互联网+"制造业的新型研发设计、智能工程、云服务、个性化定制等新型模式，培育一批智慧企业，开展典型示范应用。

2. 绿色制造。发展绿色化设计技术、基础加工工艺技术、机电产品开发技术、再制造与再资源化技术等，构建基于产品全生命周期的绿色制造技术体系，开展绿色制造技术和装备的推广应用和产业示范。

3. 智能装备与先进工艺。开展非传统制造工艺与流程、重大装备可靠性与智能化水平等关键技术研究，研制一批代表性智能加工装备、先进工艺装备和重大智能成套装备，引领装备的智能化升级。

4. 光电子制造关键装备。开展新型光通信器件、半导体照明、高效光伏电池、MEMS（微机电系统）传感器、柔性显示、新型功率器件、下一代半导体材料制备等新兴产业关键制造装备研发，提升新兴领域核心装备自主研发能力。

5. 智能机器人。开展下一代机器人技术、智能机器人学习与认知、人机自然交互与协作共融等前沿技术研究，攻克核心部件关键技术，工业机器人实现产业化，服务机器人实现产品化，特种机器人实现批量化应用。

6. 增材制造。开展高性能金属结构件激光增材制造控形控性等基础理论研究，攻克高效高精度激光增材制造熔覆喷头等核心部件，研发金属、非金属及生物打印典型工艺装备，构建相对完善的增材制造技术创新与研发体系。

7. 激光制造。开展超快脉冲、超大功率激光制造等理论研究，突破激光制造关键技术，研发高可靠长寿命激光器核心功能部件、国产先进激光器以及高端激光制造工艺装备，开发先进激光制造应用技术和装备。

8. 制造基础技术与关键部件。研究关键基础件、基础工艺等基础前沿技术，建立健全基础数据库，完善技术标准体系和工业试验验证平台，研制一批高端产品，提高重点领域和重大成套装备配套能力。

9. 工业传感器。开展工业传感器核心器件、智能仪器仪表、传感器集成应用等技术攻关，加强工业传感器技术在智能制造体系建设中的应用，提升工业传感器产业技术创新能力。

资料来源：《"十三五"国家科技创新规划》

（4）发展新材料技术。

围绕重点基础产业、战略性新兴产业和国防建设对新材料的重大需求，加快新材料技术突破和应用。发展先进结构材料技术，重点是高温合金、高品质特殊钢、先进轻合金、特种工程塑料、高性能纤维及复合材料、特种玻璃与陶瓷等技术及应用。发展先进功能材料技术，重点是第三代半导体材料、纳米材料、新能源材料、印刷显示与激光显示材料、智能/仿生/超材料、高温超导材料、稀土新材料、膜分离材料、新型生物医用材料、生态环境材料等技术及应用。发展变革性的材料研发与绿色制造新技术，重点是材料基因工程关键技术与支撑平台，短流程、近终形、高能效、低排放为特征的材料绿色制造技术及工程应用（专栏7-9）。

专栏 7-9　"十三五"部署的新材料技术

1. 重点基础材料。着力解决基础材料产品同质化、低值化、环境负荷重、能源效率低、资源瓶颈制约等重大共性问题，突破基础材料的设计开发、制造流程、工艺优化及智能化绿色化改造等关键技术和国产化装备，开展先进生产示范。

2. 先进电子材料。以第三代半导体材料与半导体照明、新型显示为核心，以大功率激光材料与器件、高端光电子与微电子材料为重点，推动跨界技术整合，抢占先进电子材料技术的制高点。

3. 材料基因工程。构建高通量计算、高通量实验和专用数据库三大平台，研发多层次跨尺度设计、高通量制备、高通量表征与服役评价、材料大数据四大关键技术，实现新材料研发由传统的"经验指导实验"模式向"理论预测、实验验证"新模式转变，在五类典型新材料的应用示范上取得突破，实现新材料研发周期缩短一半、研发成本降低一半的目标。

4. 纳米材料与器件。研发新型纳米功能材料、纳米光电器件及集成系统、纳米生物医用材料、纳米药物、纳米能源材料与器件、纳米环境材料、纳米安全与检测技术等，突破纳米材料宏量制备及器件加工的关键技术与标准，加强示范应用。

5. 先进结构材料。以高性能纤维及复合材料、高温合金为核心，以轻质高强材料、金属基和陶瓷基复合材料、材料表面工程、3D打印材料为重点，解决材料设计与结构调控的重大科学问题，突破结构与复合材料制备及应用的关键共性技术，提升先进结构材料的保障能力和国际竞争力。

6. 先进功能材料。以稀土功能材料、先进能源材料、高性能膜材料、功能陶瓷、特种玻璃等战略新材料为重点，大力提升功能材料在重大工程中的保障能力；以石墨烯、高端碳纤维为代表的先进碳材料、超导材料、智能/仿生/超材料、极端环境材料等前沿新材料为突破口，抢占材料前沿制高点。

资料来源：《"十三五"国家科技创新规划》

（5）发展清洁高效能源技术。

大力发展清洁低碳、安全高效的现代能源技术，支撑能源结构优化调整和温室气体减排，保障能源安全，推进能源革命。发展煤炭清洁高效利用和新型节能技术，重点加强煤炭高效发电、煤炭清洁转化、燃煤二氧化碳捕集利用封存、余热余压深度回收利用、浅层低温地能开发利用、新型节能电机、城镇节能系统化集成、工业过程节能、能源梯级利用、"互联网+"节能、大型数据中心节能等技术研发及应用。发展可再生能源大规模开发利用技术，重点加强高效低成本太阳能电池、光热发电、太阳能供热制冷、大型先进风电机组、海上风电建设与运维、生物质发电供气供热及液体燃料等技术研发及应用。发展智能电网技术，重点加强特高压输电、柔性输电、大规模可再生能源并网与消纳、电网与用户互动、分布式能源以及能源互联网和大容量储能、能源微网等技术研发及应用。稳步发展核能与核安全技术及其应用，重点是核电站安全运行、大型先进压水堆、超高温气冷堆、先进快堆、小型核反应堆和后处理等技术研发及应用。实施"科技冬奥"行动计划，为奥运专区及周边提供零碳/低碳、经济智慧的能源解决方案（专栏 7-10）。

专栏 7-10　　"十三五"部署的清洁高效能源技术

1. 煤炭安全清洁高效开发利用与新型节能。突破燃煤发电技术，实现火电厂平均供电煤耗每千瓦时 305 克标准煤，煤制清洁燃气关键技术和装备的国产化水平达到 90%以上。突破煤炭污染控制技术，常规污染物在现有水平上减排 50%。开展燃烧后二氧化碳捕集实现 100 万吨/年的规模化示范。

2. 可再生能源与氢能技术。开展太阳能光伏、太阳能热利用、风能、生物质能、地热能、海洋能、氢能、可再生能源综合利用等技术方向的系统、部件、装备、材料和平台的研究。

3. 核安全和先进核能。开展先进核燃料、乏燃料后处理、放射性废物处理、严重事故、风险管理、数值反应堆、电站老化与延寿、超高温气冷堆、先进快堆、超临界水冷堆、新型模块化小堆等研究。

4. 智能电网。研制 ±1 100 千伏直流和柔性直流输电成套装备，建成 ±1 100 千伏特高压直流输电示范工程。实现 2.5 亿千瓦风电、1.5 亿千瓦光伏的并网消纳，建成百万用户级供需互动用电系统等。

5. 建筑节能。突破超低能耗建筑技术标准和建筑能耗评价体系，研究节能集成技术、高效冷却技术等基础性技术，研发主动式/被动式多能源协调高效利用系统、新型采光与高效照明等应用关键技术，降低能源消耗。

资料来源：《"十三五"国家科技创新规划》

（6）发展现代交通技术与装备。

面向建设"安全交通、高效交通、绿色交通、和谐交通"重大需求，大力发展新能源、高效能、高安全的系统技术与装备，完善我国现代交通运输核心技术体系，培育新能源汽车、轨道交通、海洋运输、航空运输技术与装备、综合交通运输与智能交通新兴产业。重点发展电动汽车智能化、网联化、轻量化技术及自动驾驶技术，发展具有国际竞争力的高速列车、高中速磁浮、快捷货运技术与装备，发展轨道交通的安全保障、智能化、绿色化技术，研发运输管理前沿技术，提升交通运输业可持续发展能力和"走出去"战略支撑能力（专栏7-11）。

专栏 7-11　　"十三五"部署的现代交通技术与装备

1. 新能源汽车。实施"纯电驱动"技术转型战略，根据"三纵三横"研发体系，突破电池与电池管理、电机驱动与电力电子、电动汽车智能化技术、燃料电池动力系统、插电/增程式混合动力系统、纯电动力系统的基础前沿和核心关键技术，完善新能源汽车能耗与安全性相关标准体系，形成完善的电动汽车动力系统技术体系和产业链，实现各类电动汽车产业化。

2. 轨道交通。在轨道交通系统安全保障、综合效能提升、可持续性和互操作等方向，形成以新架构、新材料、新能源和跨国互联互通为特征的核心技术、关键装备、集成应用与标准规范。加强高速列车、高速磁浮、中速磁浮、联合运输、快捷货运、高速货运等方面的关键技术与装备研发，满足泛欧亚铁路互联互通要求，实现轨道交通系统全生命周期运营成本、运营安全水平、单位周转量能耗水平国际领先。

3. 海洋运输。突破绿色、智能船舶核心技术，形成船舶运维智能化技术体系，研制一批高技术、高性能船舶和高效通用配套产品，为提升我国造船、航运整体水平，培育绿色船舶、智能船舶等产业提供支撑。

4. 航空运输技术与装备。开展未来民机产品概念方案（新构型、新能源、超声速）论证研究，突破气动声学与低噪声设计、先进航电、飞控技术、先进多电、飞发一体化设计等技术，为提高民机产品竞争力提供支撑。瞄准航空运输服务低空空域开放、通用航空发展、航空应急救援体系建立所需的技术基础，围绕安全、高效、绿色航空器和航空运输系统两条主线，掌握通航飞机、协同空管、机场运控技术等重点方向前沿核心技术。

5. 综合交通运输与智能交通。以提供高效、便捷、可持续交通为目标，突破交通信息精准感知与可靠交互、交通系统协同式互操作、泛在智能化交通服务等共性关键技术。重点解决综合交通信息服务、交通系统控制优化、城市交通控制功能提升与设计问题，促进交通运输业与相关产业的融合发展。

资料来源：《"十三五"国家科技创新规划》

（7）发展先进高效生物技术。

瞄准世界科技前沿，抢抓生物技术与各领域融合发展的战略机遇，坚持超前部署和创新引领，以生物技术创新带动生命健康、生物制造、生物能源等创新发展，加快推进我国从生物技术大国到生物技术强国的转变。重点部署前沿共性生物技术、新型生物医药、绿色生物制造技术、生物医用材料、生物资源利用、生物安全保障等任务，加快合成生物技术、生物大数据、再生医学、3D 生物打印等引领性技术的创新突破和应用发展，提高生物技术原创水平，力争在若干领域取得集成性突破，推动技术转化应用并服务于国家经济社会发展，大幅提高生物经济国际竞争力（专栏 7-12）。

专栏 7-12　"十三五"部署的先进高效生物技术

1. 前沿共性生物技术。加快推进基因组学新技术、合成生物技术、生物大数据、3D 生物打印技术、脑科学与人工智能、基因编辑技术、结构生物学等生命科学前沿关键技术突破，加强生物产业发展及生命科学研究核心关键装备研发，提升我国生物技术前沿领域原创水平，抢占国际生物技术竞争制高点。

2. 新型生物医药技术。开展重大疫苗、抗体研制、免疫治疗、基因治疗、细胞治疗、干细胞与再生医学、人体微生物组解析及调控等关键技术研究，研发一批创新医药生物制品，构建具有国际竞争力的医药生物技术产业体系。

3. 生物医用材料。以组织替代、功能修复、智能调控为方向，加快 3D 生物打印、材料表面生物功能化及改性、新一代生物材料检验评价方法等关键技术突破，重点布局可组织诱导生物医用材料、组织工程产品、新一代植介入医疗器械、人工器官等重大战略性产品，提升医用级基础原材料的标准，构建新一代生物医用材料产品创新链，提升生物医用材料产业竞争力。

4. 绿色生物制造技术。开展重大化工产品的生物制造、新型生物能源开发、有机废弃物及气态碳氧化物资源的生物转化、重污染行业生物过程替代等研究，突破原料转化利用、生物工艺效率、生物制造成本等关键技术瓶颈，拓展工业原材料新来源和开发绿色制造新工艺，形成生物技术引领的工业和能源经济绿色发展新路线。

5. 生物资源利用技术。聚焦战略生物资源的整合、挖掘与利用，推进人类遗传资源的系统整合与深度利用研究，构建国家战略生物资源库和信息服务平台，扩大资源储备，加强开发共享，掌握利用和开发的主动权，为生物产业可持续发展提供资源保障。

6. 生物安全保障技术。开展生物威胁风险评估、监测预警、检测溯源、预防控制、应急处置等生物安全相关技术研究，建立生物安全相关的信息和实体资源库，构建高度整合的国家生物安全防御体系。

资料来源：《"十三五"国家科技创新规划》

（8）发展现代食品制造技术。

遵循现代食品制造业高科技、智能化、多梯度、全利用、低能耗、高效益、可持续的国际发展趋势，围绕标准化加工、智能化控制、健康型消费等重大产业需求，以现代加工制造为主线，加快高效分离、质构重组、物性修饰、生物制造、节能干燥、新型杀菌等工程化技术研发与应用；攻克连续化、自动化、数字化、工程化成套装备制造技术，突破食品产业发展的装备制约；重视食品质量安全，聚焦食品源头污染日益严重、过程安全控制能力薄弱、监管科技支撑能力不足等突出问题，重点开展监测检测、风险评估、溯源预警、过程控制、监管应急等食品安全防护关键技术研究；围绕发展保鲜物流，开展智能冷链物流、绿色防腐保鲜、新型包装控制、粮食现代储备、节粮减损等产业急需技术研发；以营养健康为目标，突破营养功能组分稳态化保持与靶向递送、营养靶向设计与健康食品精准制造、主食现代化等高新技术。力争到 2020 年，在加工制造、机械装备、质量安全、保鲜物流、营养健康等技术领域实现重大突破，形成较为完备的现代食品制造技术体系，支撑我国现代食品制造业转型升级和持续发展（专栏 7-13）。

专栏 7-13　"十三五"部署的现代食品制造技术

1. 加工制造。开展新型节能干燥、超微粉碎、冷冻冷藏、杀菌包装等共性技术研究，突破物性重构、风味修饰、质构重组、低温加工和生物制造等关键技术，攻克绿色加工、低碳制造和品质控制等核心技术，有效支撑食品加工产业技术升级。

2. 机械装备。开展食品装备的机械物性、数字化设计、信息感知、仿真优化等新方法、新原理研究，研发非热加工、新型杀菌、高效分离、自动包装等共性装备，节能挤压、高效干燥、连续焙烤、3D 打印等关键装备，以及连续化、自动化、智能化和工程化成套加工装备，为食品装备升级换代提供支撑。

3. 质量安全。开展食品品质评价与系统识别、危害因子靶向筛查与精准确证、多重风险分析与暴露评估、在线监测与快速检测、安全控制原理和工艺、监管和应急处置等共性技术研究，重点突破食品风险因子非定向筛查、快速检测核心试剂高效筛选、体外替代毒性测试、致病生物全基因溯源、全产业链追溯与控制、真伪识别等核心技术，加强食品安全防护关键技术研究，强化食品安全基础标准研究，加强基于互联网新兴业态的监管技术研究，构建全产业链质量安全技术体系。

4. 保鲜物流。开展物流过程中食品品质保持、损耗控制、货架期延长等共性技术研究，突破环境因子精准控制、品质劣变智能检测与控制、新型绿色包装等关键技术，加强粮食现代储备关键技术装备研发，开展粮食流通节粮减损关键技术研发和示范，掌握智能冷链物流、绿色防腐保鲜等核心技术，构建我国食品冷链物流新模式，推动食品保鲜物流产业跨越式发展。

5. 营养健康。开展食品营养品质调控、营养组学与抗慢性疾病机理研究，突破营养功能组分筛选、稳态化保持、功效评价等关键技术，掌握营养功能组分高效运载及靶向递送、营养代谢组学大数据挖掘等核心技术，以及基于改善肠道微生态的营养靶向设计与新型健康食品精准制造技术，加强主食营养健康机理与现代化关键技术研发，开发多样性和个性化营养健康食品，有力支撑全民营养健康水平提升。

资料来源：《"十三五"国家科技创新规划》

《"十三五"国家科技创新规划》围绕改善民生和促进可持续发展的迫切需求，部署了资源环境、人口健康等领域核心关键技术攻关和转化应用方向。

（1）发展生态环保技术。

以提供重大环境问题系统性技术解决方案和发展环保高新技术产业体系为目标，形成源头控制、清洁生产、末端治理和生态环境修复的成套技术。加强大气污染形成机理、污染源追踪与解析关键技术研究，提高空气质量预报和污染预警技术水平；加强重要水体、水源地、源头区、水源涵养区等水质监测与预报预警技术体系建设；突破饮用水水质健康风险控制、地下水污染防治、污废水资源化能源化与安全利用、垃圾处理及清洁焚烧发电、放射性废物处理处置等关键技术；开展土壤污染机制和风险评估等基础性研究，完善土壤环境监测与污染预警关键技术；加强环境基准研究；开展环境监测新技术和新方法研究，健全生态环境监测技术体系。提高生态环境监测立体化、自动化、智能化水平，推进陆海统筹、天地一体、上下协同、信息共享的生态环境监测网络建设。

突破生态评估、产品生态设计和实现生态安全的过程控制与绿色替代关键技术。开发环境健康风险评估与管理技术、高风险化学品的环境友好替代技术，开展重大工程生态评价与生态重建技术研究。开发生态环境大数据应用技术，建立智慧环保管理和技术支撑体系。在京津冀地区、长江经济带等重点区域开展环境污染防治技术应用试点示范，促进绿色技术转移转化，加强环保高新技术产业园区建设，推动形成区域环境治理协同创新共同体。开发生态环境大数据应用技术，建立智慧环保管理和技术支撑体系。力争实现生态环保技术的跨越发展，为我国环境污染控制、质量改善和环保产业竞争力提升提供科技支撑（专栏 7-14）。

专栏 7-14　"十三五"部署的生态环保技术

1. 大气污染防治。加强灰霾和臭氧形成机理、来源解析、迁移规律及监测预警研究，为污染治理提供科学支撑，加强大气污染与人群健康关系的研究，加强脱硫、脱硝、高效除尘、挥发性有机物控制、柴油机（车）排放净化、环境监测等技术研发，建设大气污染排放控制及空气质量技术体系，开展大气联防联控技术示范，支撑重点区域空气质量改善，保障国家重大活动环境质量。

2. 土壤污染防治。针对农田土壤污染、工业用地污染、矿区土壤污染等治理，开展土壤环境基准、土壤环境容量与承载能力，污染物迁移转化规律、污染生态效应、重金属低积累作物和修复植物筛选，以及土壤污染与农产品质量、人体健康关系等方面研究。推进土壤污染诊断、风险管控、治理与修复等共性关键技术研发。

3. 水环境保护。加快研发废水深度处理、生活污水低成本高标准处理、海水淡化和工业高盐废水脱盐、饮用水微量有毒污染物处理、地下水污染修复、危险化学品事故和水上溢油应急处置等技术，开展有机物和重金属等水环境基准、水污染对人体健康影响、新型污染物风险评价、水环境损害评估、高品质再生水补充饮用水水源等研究。

4. 清洁生产。针对工农业污染排放和城市污染，研究钢铁、化工等生态设计、清洁生产、污染减量等技术，研究环境友好产品、清洁生产与循环经济技术政策及标准体系。

5. 生态保护与修复。围绕国家"两屏三带"生态安全屏障建设，以森林、草原、湿地、荒漠等生态系统为对象，研究关键区域主要生态问题演变规律、生态退化机理、生态稳定维持等理论，研究生态保护与修复、监测与预警技术；开发岩溶地区、青藏高原、长江黄河中上游、黄土高原、重要湿地、荒漠及荒漠化地区、三角洲与海岸带区、南方红壤丘陵区、塔里木流域盐碱地、农牧交错带和矿产开采区等典型生态脆弱区治理技术，研发应对城市开发建设区域造成的生态破碎化、物种栖息地退化治理技术，开发适宜的生态产业技术，支撑生态退化区域可持续发展，提升陆地生态系统服务能力。

6. 化学品环境风险防控。结合我国化学品产业结构特点及化学品安全需要，加强化学品危害识别、风险评估与管理、化学品火灾爆炸及污染事故预警与应急控制等技术研究，研发高风险化学品的环境友好替代、高放废物深地质处置、典型化学品生产过程安全保障等关键技术，构建符合我国国情的化学品整合测试策略技术框架，全面提升我国化学品环境和健康风险评估及防控技术水平。

7. 环保产业技术。推动环保技术研发、示范、推广，发展环保产业新业态、新模式、新机制，建设绿色技术标准体系，推广"城市矿产""环境医院""库布其治沙产业"等模式，加快先进环保技术产业化。

8. 重大自然灾害监测预警与风险控制。针对地震、地质、气象、水利、海洋等重大环境自然灾害，加快天气中长期精细化数值预报、全球海洋数值预报、雾霾数值预报、地质灾害监测预警、洪涝与旱灾监测预警、地震监测预警、森林火灾监测预警与防控、沙尘暴监测预警等系统研究，提升重大自然灾害监测预警与风险评估能力。

9. 全球环境变化应对。突破温室气体排放控制、生物多样性保护、生物安全管理、化学品风险管理、臭氧层保护、荒漠化防治、湿地保护等技术瓶颈，解决污染物跨国境输送机制、国际履约谈判等中的科学问题，提升我国履行国际环境公约的能力。

资料来源：《"十三五"国家科技创新规划》

（2）发展资源高效循环利用技术。

以保障资源安全供给和促进资源型行业绿色转型为目标，大力发展水资源、矿产资源的高效开发和节约利用技术。在水土资源综合利用、国土空间优化开发、煤炭资源绿色开发、天然气水合物探采、油气与非常规油气资源开发、金属资源清洁开发、盐湖与非金属资源综合利用、废物循环利用等方面，集中突破一批基础性理论与核心关键技术，重点研发一批重大关键装备，构建资源勘探、开发与综合利用理论及技术体系，解决我国资源可持续发展保障、产业转型升级面临的突出问题；建立若干具有国际先进水平的基础理论研究与技术研发平台、工程转化与技术转移平台、工程示范与产业化基地，逐步形成与我国经济社会发展水平相适应的资源高效利用技术体系，为建立资源节约型、环境友好型社会提供强有力的科技支撑（专栏 7-15）。

专栏 7-15　"十三五"部署的资源高效循环利用技术

1. 水资源高效开发利用。围绕提升国家水资源安全保障科技支撑能力，发展工业节水、综合节水和非常规水资源开发利用技术与设备，研究水资源综合配置战略、水工程建设与运行、安全和应急管理技术，发展水沙联合调控、河口治理及河湖生态安全保护技术，开展水资源系统智能调度与精细化管理等研究，构建水资源综合利用理论技术体系和示范推广平台，跻身国际水资源研究先进行列。

　　2. 煤炭资源绿色开发。围绕"安全、绿色、智能"目标，开展煤炭绿色资源勘探、大型矿井快速建井、安全绿色开采、煤机装备智能化、低品质煤提质、煤系伴生资源协同开发、矿区全物质循环规划与碳排放控制等理论与技术攻关，推动生态矿山、智慧矿山以及煤炭清洁加工与综合利用重大科技示范工程建设，促进煤炭集约化开发，为煤炭产业转变发展方式、提质增效提供强大的科技支撑。

　　3. 油气与非常规油气资源开发。围绕国家能源安全需求，针对复杂环境、低品位、老油田挖潜和深层油气资源四大领域，通过钻井、采油、储运等关键技术与装备攻关，研发一批具有自主知识产权的重大高端装备、工具、软件、材料和成套技术，为油气资源高效勘探开发和清洁利用提供技术支撑。

　　4. 金属和非金属资源清洁开发与利用。研究复杂矿清洁选冶、"三废"综合利用等金属矿产资源高效开发技术，研究稀有金属、稀土元素及稀散元素构成的矿产资源保护性开发技术，研究放射性资源高效提取、盐湖资源综合利用、非金属资源高值化等重要战略资源保护开发技术，解决金属矿产资源选冶过程中环境污染严重、物耗高、资源综合利用率低等问题。

　　5. 废物循环利用。研究资源循环基础理论与模型，研发废物分类、处置及资源化成套技术装备，重点推进大宗固废源头减量与循环利用、生物质废弃物高效利用、新兴城市矿产精细化高值利用等关键技术与装备研发，加强固废循环利用管理与决策技术研究。加强典型区域循环发展集成示范，实施"十城百座"废物处置技术示范工程。

　　资料来源：《"十三五"国家科技创新规划》

（3）发展人口健康技术。

　　紧密围绕健康中国建设需求，突出解决重大慢病防控、人口老龄化应对等影响国计民生的重大问题，以提升全民健康水平为目标，系统加强生物数据、临床信息、样本资源的整合，统筹推进国家临床医学研究中心和疾病协同研究网络建设，促进医研企结合开展创新性和集成性研究，加快推动医学科技发展。重点部署疾病防控、精准医学、生殖健康、康复养老、药品质量安全、创新药物开发、医疗器械国产化、中医药现代化等任务，加快慢病筛查、智慧医疗、主动健康等关键技术突破，加强疾病防治技术普及推广和临床新技术新产品转化应用，建立并完善临床医学技术标准体系。力争到 2020 年，形成医养康护一体化、连续性的健康保障体系，为提高医疗服务供给质量、加快健康产业发展、助推医改和健康中国建设提供坚实的科技支撑（专栏 7-16）。

专栏 7-16　"十三五"部署的人口健康技术

1. 重大疾病防控。聚焦心脑血管疾病、恶性肿瘤、代谢性疾病、呼吸系统疾病、精神神经系统疾病等重大慢病，消化、口腔、眼耳鼻喉等常见多发病，包虫、疟疾、血吸虫病等寄生虫病，以及伤害预防与救治技术等，加强基础研究、临床转化、循证评价、示范应用一体化布局，突破一批防治关键技术，开发一批新型诊疗方案，推广一批适宜技术，有效解决临床实际问题和提升基层服务水平。

2. 精准医学关键技术。把握生物技术和信息技术融合发展机遇，建立百万健康人群和重点疾病病人的前瞻队列，建立多层次精准医疗知识库体系和国家生物医学大数据共享平台，重点攻克新一代基因测序技术、组学研究和大数据融合分析技术等精准医疗核心关键技术，开发一批重大疾病早期筛查、分子分型、个体化治疗、疗效预测及监控等精准化应用解决方案和决策支持系统，推动医学诊疗模式变革。

3. 生殖健康及出生缺陷防控。解决我国出生缺陷防控、不孕不育和避孕节育等方面的突出问题，建立覆盖全国的育龄人口和出生人口队列，建立国家级生物信息和样本资源库，研发一批基层适宜技术和创新产品，全面提升出生缺陷防控科技水平，保障育龄人口生殖健康，提高出生人口素质。

4. 数字诊疗装备。以早期、精准、微创诊疗为方向，重点推进多模态分子成像、新型磁共振成像系统、新型 X 射线计算机断层成像、新一代超声成像、低剂量 X 射线成像、复合窥镜成像、新型显微成像、大型放射治疗装备、手术机器人、医用有源植入式装置等产品研发，加快推进数字诊疗装备国产化、高端化、品牌化。

5. 体外诊断产品。突破微流控芯片、单分子检测、自动化核酸检测等关键技术，开发全自动核酸检测系统、高通量液相悬浮芯片、医用生物质谱仪、快速病理诊断系统等重大产品，研发一批重大疾病早期诊断和精确治疗诊断试剂以及适合基层医疗机构的高精度诊断产品，提升我国体外诊断产业竞争力。

6. 健康促进关键技术。以定量监测、精准干预为方向，围绕健康状态辨识、健康风险预警、健康自主干预等环节，重点攻克无创检测、穿戴式监测、生物传感、健康物联网、健康危险因素干预等关键技术和产品，加强国民体质监测网络建设，构建健康大数据云平台，研发数字化、个性化的行为/心理干预、能量/营养平衡、功能代偿/增进等健康管理解决方案，加快主动健康关键技术突破和健康闭环管理服务研究。

7. 健康服务技术。推动信息技术与医疗健康服务融合创新，突破网络协同、分布式支持系统等关键技术，制定并完善隐私保护和信息安全标准及技术规范，建立基于信息共享、知识集成、多学科协同的集成式、连续性疾病诊疗和健康管理服务模式，推进"互联网+"健康医疗科技示范行动，实现优化资源配置、改善就医模式和强化健康促进的目标。

8. 药品质量安全。瞄准临床用药需求，完善化学仿制药一致性评价技术体系，开展高风险品种、儿童用药、辅助用药的质量和疗效评价，以及药品不良反应监测和评估、药品质量控制等研究，提高我国居民的用药保障水平，提升药品安全风险防控能力。

9. 养老助残技术。以智能服务、功能康复、个性化适配为方向，突破人机交互、神经-机器接口、多信息融合与智能控制等关键技术，开发功能代偿、生活辅助、康复训练等康复辅具产品，建立和完善人体心理、生理等方面功能的综合评估监测指标体系和预警方法，建立和完善促进老龄健康的干预节点和适宜技术措施，建立和完善养老服务技术标准体系和解决方案。

10. 中医药现代化。加强中医原创理论创新及中医药的现代传承研究，加快中医四诊客观化、中医药治未病、中药材生态种植、中药复方精准用药等关键技术突破，制订一批中医药防治重大疾病和疑难疾病的临床方案，开发一批中医药健康产品，提升中医药国际科技合作层次，加快中医药服务现代化和大健康产业发展。

资料来源：《"十三五"国家科技创新规划》

（4）发展引领产业变革的颠覆性技术。

加强产业变革趋势和重大技术的预警，加强对颠覆性技术替代传统产业拐点的预判，及时布局新兴产业前沿技术研发，在信息、制造、生物、新材料、能源等领域，特别是交叉融合的方向，加快部署一批具有重大影响、能够改变或部分改变科技、经济、社会、生态格局的颠覆性技术研究，在新一轮产业变革中赢得竞争优势。重点开发移动互联、量子信息、人工智能等技术，推动增材制造、智能机器人、无人驾驶汽车等技术的发展，重视基因编辑、干细胞、合成生物、再生医学等技术对生命科学、生物育种、工业生物领域的深刻影响，开发氢能、燃料电池等新一代能源技术，发挥纳米技术、智能技术、石墨烯等对新材料产业发展的引领作用。

国务院办公厅发布的《促进科技成果转移转化行动方案》明确了"十三五"的发展目标：即建设 100 个示范性国家技术转移机构，支持有条件的地方建设 10 个科技成果转移转化示范区，在重点行业领域布局建设一批支撑实体经济发展的众创空间，建成若干技术转移人才培养基地，培养 1 万名专业化技术转移人才。同时提出，围绕新一代信息网络、智能绿色制造、现代农业、现代能源、资源高效利用和生态环保、海洋和空间、智慧城市和数字社会、人口健康等重点领域，以需求为导向发布一批符合产业转型升级方向、投资规模与产业带动作用大的科技成果包。

7.3　国内产业变革趋势

7.3.1　国内产业变革的进展

根据工业化发展理论，中国总体处于工业化中后期。改革开放 30 多年来，中国在全球价值链分工体系中的地位和作用日益显著，产业规模迅速扩大，形成了较为完整的产业体系。自 2010 年中国成为世界第一制造业大国后，中国制造业产能、产值、产量位居世界第一，货物贸易进出口额全球第一，外汇储备全球第一，对外投资世界第三，已成为 120 多个国家和地区的第一大贸易伙伴。2010 年，中国制造业产值占全球制造业的 19.8%，超过美国（19.4%）重新回到世界第一制造业大国地位，打破了美国自 1890 年以来 120 年独霸"世界第一工业大国"的地位（黄汉权，2016）。至 2015 年，中国装备制造业占规模以上工业增加值的比重为 31.8%，整个行业主营业务收入超 30 万亿元，已连续 5 年居世界首位。联合国工业发展组织资料显示，中国工业竞争力指数在 136 个国家中排名第七位，制造业净出口居世界第一位。按照国际标准工业分类，在 22 个大类中，中国在七大类中名列第一。在世界银行统计的 500 多种工业品中，钢铁、水泥、汽车等 220 多种主要工业产品的产量居世界首位（张茉楠，2016）。

持续的技术创新，大大提高了中国制造业的综合竞争力。载人航天、载人深潜、大型飞机、北斗卫星导航、超级计算机、高铁装备、百万千瓦级发电装备、万米深海石油钻探设备等一批重大技术装备取得突破，形成了若干具有国际竞争力的优势产业和骨干企业，中国已具备了建设工业强国的基础和条件。

"十二五"期间，中国节能环保、新一代信息技术、生物、高端装备制造、新能源、新材料和新能源汽车等战略性新兴产业快速发展。2015 年，战略性新兴产业增加值占 GDP 的比重达到 8% 左右，产业创新能力和获利能力明显提升。新一代信息技术、生物、新能源等领域一批企业的竞争力进入国际市场第一方阵，高铁、通信、航天装备、核电设备等国际化发展实现突破，一批产值规模千亿元以上的新兴产业集群有力支撑了区域经济转型升级。

2015 年，中国新增光伏发电装机约 15 吉瓦，同比增长逾 40%；中国光伏发电累计装机量达到约 43 吉瓦，超越德国成为全球光伏累计装机量最大的国家。2015 年多晶硅产量超过 16.5 万吨，同比增长 25%；组件产量达到 43 吉瓦以上，同比增长 20.8%；硅片和电池片产量分别超过 100 亿片和 41 吉瓦。

中国主导的 TD-LTE 技术成为两大 4G 国际标准之一，完整产业链基本形成，4G 用户达到 2.7 亿人。自主研发的新一代高速铁路技术世界领先，高铁总里程达 1.9 万千米，占世界总量的 55% 以上，并进军海外市场。全面掌握特高压输变电技术，实现关键设备国产化。大功率风电机组和关键部件、晶硅和薄膜太阳电池设计制造等关键技术取得突破，风能产能累计装机容量均居世界第一。半导体照明技术加快应用推广，2015 年半导体照明产业整体规模预计达 4 245 亿元，比上年增长 21%（万钢，2016）。

21 世纪以来中国高技术制造增加值猛增，2001~2015 年增长超过了 10 倍，居世界第二。中国网民数量、网络零售交易额、电子信息产品制造规模已居全球第一，形成全球规模最大的电子信息产品制造基地。2015 年，中国电子信息产业完成销售收入 15.4 万亿元，同比增长 10.4%，电子信息制造业规模达 11.1 万亿元，位居世界第一。华为和中兴成为行业全球第一、第四，中美欧三足鼎立。2015 年半导体照明产业整体规模达 4 245 亿元，比上年增长 21%。网民数量达到 7 亿人，位居世界第一；全国网络零售覆盖到全国所有城市、乡镇以及 95% 的行政村；世界互联网企业前 10 强，中国企业占 4 席，其余全部是美国企业，是挑战美国的唯一力量。2015 年，国内大数据产业市场规模已达 1 105.6 亿元，较 2014 年增长 44.15%。

IC Insights 的统计数据，2015 年，中国半导体市场的内需规模达到 1 035 亿美元，占全球半导体市场的 36%。中国内地以 159.1 万片/月的产能规模占据全球第五。随着中国成为世界最大的电子产品生产基地，半导体制造业的中心也理所应当地向中国内地转移。三星西安项目2015年销售额达到150亿元。

工业和信息化部电子技术标准化研究院《虚拟现实产业发展白皮书5.0》显示，2015年中国VR行业市场规模为15.4亿元。前瞻产业研究院的《中国虚拟现实（VR）行业发展前景预测与投资战略规划分析报告》指出，截至2015年底，国内VR企业融资总额超过10亿元。易观智库发布的《中国虚拟现实行业应用专题研究报告2016》显示，中国VR内容相关的投融资金额从2014年的3 500万元激增至2015年的2.4亿元。预计到2020年，中国VR市场规模将超过550亿元。

2016年全国汽车产销分别完成2 811.88万辆和2 802.82万辆，同比分别增长14.46%和13.65%，产销量再创历史新高，稳居全球第一。特别是站在转型升级和全球汽车产业的制高点，2015年，中国新能源汽车呈现爆发式增长，生产340 471辆，销售331 092辆，同比分别增长3.3倍和3.4倍，销量首次超越美国，成为全球第一大新能源汽车市场和全球最大的新能源汽车的增量市场。2016年全国新能源汽车产销达到51.7万辆和50.7万辆，同比分别增长51.7%和53%，继续引领全球新能源汽车市场。

中投顾问在《2016—2020年中国智能制造行业深度调研及投资前景预测报告》中指出，2015年中国智能制造产值在1万亿元左右。机器人是"制造业皇冠顶端的明珠"，其研发、制造、应用是衡量一个国家和地区科技创新和高端制造业水平的重要标志。2013年中国首次超越了日本，成为全球最大的机器人市场。2015年全国工业机器人新增需求量达到7.28万台，占全球的25%；销售6.6万台，连续三年位居全球市场首位；工业机器人产量为32 996台（包括外资品牌），同比增长21.7%。自主品牌工业机器人共生产销售22 257台，同比增长31.3%，自主品牌保持了比外资品牌更快的增长速度。需求量首次超过日本，占据了32.5%的国内市场（沈小波和韩舒淋，2016）。

受益于人口老龄化、疾病图谱变化和居民消费升级等因素，国内大健康产业发展再次提速，2010~2015年，中国保健产业正处在高速发展期，年均增幅10%~15%。另外Wind数据显示，截至2016年6月30日，健康中国指数自 2013 年以来累计涨幅达 380.06%,期间最高涨幅超过 7 倍, 大幅跑赢上证综指同期 29.11% 的涨幅。

自"一带一路"倡议提出以来, 中国与"一带一路"沿线国家的产能合作不断深化。截至 2016 年底, 各类双边、多边产能合作基金规模已经超过了 1 000 亿美元。此外, 中国对"一带一路"相关国家的投资累计已达 511 亿美元; 与沿线国家新签承包工程合同 1.25 万份, 累计合同额 2 790 亿美元; 中国企业在相关国家建设的经贸合作区达 52 个, 为东道国创造了 9 亿美元的税收和近 7 万个就业岗位。2015 年, "一带一路"参与国对华投资额超过 82 亿美元, 双方贸易投资便利化水平也在不断提高。目前, 中国已在全球 50 多个国家设立 118 个境外经贸合作区, 有 2 799 家中资企业入驻。在 65 个国家中, 现有 23 个国家设立了 77 个境外合作区, 共有 900 家中资企业入驻, 拥有 3 975 个各类项目, 年产值超过 200 亿美元 (张茉楠, 2016)。

但与世界先进水平相比, 中国许多产业大而不强, 在自主创新能力、资源利用效率、产业结构水平、信息化程度、质量效益等方面差距明显, 总体处于国际产业链和价值链的中低端。国际金融危机以来, 发达国家竞相重振制造业, 发展中国家也加快了承接跨国巨头全球价值链低端制造环节转移的进程。中国制造正面临来自发达国家和发展中国家的"双重夹击", 即在劳动密集型产业, 中国不得不面对发展中国家的低成本"挑战", 而在产业升级过程中则会遭到发达国家高端技术的"阻击", 可谓困难重重。随着土地、资源、商务及人工成本的上升, 加之严峻的环保压力, 作为中国高速增长主要驱动力的要素红利已基本消失 (邵安菊, 2016)。随着成本优势的丧失和国内市场的逐步饱和, 制造业面临着产能过剩和高低端供给严重错位等问题。

中国许多产业存在结构性短板, 弱势产业不在少数。例如, 医药行业, 在全球前 50 的制药厂商中无一家中国企业。在精细化工领域, 也鲜有中国人的身影; 中国 80% 的集成电路芯片制造装备、40% 的大型石化装备、70% 的汽车制造关键设备及机床、轴承、先进集约化农业先进装备等仍依靠进口。

中国在全球品牌排行榜中的企业数量依然寥寥可数, 华为、联想是少数几个有存在感的企业，海尔的电器、腾讯的游戏、阿里的电商略有名气，目前还看不到更多企业有能力在海外树立强大的市场地位、品牌地位。例如，家电行业，中国的海尔、格力、美的都是全球前十，但是，依然没有能力在海外形成品牌、渠道壁垒，多数出口产品是贴牌生产，拥有自主品牌的不足 20%。

中国的智能制造产业尚处于初级发展期，大部分中国企业处于研发阶段，仅 16%的企业进入智能制造应用阶段；从智能制造的经济效益来看，52%的企业智能制造收入贡献率低于 10%，60%的企业其智能制造利润贡献率低于 10%。国家制造强国建设战略咨询委员会近日发布的《中国制造 2025 蓝皮书（2016）》也指出，中国智能制造行业还存在着技术创新能力薄弱，产业规模小，产业组织结构小、散、弱，缺乏具有国际竞争力的骨干企业等问题。产业基础非常薄弱，高档和特种传感器、智能仪器仪表、自动控制系统、高档数控系统、机器人市场份额不到 5%。

2015 年外资企业占据中国高端市场 67%的市场份额；而低端的挖掘机等机械销量下降了 38%，面临供给过剩的矛盾。各地在产业布局上，低水平重复建设的隐患逐步显现，出现了高端产品低端化趋势。适应创新驱动的体制机制亟待建立健全，创新体系整体效能不高，科技人才队伍大而不强，领军人才和高技能人才缺乏，创新型企业家群体亟须发展壮大，激励创新的市场环境和社会氛围仍需进一步培育和优化（专栏 7-17）。

专栏 7-17 　我国机器人产业发展的短板

1. 整体上处于中低端水平。国外在精密化、自动化、移动化、数字化等高端工业机器人领域占的市场份额很大，中国的工业机器人则集中在中低端的领域。国产装备应用主要集中在搬运、码垛、上下料方面，而外资品牌在焊接、装配领域占据了绝对的优势。中国目前涉及生产机器人的企业众多，但大部分以组装和代加工为主，处于产业链的低端。有将近一半企业是没有产品的空牌子，剩下的一半企业里将近 70%~80%的是在代理别人的产品，真正能自己生产零部件或机器人产品的仅 100 家左右。2015 年，世界"四大家族"日本发那科、安川、德国库卡、瑞典 ABB 占中国工业机器人市场份额的比例分别高达 18%、12%、14%、13.5%，其他外资品牌瓜分了 34.5%的份额，众多国产机器人企业只能在剩余 8%的市场份额中争抢。从价值份额上看，自主品牌机器人在国内的市场占有率不到 10%；但从台数上来看，自主品牌销量已达 2.2 万台，国内市场份额占到 30%左右，这反映出中国机器人产品整体上仍处于中低端水平。市场占有率低的同时，国产机器人在应用结构上也大多集中在中低端。以精度较高的六轴工业机器人为代表，国产化率占全国工业机器人新装机量的比例不足 10%，在难度较大的焊接领域，国外企业占了84%的份额；而高端的汽车行业国外公司占了90%的市场。

2. 利用水平仍然很低。从每千人机器人拥有量这个指标来看，中国机器人数量使用密度仅有 23 台/千人，不到日本的十分之一，与世界平均水平的 55 台也有较大差距。从机器人应用最多的汽车行业来看，五大世界先进汽车生产国日本、德国、法国、美国、意大利的汽车工业机器人密度均达到了每万人 1 000 台以上，中国即使大幅增长也仅有每万人 213 台。

3. 企业竞争能力不强，截至 2015 年底，国内机器人企业数量已经超过 4 000 家，产业集中度低，企业规模普遍较小，逾 90%的企业年产值在 1 亿元以下。中国最大的本土机器人企业沈阳新松机器人自动化股份有限公司 2015 年营业收入也只有 16.9 亿元，同占据了全球机器人行业一半市场的国际机器人"四大家族"（德国库卡、瑞士 ABB，以及日本的发那科和安川电机）百亿元的营业收入相比差距较大。在中国，六轴以上的机器人外资品牌占有率高达 85%。在汽车电子领域，外资的市场份额达到了 90%。在可靠性上，国产工业机器人故障率高，寿命只有 8 000 小时，国外产品寿命可达 5 万~10 万小时（沈小波和韩舒淋，2016）。

4. 核心零部件受制于人。有专家测算，目前在机器人生产成本的四大核心部分中，本体成本占22%，伺服占24%，减速器占36%，控制器为12%。中国机器人产业化的核心部件一直受制于人，中国与日本、美国等国差距在 15~20 年。目前，除本体外的三大关键部件中，减速器和伺服电机基本被国外公司垄断，基本没有议价能力，以致整机制造成本与进口整机倒挂。以占机器人整机成本最高的减速器为例，目前精密减速器市场大半被日本企业占据，中国在精密减速器国产化方面虽出现了一批企业，但在 2015 年，依旧有 75%的精密减速器从日本进口。在伺服电机方面，国内公司的整体份额低于 10%；在驱动器上，国内 80%的驱动器需要从欧美和日本进口，导致中国机器人企业生产成本畸高。很多工业机器人厂商本身就是核心部件的提供商——日本发那科是世界上最大的专业数控系统生产厂商，安川和松下都属于全球最大的电机制造商。

5. 产业布局较为盲目。各地机器人产业发展迅速，但是低水平重复建设的隐患逐步显现，出现高端产品低端化趋势。目前，我国至少有 28 个省市把机器人产业作为重点发展产业，各地有超过 40 个以发展机器人为主的产业园区。截至 2015 年，以珠三角地区、长三角地区为首，全国共计有 36 个城市把机器人产业作为当地重点发展方向。重庆、南京、湖北等地制定的规划显示，到2020 年，各自机器人产业规模将达到或超过 1 000 亿元，有统计显示，将全国机器人规划目标加总，到 2020 年可能超过万亿元。国家《机器人产业发展规划（2016—2020 年）》制定的目标是到 2020 年我国自主品牌工业机器人年产量计划达 10 万台，按照每台 100 万的单价，规模也不过 1 000 亿元。地方的产能目标远超国家规划。

2016 年《财富》世界 500 强企业排行榜单显示，中国大陆 103 家企业入围，仅次于美国，上榜企业数量和排位稳步上升。然而，与发达国家相比，中国大陆制造业企业占总入榜企业比重偏低，只有 34.9%。而像韩国、德国、日本等已经完成了工业化的国家，这一比重分别为 53.3%、42.9%、40.4%，远远高于中国。制造业企业营利能力较差，2016 年上榜的 36 家制造业企业平均净利润水平明显低于其他国家，约为美国的 1/5、韩国的 1/4、德国的 1/3。其中，21 家企业出现亏损，31 家企业的净利润同比出现了负增长。适应新一轮科技革命的发展，美国、日本、韩国等上榜的制造业企业基本都分布在电子、互联网、现代制造等高科技、高附加值领域。其中，日本在汽车、电子、装备制造三大行业的企业数约占日本企业总体上榜数量的一半以上。然而，中国制造业转型迟缓，上榜的制造业企业依然主要分布在钢铁、汽车、煤炭、有色金属等资源能源，甚至产能过剩领域，科技型、服务型等新兴产业的企业较少。制造业领域的大企业多数是靠兼并重组做大规模挤进了 500 强，规模大而质不强，并没有实质性的提高竞争力、创新力和品牌影响力。在福布斯 2016 年度"全球最有价值的 100 个品牌"、汤森路透"2015 全球创新企业百强"两个榜单上，中国企业均无一上榜。据OECD统计，发达国家拥有全球 90%以上的名牌（文玉春，2016）。

7.3.2　国内产业变革的趋势

1. 制造业加快转型升级

中国制造业加快产业的持续升级，对低端制造业实施主动退出和积极调整，使资源向优势企业集中，调整、优化和提升产业结构。向全球价值链高附加值两端跃迁。中国制造要彻底摆脱全球价值链廉价代工者的命运，必须尽快提升技术与产品的研发创新以及品牌和渠道建设等能力，实现向获利丰厚的价值链高端跃迁的过程。一方面，要加快核心技术创新，向价值链前向跃迁。尽快提高研发强度，创新产、学、研、企等研发合作创新模式，提升自主创新能力，力争在关键材料及关键工艺、核心部件及核心元器件关键技术层面取得重大突破，摆脱对进口技术、工艺及设备的依赖；另一方面，尽快培育自主品牌，向价值链后向跃迁。培育自主品牌，是企业实现自主创新、主动参与国际分工并占据价值链高端的有效载体。

从"中国制造"转向"中国品牌"，成为新价值链的创建者，中国制造才能彻底摆脱全球价值链的低端"俘获"，真正从全球价值链的参与者转变为主导者。淘汰低端制造和落后产能，向新兴产业链跃迁转型。随着传统产业市场的日渐低迷，中国制造应尽快退出原有的微利甚至亏损的价值链模式，向新兴产业价值链主动跃迁转型。这种跃迁至新价值链的战略转型，部分属于企业重构战略核心业务和竞争优势的"主动"转型，如IBM剥离并出售亏损巨大的PC机制造业务，向提供软件和综合服务的价值链高端迁移，最终成功转型为能为客户提供全面问题解决方案的综合服务商；还有一部分转型，则源于行业衰退及竞争压力等外部环境对企业的"倒逼"。从制造业发展趋势看，只有从战略新兴产业等高端价值链切入，中国制造才能实现对发达国家的技术经济追赶。为此，应加快向智能制造等高端产业转型升级的步伐，尽快培育智能制造、绿色制造等战略新兴产业，以智能制造和绿色制造带动传统产业改造升级，提升传统制造业的竞争力；尽快淘汰落后产能和低端制造，适当保护新兴产业的高端价值链环节及其国内市场，确保国内企业核心技术创新及其收益的巨大市场空间。加快培育中国的跨国公司，打造全球价值链"链主"企业。要鼓励大型中国制造企业走出去，购并国外优势产业资源。积极参与全球竞争，抓住全球资产、股票等价格大幅度下跌为中国制造业带来的"抄底"机遇，低成本整合国外品牌、技术、人才、市场等资源，在世界范围内布局采购、销售和研发等到附加值环节，进一步构筑"中外联动"的比较优势，尽快培育打造掌控产业链高端的"链主"企业。

基于NVC（national value chain，即国内价值链）重构，从"嵌入者"跻身全球价值链掌控者。发达国家经济崛起的历史表明，在跨国公司全球价值链控制下，以OEM（original equipment manufacturer，即原始设备制造商）为主、长期聚焦于低附加值环节的"降本增效"式的制造发展模式存在着根本性缺陷。中国制造要成为全球价值链的掌控者，是一个难度极高的系统工程，涉及品牌建设与核心技术研发等诸多方面。首先，应通过推进本土企业的技术创新与品牌建设，培育一批掌控价值链高端、具有品牌效应和强大的国际竞争力以及抗风险能力的本土跨国企业。其次，鼓励和引导企业构建以品牌及公司为主导的全球价值链，在全球范围内整合配置资源。再次，加大对具有全球化视野的高端跨国经营管理人才的培养和引进，为企业构建主导型全球价值链提供智力支持。最后，尽快加强对企业的相关辅导和培训，从战略的高度拓展企业对全球价值链的认识与国际化视野，提升企业海外投资经营、重构国际生产经营网络与全球价值链的能力，才能最终成为全球价值链的掌控者。

沿着制造业转型升级和国产化替代的两大主线，高端装备制造作为传统产业转型升级和战略性新兴产业发展所需的高技术、高附加值装备，内外市场需求巨大。据前瞻产业研究院预测，到 2020 年，中国高端装备制造产业销售收入在装备制造业中的占比将提高到 25%，达到 16.55 万亿元，工业增加值率较"十二五"末提高 2 个百分点。

为了实现中国制造向中国创造转变，中国速度向中国质量转变，中国产品向中国品牌转变，2015 年 5 月，国务院发布了《中国制造 2025》，提出通过"三步走"实现制造强国的战略目标：第一步，到 2025 年迈入制造强国行列；第二步，到 2035 年中国制造业整体达到世界制造强国阵营中等水平；第三步，到新中国成立一百年时，中国制造业大国地位更加巩固，综合实力进入世界制造强国前列。

围绕实现制造强国的战略目标，《中国制造 2025》聚焦新一代信息技术产业、高档数控机床和机器人、航空航天装备、海洋工程装备及高技术船舶、先进轨道交通装备、节能与新能源汽车、电力装备、农机装备、新材料、生物医药及高性能医疗器械等十大重点领域，明确实施国家制造业创新中心建设、智能制造、工业强基、绿色制造、高端装备创新等五项重大工程。

中投顾问在《2016—2020 年中国智能制造行业深度调研及投资前景预测报告》中指出，中国智能制造产值 2020 年有望超过 3 万亿元，年复合增长率约为 20%。工业和信息化部预计，到 2020 年，绿色制造业产业规模将达 10 万亿元，成为国民经济新的支柱产业。据业内人士预测，"十三五"期间，环保产业社会总投资有望达到 17 万亿元。具体来看，土壤污染修复投资需求最大，约有 10 万亿元；水污染处理大概在 2 万亿元，大气污染治理则在 1.7 万亿元左右。尽管"十三五"期间环保投资比"十二五"期间有很大提升，但仍有近七成环保领域治理需求未得到满足，未来还有增长空间。以此来看，中国或将成为世界最大环保产业市场之一，也可能对全球绿色经济发展格局产生深远影响。

《中国制造 2025》的十大重点领域如下。

1）新一代信息技术产业

（1）集成电路及专用装备。着力提升集成电路设计水平，不断丰富知识产权核和设计工具，突破关系国家信息与网络安全及电子整机产业发展的核心通用芯片，提升国产芯片的应用适配能力。掌握高密度封装及三维（3D）微组装技术，提升封装产业和测试的自主发展能力，形成关键制造装备供货能力。

（2）信息通信设备：掌握新型计算、高速互联、先进存储、体系化安全保障等核心技术，全面突破第五代移动通信技术、核心路由交换技术、超高速大容量智能光传输技术、"未来网络"核心技术和体系架构，积极推动量子计算、神经网络等发展。研发高端服务器、大容量存储、新型路由交换、新型智能终端、新一代基站、网络安全等设备，推动核心信息通信设备体系化发展与规模化应用。

（3）操作系统及工业软件：开发安全领域操作系统等工业基础软件。突破智能设计与仿真及其工具、制造物联与服务、工业大数据处理等高端工业软件核心技术，开发自主可控的高端工业平台软件和重点领域应用软件，建立完善工业软件集成标准与安全测评体系。推进自主工业软件体系化发展和产业化应用。

《国家信息化发展战略纲要》提出了建设网络强国的时间表和路线图。到 2020 年，核心关键技术部分领域达到国际先进水平。固定宽带家庭普及率达到中等发达国家水平，第五代移动通信技术研发和标准取得突破性进展。信息消费总额达到 6 万亿元，电子商务交易规模达到 38 万亿元，互联网国际出口带宽达到 20 太比特/秒，等等。到 2025 年，根本改变核心关键技术受制于人的局面。固定宽带家庭普及率接近国际先进水平，建成国际领先的移动通信网络，实现宽带网络无缝覆盖。信息消费总额达到 12 万亿元，电子商务交易规模达到 67 万亿元，互联网国际出口带宽达到 48 太比特/秒，等等。到 21 世纪中叶，信息化全面支撑富强、民主、文明、和谐的社会主义现代化国家建设，网络强国地位日益巩固，在引领全球信息化发展方面有更大作为。

工业和信息化部电子技术标准化研究院《虚拟现实产业发展白皮书 5.0》显示，2020 年国内市场规模预计将超过 550 亿元。VR 正处于产业爆发的前夕，即将进入持续高速发展的窗口期。前瞻产业研究院的《中国虚拟现实（VR）行业发展前景预测与投资战略规划分析报告》预计 2020 年国内市场规模将超过 550 亿元。

2）高档数控机床和机器人

（1）高档数控机床：开发一批精密、高速、高效、柔性数控机床与基础制造装备及集成制造系统。加快高档数控机床、增材制造等前沿技术和装备的研发。以提升可靠性、精度保持性为重点，开发高档数控系统、伺服电机、轴承、光栅等主要功能部件及关键应用软件，加快实现产业化。

（2）机器人：围绕汽车、机械、电子、危险品制造、国防军工、化工、轻工等工业机器人、特种机器人，以及医疗健康、家庭服务、教育娱乐等服务机器人应用需求，积极研发新产品，促进机器人标准化、模块化发展，扩大市场应用。突破机器人本体、减速器、伺服电机、控制器、传感器与驱动器等关键零部件及系统集成设计制造等技术瓶颈。

2015 年，中国制造业每万名工人所拥有的工业机器人数量仅为 36 台，而同期全球平均水平为 66 台，发达国家平均水平超过 200 台。日本、韩国、德国的机器人密度均在中国 10 倍以上，中国的机器人市场发展空间巨大（沈小波和韩舒淋，2016）。国际机器人联合会（International Federation of Robotics，IFR）预测，到 2017 年，中国生产使用的机器人总量将增加到 42.8 万部，中国将成为世界工业机器人第一使用大国。预计到 2018 年，中国机器人销量将突破 15 万台，占全球销量超过三分之一，规模是第二大市场日本（4 万台）的近四倍。到 2020 年，中国机器人产业规模约为 2 844 亿元，市场超过 15 万台，国产机器人超过 8 万台。新一代机器人市场是一片蓝海，国际机器人联盟预测，下一代机器人革命将创造数万亿美元的市场。国家发展和改革委员会等部门《"互联网+"人工智能三年行动实施方案》提出到 2018 年形成千亿元级的人工智能市场应用规模。

按照《机器人产业发展规划（2016—2020 年）》，中国机器人产业在"十三五"时期要实现"两突破""三提升"，即实现机器人关键零部件和高端产品的重大突破，实现机器人质量可靠性、市场占有率和龙头企业竞争力的大幅提升，形成较为完善的机器人产业体系。重点要求培育 3 家以上的龙头企业，打造 5 个以上机器人配套产业集群。到 2020 年，中国工业机器人年产量达到 10 万台，其中六轴及以上机器人达到 5 万台以上；工业机器人年销量将达 15 万台，保有量达 80 万台，服务机器人年销售收入超过 300 亿元，在高端市场的产品占有率达到 45%。提出推进重大标志性产品率先突破，要突破弧焊机器人、真空（洁净）机器人、全自主编程智能工业机器人、人机协作机器人、双臂机器人、重载机器人、消防救援机器人、手术机器人、智能型公共服务机器人、智能护理机器人十大标志性产品。大力发展机器人关键零部件，全面突破高精密减速器、高性能伺服电机和驱动器、高性能控制器、传感器和末端执行器五大关键零部件。

3）航空航天装备

（1）航空装备：加快大型飞机研制，适时启动宽体客机研制，鼓励国际合作研制重型直升机；推进干支线飞机、直升机、无人机和通用飞机产业化。突破高推重比、先进涡桨（轴）发动机及大涵道比涡扇发动机技术，建立发动机自主发展工业体系。开发先进机载设备及系统，形成自主完整的航空产业链。

（2）航天装备：发展新一代运载火箭、重型运载器，提升进入空间能力。加快推进国家民用空间基础设施建设，发展新型卫星等空间平台与有效载荷、空天地宽带互联网系统，形成长期持续稳定的卫星遥感、通信、导航等空间信息服务能力。推动载人航天、月球探测工程，适度发展深空探测。推进航天技术转化与空间技术应用。

有机构预测，到 2020 年，无人机行业产值将超过千亿元。无人机市场正在飞速发展，市场规模被各界看好，同时中国无人机领域产生了一批创新企业。例如，深圳大疆无人机的产品占据了全球民用小型无人机约 70%的市场份额，其销售市场主要集中在欧美国家，占其过去总销售额的 80%。FAA（Federal Aviation Administration，即美国联邦航空管理局）近期发布报告称，到 2016 年底，无人机数量将达到 250 万架，而增长最快的将是消费类无人机。到 2020 年，在市场上的 700 万架无人机中，有 430 万架将是消费类无人机。长江证券预测，中国民用无人机 2015 年总产值约为 13.5 亿元，到 2020 年大众消费类市场空间为 260 亿元；专业发烧类市场空间为 40 亿元；行业应用类市场空间为 815 亿元，总体上至 2020 年行业产值将超过千亿元。

4）海洋工程装备及高技术船舶

大力发展深海探测、资源开发利用、海上作业保障装备及其关键系统和专用设备。推动深海空间站、大型浮式结构物的开发和工程化。具备海洋工程装备综合试验、检测与鉴定能力，提高海洋开发利用水平。突破豪华邮轮设计建造技术，全面提升液化天然气船等高技术船舶国际竞争力，掌握重点配套设备集成化、智能化、模块化设计制造核心技术。

5）先进轨道交通装备

加快新材料、新技术和新工艺的应用，重点突破体系化安全保障、节能环保、数字化、智能化、网络化技术，研制先进可靠适用的产品和轻量化、模块化、谱系化产品。研发新一代绿色智能、高速重载轨道交通装备系统，围绕系统全寿命周期，向用户提供整体解决方案，建立世界领先的现代轨道交通产业体系。

6）节能与新能源汽车

继续支持电动汽车、燃料电池汽车发展，掌握汽车低碳化、信息化、智能化核心技术，提升动力电池、驱动电机、高效内燃机、先进变速器、轻量化材料、智能控制等核心技术的工程化和产业化能力，形成从关键零部件到整车的完整工业体系和创新体系，推动自主品牌节能与新能源汽车同国际先进水平接轨。

新能源汽车属于战略新兴产业，大家都处于同一起跑线，不但能够打造全新的产业链条，而且能够打破原有竞争格局，加以重塑。未来 3~5 年，是一个关键时期，如果发展好的话，"弯道超车"是有可能实现的。作为"十三五"期间的战略性新兴产业，新能源汽车拥有近万亿元的市场。

7）电力装备

推动大型高效超净排放煤电机组产业化和示范应用，进一步提高超大容量水电机组、核电机组、重型燃气轮机制造水平。推进新能源和可再生能源装备、先进储能装置、智能电网用输变电及用户端设备发展。突破大功率电力电子器件、高温超导材料等关键元器件和材料的制造及应用技术，形成产业化能力。2015 年，中国超过德国成为全球光伏应用第一大国。预计到 2020 年，中国光伏装机累计总量将突破 1 亿千瓦，2030 年突破 4 亿千瓦。

8）农机装备

重点发展粮、棉、油、糖等大宗粮食和战略性经济作物育、耕、种、管、收、运、贮等主要生产过程使用的先进农机装备，加快发展大型拖拉机及其复式作业机具、大型高效联合收割机等高端农业装备及关键核心零部件。提高农机装备信息收集、智能决策和精准作业能力，推进形成面向农业生产的信息化整体解决方案。

9）新材料

以特种金属功能材料、高性能结构材料、功能性高分子材料、特种无机非金属材料和先进复合材料为发展重点，加快研发先进熔炼、凝固成型、气相沉积、型材加工、高效合成等新材料制备关键技术和装备，加强基础研究和体系建设，突破产业化制备瓶颈。积极发展军民共用特种新材料，加快技术双向转移转化，促进新材料产业军民融合发展。高度关注颠覆性新材料对传统材料的影响，做好超导材料、纳米材料、石墨烯、生物基材料等战略前沿材料提前布局和研制。加快基础材料升级换代。

在《中国制造 2025》中选择的 10 大重点突破技术和战略产业中，石墨烯材料是前沿新材料领域的四大重点之一。全球石墨已探明储量的 72%在中国。这使得中国在大规模、低成本石墨烯制备方面已经占有先机。同时，中国石墨烯领域的科技论文数量及专利申请数量也均高居世界首位，是世界上石墨烯研究开发领域最活跃的国家之一。2015 年国内所有石墨烯企业销售额不到 5 个亿元，2016 年预计达 20 亿元。资源优势+研究活跃，将使中国在石墨烯领域具有弯道超车的潜力，引领全球石墨烯产业的发展。中国新材料产业发展"十三五"规划将石墨烯打造成新材料产业发展的先导性产业。石墨烯产业未来十年的总体目标是，2020 年形成百亿元产业规模，2025 年整体产业规模突破千亿元。

10）生物医药及高性能医疗器械

发展针对重大疾病的化学药、中药、生物技术药物新产品，重点包括新机制和新靶点化学药、抗体药物、抗体偶联药物、全新结构蛋白及多肽药物、新型疫苗、临床优势突出的创新中药及个性化治疗药物。提高医疗器械的创新能力和产业化水平，重点发展影像设备、医用机器人等高性能诊疗设备，全降解血管支架等高值医用耗材，可穿戴、远程诊疗等移动医疗产品。实现生物 3D打印、诱导多能干细胞等新技术的突破和应用（专栏 7-18）。

专栏 7-18　《中国制造 2025》高端装备创新工程

组织实施大型飞机、航空发动机及燃气轮机、民用航天、智能绿色列车、节能与新能源汽车、海洋工程装备及高技术船舶、智能电网成套装备、高档数控机床、核电装备、高端诊疗设备等一批创新和产业化专项、重大工程。开发一批标志性、带动性强的重点产品和重大装备，提升自主设计水平和系统集成能力，突破共性关键技术与工程化、产业化瓶颈，组织开展应用试点和示范，提高创新发展能力和国际竞争力，抢占竞争制高点。

到 2020 年，上述领域实现自主研制及应用。到 2025 年，自主知识产权高端装备市场占有率大幅提升，核心技术对外依存度明显下降，基础配套能力显著增强，重要领域装备达到国际领先水平。

为实现制造强国战略，国家"十三五"规划纲要提出实施高端装备创新发展工程，包括八大产业：航空航天装备、海洋工程装备及高技术船舶、先进轨道交通装备、高档数控机床、机器人装备、现代农机装备、高性能医疗器械、先进化工成套装备（专栏 7-19）。涉及突破航空发动机和燃气轮机核心技术；推动人工智能技术在各领域商用；重点研制核医学影像设备；聚焦煤炭分级、煤炭气化、净化合成、能量利用和废水处理等关键领域，推动成套技术装备自主化；等等。

专栏 7-19　　高端装备创新发展工程

（一）航空航天装备

突破航空发动机和燃气轮机核心技术，加快大型飞机研制，推进干支线飞机、直升机、通用飞机和无人机产业化。开发新进机载设备及系统，提高民用飞机配套能力。发展新一代和重型运载火箭、新型卫星等空间平台与有效荷载。实现宇宙关键元器件核心技术突破应用。

（二）海洋工程装备及高技术船舶

发展深海探测、大洋钻探、海底资源开发利用、海上作业保障等装备和系统，推动深海空间站、大型浮式结构物开发和工程化。重点突破邮轮等高技术船舶及重点配套设备集成化、智能化、模块化设计制造核心技术。

（三）先进轨道交通设备

研制先进可靠的轨道交通产品和轻量化、模块化、谱系化产品。研发新一代高速、重载轨道交通装备系统，增强向用户提供系统全寿命周期整体解决方案的能力。建设高速列车国家技术创新中心。

（四）高档数控机床

研制精密、高速、柔性数控机床与基础制造装备及集成制造系统。以提升可靠性、精度保持性为重点，开发高档数控系统、轴承、光栅、传感器等主要功能部件及关键应用软件。

（五）机器人装备

大力发展工业机器人、服务机器人、手术机器人和军用机器人，推动高精密减速器、高速高性能控制器、高性能伺服电机及驱动器等关键零部件自主化，推动人工智能技术在各领域商用。

（六）现代农机装备

开发适应各种耕作条件的先进农机产品，重点发展大马力拖拉机及复式作业机具、大型高效谷物联合收获机、精密播种机等粮食作物装备，棉花、甘蔗等经济作物播种、田间管理和收获的机械。

（七）高性能医疗器械

重点研制核医学影像设备，超导磁共振成像系统、无创呼吸机等诊疗设备及全自动生化分析仪、高通量基因测序仪等体外诊断设备。开发应用医用加速器等治疗设备及心脏瓣膜和起搏器、介入支架、人工关节等植介入产品。开发应用具有中医药特色优势的医疗器械。

（八）先进化工成套装备

依托现代煤化工升级示范工程，聚焦煤炭分级、煤炭气化、净化合成、能量利用和废水处理等关键领域，推动成套技术装备自主化。加快研制炼油化工一体化及下游石化产品深加工关键设备，提高装置配套能力。

　　2016 年 5 月，国家发展和改革委员会、工业和信息化部联合发布《关于实施制造业升级改造重大工程包的通知》，提出组织实施十大重点工程，力争通过 3 年（2016~2018 年）的努力，规模以上制造业增加值年均增长 7%以上，企业技术改造投资年均增长 15%左右，这是《中国制造 2025》落地在具体的工程项目上迈出的重要一步。

　　推出十大工程包旨在在重点领域延伸产业链，推动中国产业向微笑曲线的两端转移，提升中国在全球价值链当中的地位。聚焦制造业的高端化、智能化、绿色化、服务化，部署的十大重点工程是智能化改造工程、基础能力提升工程、绿色制造推广工程、高端装备发展工程、关键新材料发展工程、航天航空能力建设工程、电子信息升级工程、质量和品牌提升工程、服务型制造转型工程、重大产业基地建设工程。其中有七项与《中国制造 2025》的五大工程、十大重点领域的内容是重叠的。例如，智能化改造工程中包含数字化车间建设、智能工厂示范、验证体验中心建设、传感器及仪器仪表智能化升级四项分工程，这与《中国制造 2025》智能制造工程内容一致。高端装备发展工程则与十大重点领域多有交叉，前者包含海洋工程装备及高技术船舶、先进轨道交通装备、机器人提升、高性能医疗器械、现代农机装备等分工程。

　　首次提出重大产业基地建设工程，主要集中在产能过剩较为严重的传统产业领域，如化工园区（基地）建设工程将加快榆林等现代煤化工产业基地建设。重大产业基地建设工程还包括产业转移承接分工程，要推动电子信息、高端装备、汽车、建材、家电、纺织等行业向"一带一路"等地区转移，增强产业承接能力，建设一批产业特色和优势突出、产业链协同高效、核心竞争力强、公共服务体系健全的新型工业化示范基地。

2. 大力发展战略性新兴产业

　　《"十三五"国家战略性新兴产业发展规划》提出的发展目标是：到 2020 年，产业规模持续壮大，成为经济社会发展的新动力。战略性新兴产业增加值占GDP的比重达到 15%，形成信息技术产业，高端装备与新材料产业，生物产业，新能源汽车、新能源和节能环保产业，数字创意产业五个产值规模 10 万亿元级的新支柱，并在更广领域形成大批跨界融合的新增长点，平均每年带动新增就业 100 万人以上。创新能力和竞争力明显提高，形成全球产业发展新高地。攻克一批关键核心技术，发明专利拥有量年均增速达到 15% 以上，建成一批重大产业技术创新平台，产业创新能力跻身世界前列，在若干重要领域形成先发优势，产品质量明显提升。节能环保、新能源、生物等领域新产品和新服务的可及性大幅提升。知识产权保护更加严格，激励创新的政策法规更加健全。产业结构进一步优化，形成产业新体系。发展一批原创能力强、具有国际影响力和品牌美誉度的行业排头兵企业，活力强劲、勇于开拓的中小企业持续涌现。中高端制造业、知识密集型服务业比重大幅提升，支撑产业迈向中高端水平。形成若干具有全球影响力的战略性新兴产业发展策源地和技术创新中心，打造百余个特色鲜明、创新能力强的新兴产业集群。到 2030 年，战略性新兴产业发展成为推动我国经济持续健康发展的主导力量，我国成为世界战略性新兴产业重要的制造中心和创新中心，形成一批具有全球影响力和主导地位的创新型领军企业。

1）信息技术产业

实施网络强国战略，加快建设"数字中国"，推动物联网、云计算和人工智能等技术向各行业全面融合渗透，构建万物互联、融合创新、智能协同、安全可控的新一代信息技术产业体系。到 2020 年，力争在新一代信息技术产业薄弱环节实现系统性突破，总产值规模超过 12 万亿元。

2）高端装备与新材料产业

顺应制造业智能化、绿色化、服务化、国际化发展趋势，围绕"中国制造 2025"战略实施，加快突破关键技术与核心部件，推进重大装备与系统的工程应用和产业化，促进产业链协调发展，塑造中国制造新形象，带动制造业水平全面提升。力争到 2020 年，高端装备与新材料产业产值规模超过 12 万亿元。

3）生物产业

把握生命科学纵深发展、生物新技术广泛应用和融合创新的新趋势，以基因技术快速发展为契机，推动医疗向精准医疗和个性化医疗发展,加快农业育种向高效精准育种升级转化,拓展海洋生物资源新领域、促进生物工艺和产品在更广泛领域替代应用,以新的发展模式助力生物能源大规模应用,培育高品质专业化生物服务新业态,将生物经济加速打造成为继信息经济后的重要新经济形态,为健康中国、美丽中国建设提供新支撑。到 2020 年,生物产业规模达到 8 万亿~10 万亿元,形成一批具有较强国际竞争力的新型生物技术企业和生物经济集群。

4）新能源汽车、新能源和节能环保产业

把握全球能源变革发展趋势和我国产业绿色转型发展要求,着眼生态文明建设和应对气候变化,以绿色低碳技术创新和应用为重点,引导绿色消费,推广绿色产品,大幅提升新能源汽车和新能源的应用比例,全面推进高效节能、先进环保和资源循环利用产业体系建设,推动新能源汽车、新能源和节能环保等绿色低碳产业成为支柱产业,到 2020 年,产值规模达到 10 万亿元以上。

5）数字创意产业

以数字技术和先进理念推动文化创意与创新设计等产业加快发展,促进文化科技深度融合、相关产业相互渗透。到 2020 年,形成文化引领、技术先进、链条完整的数字创意产业发展格局,相关行业产值规模达到 8 万亿元。

《“十三五”国家战略性新兴产业发展规划》提出,要以全球视野前瞻布局前沿技术研发,超前布局战略性产业,培育未来发展新优势,重点在空天海洋、信息网络、生命科学、核技术等核心领域取得突破,高度关注颠覆性技术和商业模式创新,在若干战略必争领域形成独特优势,掌握未来产业发展主动权,为经济社会持续发展提供战略储备、拓展战略空间。

《“十三五”国家战略性新兴产业发展规划》提出要壮大一批世界级战略性新兴产业发展集聚区。依托城市群建设,以全面创新改革试验区为重点,发展知识密集型战略性新兴产业集群,打造 10 个左右具有全球影响力、引领我国战略性新兴产业发展的标志性产业集聚区,推动形成战略性新兴产业发展的体制机制创新区、产业链创新链融合区、国际合作承载区。并具体明确依托中西部地区产业基础,大力推进关中平原城市群等重点区域战略性新兴产业发展,积极创造条件承接东部地区产业转移。

"十三五"期间将拓展新兴产业增长空间,将战略性新兴产业的范围由节能环保、新一代信息技术、生物、高端装备制造、新能源、新材料、新能源汽车七类调整为新一代信息技术产业创新、生物产业倍增、空间信息智能感知、储能与分布式能源、高端材料、新能源汽车六大领域实施战略性新兴产业发展行动(专栏 7-20),其中涉及培育人工智能、智能硬件等成为新增长点;加速推动基因组学等生物技术大规模应用;大力发展形状记忆合金、自修复材料等智能材料;重点突破动力电池能量密度、高低温适应性等关键技术等。这六大领域处于重大技术突破的边缘,但又存在一些关键的、制约产业发展的瓶颈有待突破,带动力大,能形成一批新的增长点,如随着可再生能源替代化石能源的速度加快,将掀起新能源尤其是光伏行业发展的高潮,预计 2020 年光伏累计装机至少 150 吉瓦。

专栏 7-20　　"十三五"战略性新兴产业发展行动

（一）新一代信息技术产业创新

培育集成电路产业体系,培育人工智能、智能硬件、新型显示、移动智能终端、第五代移动通信、先进传感器和可穿戴设备等,使其成为新增长点。

（二）生物产业倍增

加速推动基因组学等生物技术大规模应用,建设网络化应用示范体系,推进个性化医疗、新型药物、生物育种等新一代生物技术产品和服务的规模化发展。推进基因库、细胞库等基础平台建设。

（三）空间信息智能感知

加快构建以多模遥感、宽带移动通信、全球北斗导航卫星为核心的国家民用空间基础设施,形成服务于全球通信、减灾防灾、资源调查监管、城市管理、气象与环境监测、位置服务等领域系统性技术支撑和产业化应用能力。加速北斗、遥感卫星商业化应用。

（四）储能与分布式能源

实现新一代光伏、大功率高效风电、生物质能、氢能与燃料电池、智能电网、新型储能设备等核心关键技术突破和产业化,发展分布式新能源技术综合应用体、促进相关技术装备规模化发展。

（五）高端材料

大力发展形状记忆合金、自修复材料等智能材料，石墨烯、超材料等纳米功能材料，磷化铟、磷化硅等下一代半导体材料，高性能碳纤维、钒钛、高温合金等新型结构材料，可降解材料和生物合成新材料等。

（六）新能源汽车

实施新能源汽车推广计划，鼓励城市公交和出租汽车使用新能源汽车。大力发展纯电动汽车和插电式混合动力汽车，重点突破动力电池能量密度、高低温适应性等关键技术，建设标准统一、兼容互通的充电基础设施服务网络，完善持续支持的政策体系，全国新能源汽车累计产销量达到 500 万辆。加强新能源汽车废旧电池回收处理。

随着"健康中国"国家战略的出台，大健康产业有望在今后迎来加速发展期，行业景气度可望进一步提高。从国际上来看，大健康产业已成为全球最大的新兴产业，美国的健康产业占GDP的比重超过 15%。加拿大、日本等国健康产业占GDP的比重超过 10%，与美国、日本，甚至很多发展中国家相比，中国的健康产业仅占GDP的 4%~5%，还处于起步阶段。预计，"十三五"期间围绕大健康、大卫生和大医学的健康医疗产业规模有望达到 10 万亿元量级。

3. 发展现代服务业

"十三五"时期，中国将开展加快发展现代服务业行动，扩大服务业对外开放，优化服务业发展环境，推动生产性服务业向专业化和价值链高端延伸、生活性服务业向精细和高品质转变。生产性服务业以产业升级和提高效率为导向，发展工业设计和创意、工程咨询、商务咨询、法律会计、现代保险、信用评级、售后服务、检验检测认证、人力资源服务等产业，实施高技术服务业创新工程。生活性服务业加快教育培训、健康养老、文化娱乐、体育健身等领域发展。

要把握信息技术变革趋势，实施网络强国战略，加快建设数字中国，推动信息技术与经济社会发展深度融合，加快推动信息经济发展壮大。实施"互联网+"行动计划，促进互联网深度广泛应用，带动生产模式和组织方式变革，形成网络化、智能化、服务化、协同化的产业发展新形态。积极推进云计算和物联网发展，实施国家大数据战略，促进大数据产业健康发展，积极发展信息安全产业等（专栏 7-21）。

专栏 7-21　国家"十三五"信息化重大工程

（一）宽带中国

建设高速大容量光通信传输系统，实施宽带乡村和中西部地区中小城市基础网络完善工程，扩容互联网国际出入口宽带。部署第四代移动通信及后续演进技术，在有需求的区域实现全面深度覆盖。

（二）物联网应用推广

建设物联网应用基础设施和服务平台，推进物联网重大应用示范工程建设。广泛开展物联网技术集成应用和模式创新，丰富物联网应用服务。

（三）云计算创新发展

支持公共云服务平台建设，布局云计算和大数据中心，提升云计算解决方案提供能力。推动制造、金融、民生、物流、医疗等重点行业云应用服务，不断完善云计算生态体系。

（四）"互联网+"行动

推动"互联网+"创业创新、协同制造、智慧能源、普惠金融、益民服务、高效物流、电子商务、便捷交通、绿色生态、人工智能以及电子税务、便民司法、教育培训、科普、地理信息、信用、文化旅游等行动，不断扩展融合领域。

（五）大数据应用

建设统一开放平台，逐步实现公共数据集开放，鼓励企业和公众发掘利用。推动政府治理、公共服务、产业发展、技术研发等领域大数据创新应用。推进贵州等大数据综合试验区建设。

（六）国家政务信息化

加快国家统一电子政务网络建设应用，完善审批监管、信用信息、公共资源交易、价格举报信息等平台。加快国家基础信息资源库建设应用。

（七）电子商务

支持电子商务基础设施建设，促进重点领域电子商务创新和融合应用。推动杭州等跨境电子商务综合试验区建设，打造电子商务国际大通道。

（八）网络安全保障

实施国家信息安全专项，提高关键信息基础设施、重点信息系统和涉密信息系统安全保障能力及产业化支撑水平。实施国家网络空间安全重大科技项目，突破核心芯片、基础软件、关键元器件及重点整机系统等关键技术，构建国家网络空间安全和保密技术保障体系。

第8章　陕西科技园区发展面临的机遇和挑战

8.1　主要机遇

8.1.1　世界科技革命和产业变革

21世纪以来，全球创新活动日趋活跃，创新全球化和多极化日益凸显，全球经济增长对技术创新依赖度大幅提高。新一轮科技革命蓄势待发，物质结构、宇宙演化、生命起源、意识本质等一些重大科学问题的原创性突破正在开辟新前沿、新方向；科学技术从微观到宏观向纵深演进，学科多点突破、交叉融合趋势日益明显；信息网络技术、人工智能、生物技术、制造技术、新材料技术、新能源技术的加速渗透和深度应用，带动了以绿色、智能、泛在为特征的群体性重大技术变革，重大颠覆性创新随时迸发，催生新经济、新产业、新业态、新模式。世界主要发达国家为了抢占未来经济全球化的制高点，以及科技发展的先机和主动权，都在强化创新部署，创新要素和创新资源在全球范围内流动加速，科技创新链条更加灵巧，技术更新和成果转化更加快捷。"加强研发，重视创新，投资未来"成为科技园区提高竞争力的重要战略，新的全球创新格局为陕西省科技园区引进高端生产要素，整合全球创新资源，在更高起点上追赶超越提供了战略机遇。

国际产业分工格局正在重塑，正在引发影响深远的产业变革，形成新的生产方式、产业形态、商业模式和经济增长点。基于信息物理系统的智能装备、智能工厂等智能制造正在引领制造方式变革；网络众包、协同设计、大规模个性化定制、精准供应链管理、全生命周期管理、电子商务等正在重塑产业价值链体系；可穿戴智能产品、智能家电、智能汽车等智能终端产品不断拓展制造业新领域。

8.1.2　实施创新驱动发展战略

我国把创新驱动发展作为国家的优先战略，以科技创新为核心带动全面创新，以体制机制改革激发创新活力，以高效率的创新体系支撑高水平的创新型国家建设，推动经济社会发展动力根本转换，为实现中华民族伟大复兴的中国梦提供强大动力。分三步走的战略目标是：到 2020 年进入创新型国家行列，基本建成中国特色国家创新体系，有力支撑全面建成小康社会目标的实现。到 2030 年跻身创新型国家前列，发展驱动力实现根本转换，经济社会发展水平和国际竞争力大幅提升，为建成经济强国和共同富裕社会奠定坚实基础。到 2050 年建成世界科技创新强国，成为世界主要科学中心和创新高地，为我国建成富强、民主、文明、和谐的社会主义现代化国家、实现中华民族伟大复兴的中国梦提供强大支撑。

创新驱动发展战略的实施有利于实现利用关键核心技术突破的弯道效应，发挥后发优势，实现跨越发展。以供给侧改革为主线的全面深化改革，将促进科技园区转型升级，加快建设以"三高一新"（高端服务业、高端制造业、高新技术产业和战略性新兴产业）为特色的现代产业体系，将为科技园区发展注入强劲动力和无限活力。国家创新驱动发展战略的推进，将不断释放超大规模的内需潜力，为科技园区发展提供了广阔空间。各行业新的装备需求、人民群众新的消费需求、社会管理和公共服务新的民生需求、国防建设新的安全需求，都要求制造业在重大技术装备创新、消费品质量和安全、公共服务设施设备供给和国防装备保障等方面迅速提升供给水平和能力。

陕西省将充分发挥创新发展第一动力作用，加快形成以创新为主要引领和支撑的经济体系和发展模式。要充分发挥科学技术作为第一生产力作用，不断强化需求牵引、企业创新主体地位和创新资源统筹。要充分发挥人才第一资源作用,通过深化改革打造规模宏大、结构合理、素质优良的人才队伍,激励广大科技人员争当创新的推动者和实践者。《陕西省实施创新驱动发展战略纲要》中明确指出,陕西省将以国家创新试点示范为抓手,充分发挥陕西省科技人才比较优势,围绕主导产业抓创新,围绕创新资源培育产业,协同推进科技创新和体制机制创新,形成具有陕西省特色的创新驱动发展体系,把陕西省建设成为创新体系健全、创新机制高效、创新创业活跃、创新能力领先的西部创新高地。

陕西省紧紧抓住国家创新驱动发展战略机遇,面向世界科技前沿、面向经济主战场、面向国家和陕西省重大需求,以技术创新、产业创新、企业创新为核心,协同推进管理、合作等全面创新,围绕重大领域和关键环节,实施产业技术创新工程、原始创新提升工程、三大深度融合创新工程、创新主体培育壮大工程、协同创新平台建设工程、重大科技项目推进工程、创新创业人才聚集工程、对外开放合作创新工程、高新区创新提升工程九大核心工程。

8.1.3 "一带一路"战略实施

"一带一路"战略涉及 65 个国家和地区,总人口约为 46 亿人(超过世界人口的 60%),GDP 总量达 20 万亿美元(约全球的 1/3)。2015年,中国同"一带一路"沿线国家进出口贸易总额达 9 955 亿美元,增长 25%。中国同沿线 65 个国家中投资 49 个国家,共计 150 亿美元,增长 18%,"一带一路"正在形成除大西洋贸易轴心和太平洋贸易轴心之外,新的以亚欧为核心的全球第三大贸易轴心。预计未来十年,"一带一路"出口规模占比有望提升至 1/3 左右,成为中国的主要贸易和投资伙伴(张荦楠,2016)。

"一带一路"战略的深入实施,使作为国家西部大开发战略和关天经济区核心区域的陕西省再次成为开放的前沿。陕西省站在国家战略的高度上,通过构筑陆路大通道、推进贸易便利化、增进文化交流与传播,在打造内陆对外开放新高地方面迈出了坚实的步伐。陕西省中哈、中俄、中韩等产能合作园区建设加快推进,开通西安至莫斯科、华沙和汉堡 3

条中欧班列及西安至阿姆斯特丹货运航线，国际客运航线增至 42 条，柬埔寨、马来西亚在中国陕西省设立领事馆，英国等 13 个国家在西安市设立签证中心。2016 年引进内资 6 231 亿元，增长 10.1%，引进外资 50.1 亿美元，增长 8.4%，完成进出口总值 1 975.7 亿元，其中出口 1 045 亿元，增长 13.8%，增速居全国第二位。中国（陕西）自由贸易试验区即将挂牌，标志着陕西省站在了新一轮对外开放的前沿。

"十三五"期间，陕西省将依托自身优势主动融入"一带一路"大格局，紧扣政策沟通、道路联通、贸易畅通、货币流通、民心相通"五通"搭平台、建机制，通过打造"一带一路"上交通物流、科技创新、产业合作、文化旅游、金融合作五大中心，实现与沿线国家的大交流、大融合、大开放、大合作，全面拓展对外开放的广度和深度。

陕西省将面向"一带一路"沿线国家，通过政策导向、资金扶持、项目推动等举措，大力推动省级以上开发区建设承接国际产业合作专业园区，力争建成 50 个国际合作产业园。通过设立"海外陕西"产业发展基金，支持能源化工、装备制造、有色冶金、建材水泥、纺织服装、现代农业、清真产品等领域优势企业开展国际产能合作，以中亚、西亚、东南亚等"一带一路"沿线国家以及拉美和非洲国家为主要方向，逐步拓展中东欧、中南美洲等市场，科学布局建设境外产业园区，重点推动农业、纺织行业在中亚等地区建设"海外陕西"产业园，力争对外直接投资额到 2020 年突破 10 亿美元。

8.1.4　陕西省追赶超越发展

近年来，陕西省紧紧抓住新一轮西部大开发、"一带一路"建设等历史机遇，主动适应把握引领经济发展新常态，追赶超越步伐明显加快。经济总量由全国第 17 位提升至第 15 位，陕西省人均生产总值达到中等收入国家水平。科技创新继续保持全国领先，科技潜能加速释放，专利获批量大幅增加，技术合同交易额突破 800 亿元。产业转型升级步伐稳健，能源化工、装备制造等优势产业加快迈向高端化。2016 年，战略性新兴产业占比达到 10.7%，服务业占比提高 7.4 个百分点，非公经济占比提高到 53.8%。

　　未来五年及今后一个时期，陕西省将以追赶超越的科学定位和"五个扎实"的明确要求为根本遵循，以推进供给侧结构性改革为主线，稳增长、调结构、促转型，扎实推动经济持续健康发展，不断筑牢追赶超越的坚实支撑。充分发挥陕西省区位、科教、能源、文化、军工等优势，在国家战略和发展大局中找准契合点、选准发力点，在人无我有中抢占先机，在人有我特中勇立潮头，把自身优势变为追赶超越胜势。以提高质量效益为中心，坚持经济效益、社会效益、生态效益相统一，实现经济总量追赶，又实现发展质量超越，更实现发展模式创新。追赶超越是全方位的追赶、整体性的超越，通过培育新动能、构筑新高地、激发新活力、共建新生活、彰显新形象，同步够格全面建成小康社会，加快富民强省步伐，建设富裕和谐美丽陕西，奋力谱写追赶超越新篇章。经济转型升级取得重大成效，总量突破 3 万亿元。到 2020 年，经济保持中高速增长。在提高发展质量效益基础上，年均增速高于全国平均水平，人均生产总值超过 1 万美元。经济结构趋于合理，创新驱动发展走在前列，研发经费投入强度达到 2.6%。产业迈向中高端水平，战略性新兴产业和服务业增加值占陕西省生产总值的比重分别达到 15%和 45%。内陆改革开放新高地建设取得重大进展，经济外向度达到 15%以上。

8.1.5　国家创新改革试点

　　陕西省是全国统筹科技资源改革的试点省，也是全国 4 个创新型试点省份、11 个自贸区、16 个自主创新示范区、8 个全面创新改革试验区和 28 个"双创"示范基地之一，是唯一同时具有 6 个改革试点的省份，也是我国西部唯一的创新型试点省份。

　　（1）陕西省创新型省份建设。2013 年 12 月，陕西省正式获批开展创新型省份建设试点工作，成为继江苏省、安徽省后的全国第三个创新型试点省份。作为我国西部唯一的创新型试点省份，陕西省重点实施"四工程一计划"，即产业转型升级工程、企业创新能力提升工程、园区基地创新发展工程、创新型市县建设工程以及实施优化创新环境计划。在加快建设具有陕西省特色的区域创新体系上，关中重点发展先进制造业、战略性新兴产业、现代农业和现代服务业，形成一批创新驱动的优势产业集群；陕北重点推进资源深度转化，建设国际一流的能源化工基地，依托陕北能源化工基地，坚持能源化工高端化方向，按照煤油气向精细化工、煤向电、煤电向载能工业品转化"三个转化"思路推进基地建设高端化。陕南加快循环发展，打造生物资源开发、绿色食品等循环经济产业链。主要目标是：到 2017 年，基本建成具有陕西省特色的区域创新体系，人均生产总值的超过 7 万元，全社会研发投入占陕西省生产总值的比例达 2.6%，科技进步贡献率达 60%。高新技术产业产值占规模以上工业总产值的比重达 35%以上，培育 200 家创新型企业，科技型中小企业总数达到 2 万家以上，形成若干具有国际竞争力的产业集群。大中型工业企业研发投入占主营业务收入的比例达 1.5%，全省技术市场合同交易总额突破 800 亿元，万人发明专利拥有量达 6 件，每万名就业人员的研发人力达到 80 人年。到 2020 年，率先建成创新型省份。科技对经济的支撑引领作用不断增强，科技进步贡献率提高到 60%，战略性新兴产业增加值占地区生产总值的比重提高到 15%以上。全省技术合同交易总额超过 1 000 亿元。科技高端人才和紧缺专业人才不断聚集，引进 500 名海内外高端创新创业人才，遴选 1 000 名杰出人才、领军人才和青年拔尖人才，培养 100 名引领陕西省和西部发展的创新型企业管理人才，人才资源总量达到 555 万人。创新创业服务体系不断完善，依托高等院校、科研院所、市（区）县建成 500 家各类创新创业孵化平台，面积超过 1 000 万平方米。创业投资基金总规模超过 1 000 亿元。到 2030 年，走在全国创新型省份前列。创新投入比不断加大，研究与试验发展经费支出占地区生产总值的比重达到 2.9%。到 2050 年，建成具有全球影响力的"一带一路"创新中心，建成全国科技强省。

　　（2）西安全面创新改革试验区。2015 年 9 月，西安被国家列入全面创新改革试验区。2016 年 7 月，国务院批复西安创新改革试验方案，授权西安在军民融合创新改革试验和统筹科技资源创新改革试验两大方面先行先试。西安市委、市政府发布的《关于系统推进全面创新改革试验打造"一带一路"创新中心的实施意见》提出，构建科技成果转移转化新机制、加快推动优势产业赶超发展、打造国家自主创新示范区新引擎、增强企业创新主体新动力、推动科技与金融紧密结合、大力发展科技型服务业、积极推动大众创业万众创新等十个方面。主要目标是：开展管理、模式、体制、机制方面的先行先试，到 2018 年，力争在军民深度融合、科技资源统筹等重点领域率先实现改革突破，努力把西安建设成国家军民深度融合创新示范区和"一带一路"创新中心。军民融合产业的营业收入要超过 2 500 亿元，呈现出军民融合重点突破，创新改革效应凸显，创新能力大幅提升，创新人才加速聚集的良好发展态势。

（3）西安高新国家自主创新示范区。2015 年 8 月，西安获批建设国家自主创新示范区，这是继北京中关村、武汉东湖、上海张江、深圳、苏南、长株潭、天津滨海、成都等之后，国务院批复的第 9 个国家自主创新示范区。这意味着西安高新区在推进自主创新和高新技术产业发展方面可以先行先试、探索经验、做出示范，享受国家自主创新示范区相关政策，在税收减免、股权分红、激励等多个层面给予支持。在科技成果转移与转化、科技金融、军民融合、统筹科技资源、知识产权运用和保护、人才聚集、土地集约利用、产城融合等方面进行积极探索，将成为全国内陆地区坚持创新驱动发展的典范，为广大中西部地区实施创新驱动发展战略、依靠科技进步促进转方式、调结构提供重要借鉴。

8.2　面临的挑战

8.2.1　经济发展进入新常态

我国经济发展进入速度变化、结构优化和动力转化的新常态。产业发展进入高成本时代，工业化进入中后期阶段，城镇化步入加速阶段；受资源能源环境的瓶颈制约，我国许多产业仍处于全球价值链的中低端，一些关键核心技术受制于人，支撑产业升级、引领未来发展的科学技术储备亟待加强，原始创新能力薄弱；高端领军人才和高技能人才十分缺乏，创新型企业家群体亟须壮大；推进供给侧结构性改革，促进经济提质增效、转型升级，迫切需要依靠科技创新培育发展新动力，适应创新驱动的体制机制亟待建立健全；对新规则和新赛场变化的战略应对能力不足，全社会创新创业热情还没有充分调动和激发；科学精神和创新文化亟待完善。加之在外贸增速放缓、出口导向的制造业拉动模式衰减、税收优惠清理等多重因素的影响下，科技园区经济增速明显放缓，降幅远超全国经济增速。国家级经济开发区生产总值增速从 2011 年的 51.9%急剧下滑到 2015 年的 9%，国家级高新区生产总值增速从 2011 年的 28.1%下滑到 2015 年的 15%。

受国内外经济下滑影响，陕西省经济下行和提质增效的压力持续加大；环境资源约束加剧，经济发展的外部条件趋紧；多元支撑的产业格局尚未有效形成，重化工产业和能源产业占比较高，战略性新兴产业规模偏小，新型服务业态比重较小，结构调整进入倒逼阶段；关中、陕南、陕北发展不均衡等深层次矛盾突出，科教优势发挥不足、投资环境不够友好。与国内外先进科技园区相比，陕西省科技园区在经济总量、科技创新力、产业竞争力、人均劳动生产率等重要指标上仍存在较大差距。

8.2.2　政策红利有所减弱

随着行政管理"放、管、服"改革的不断推进，统一开放、竞争有序的市场体系逐渐形成，科技园区所依托的传统政策红利有所减弱。科技园区主要体现在税收减免、资金扶持、土地等方面现有实行的政策同样适用于其他区域，且涉及科技创新体系建设、高新技术产业发展等的法规政策在很大程度上没有明确的区域边界。

8.2.3　要素约束日益趋紧

从供给侧看，单纯由要素驱动的发展模式已经难以为继。随着土地、劳动力、资源等要素成本的上升，生产要素刚性约束加剧，产业资源的增量空间进一步紧缩，项目投资建设约束条件增多。同时，城镇化速度不断提高，科技发展让交易距离缩短和虚拟化，一些新兴产业对土地等的要求不强，让这些传统经济要素的价值下降，降低了一些远离城市中心的园区的吸引力和传统优势。

随着人口红利逐渐消退，人才要素的稀缺性越来越明显，专门从事高新技术产品生产的劳动工人成本明显增加，完全依靠规模化生产，或者简单进行技术模仿的高新技术企业将支付更多的劳动成本。受金融体系不完善和汇率政策的影响，许多科技型中小企业仍然面临融资难、融资贵的问题，加之改革过程中还存在不小的制度成本，使得实体企业包括科技型中小企业对低成本的融资需求更为迫切。外部技术的获取难度加大，尤其是一些能够增强企业核心竞争力的关键技术，在一定程度上对发达国家、跨国公司产生技术依赖。

8.2.4 区域竞争日益加剧

在后国际金融危机时期，发达国家纷纷实施"再工业化"战略，重塑科技和产业竞争新优势，加速推进新一轮全球贸易投资新格局。一些新兴经济体技术能力快速提升，积极参与全球产业再分工，承接产业及资本转移，拓展国际市场空间，形成了赶超之势。陕西省科技园区产业资源聚集受到高端制造业向发达国家回流、中低端制造业向低成本国家分流的双重挤压。随着我国中低端生产环节将向其他新兴经济体加速转移，价值链中低端的竞争会更加激烈。更多园区将面对在价值链高端的直接竞争，这对我们的创新能力的提升构成了严峻挑战（马名杰，2016）。目前我国各种级别、各种版本、各种类型、各种阶段的特殊区域数量众多，存在严重的无序化同质竞争，区域聚焦度在下降。截至 2016 年 8 月，县及县以上的新城新区数量已超过 3 500 多个。其中国家级新区 18 个，国家级自主创新示范区达到了 12 个，自贸区达到了 11 个，各类国家级经济技术开发区、高新区、综保区、边境经济合作区、出口加工区等约有 500 个；各类省级产业园区有 1 600 多个；较大规模的市产业园有 1 000 个。此外，还有上万计的县以下的各类产业园。

第9章 陕西科技园区的主要优势和突出劣势

9.1 主要优势

9.1.1 科教资源较为丰富

陕西省在我国科技版图中占据重要位置,科技资源优势继续保持在全国前列。《中国区域科技进步评价报告 2015》显示,陕西省综合科技进步水平从 2011 年的 58.17%,提高到 2015 年的 62.96%,居全国第九位、西部地区第一位。科技活动产出指数排全国第五位,万人科技论文数、获国家科技成果奖系数、输出技术成交额均排全国第四位,万人研发人员排全国第六位,科技对经济增长的贡献率从 2011 年的 52.07% 提高到 2014 年的 55.81%。

"十二五"期间,陕西省研发投入快速增长,研发经费投入从 2010 年的 217.50 亿元,增加至 2015 年的 393.17 亿元,年均增长 12.57%。按研究与试验发展人员(全时工作量)计算,2015 年人均经费支出为 42.45 万元,同比增加 4.69 万元。2015 年,陕西省研发经费投入强度为 2.18%,超出全国平均水平,位居全国第八、西部地区第一。从研发活动类型看,2015 年,陕西省基础研究经费投入 19.68 亿元,应用研究 73.81 亿元,基础研究和应用研究占比高于全国水平。同时,"十二五"期间陕西省地方财政科技支出从 2011 年的 29.01 亿元增长到 2015 年的 57.28 亿元,年均增长 18%。科技支出占陕西省地方财政支出的比重从 0.99%提高了 1.30%。

"十二五"期间，陕西省企业研发经费投入逐年增加，从 2010 年的 82.57 亿元增加至 2015 年的 187.42 亿元，年均增长 17.81%。企业研发经费占陕西省的比重，也从 37.96%提升至 47.67%，且在 2014 年首次超过政府部门属科研机构，成为 R&D 经费投入第一大主体。2015 年，陕西省企业 R&D 人员全时当量为 4.97 万人·年，在陕西省的占比为 54%。规模以上工业企业研发经费投入强度为 0.88%，其中，装备制造业研发经费投入位居各产业之首，计算机、通信和其他电子设备制造业，装备制造工业和医药制造工业，研发经费投入强度较高，分别为 3.30%、2.40%和 1.48%。

陕西省有各类高等院校 116 所，其中普通高等院校 80 所，985 院校 3 所，211 院校 8 所。拥有国有独立法人院所 150 家，其中中央在陕 57 家，在校学生超过 100 万人。高校院所集中了陕西省主要的研发平台，是陕西省科技成果的产出主体，是创新资源最集中的地方。学科门类齐全，基本覆盖了所有的学科领域，其中国家级重点学科 126 个，位居全国第 4 位。

全省有各类科研机构 1 176 家，国家重点实验室 22 个，省级重点实验室 89 个，省部共建重点实验室 3 个，企业国家重点实验室 6 个。国家工程技术研究中心 7 个，省级工程技术研究中心 166 个。依托西安交通大学、西北工业大学等成立了 6 家工业技术研究院，国家军民融合特色知识产权运营平台在西安高新区挂牌运行，陕西科技控股集团、陕西稀有金属科工集团成功组建，西安交通大学科技创新港、西安光机所光电产业园有望成为科技创新的核心平台。先后在 3D 打印、大数据与云计算、机器人等战略高技术领域牵头组建了产业技术创新联盟 38 个。西安交通大学牵头组建的"高端制造装备协同创新中心"和西安电子科技大学牵头组建的"信息感知技术协同创新中心"入选国家"2011 协同创新中心"。"十三五"期间，国家规划建设 13 家国家大数据工程实验室，陕西省占有两席，分别是由西安交通大学承担建设的大数据算法与分析技术国家工程实验室和由西北工业大学承担建设的空天地海一体化大数据应用技术国家工程实验室，这标志着陕西省在大数据关键技术开发和创新应用方面走在全国前列。

截至 2015 年末，在陕两院院士共 64 人，其中，科学院院士 23 人，工程院院士 41 人。专业技术人才总量突破 173 万人，共有各类科技人才 120 万人，高技能人才总量突破 74.3 万人，工程技术人员 30 万人，科技活动人员 22.94 万人。国家"千人计划"人选 173 人、362 位高层次人才进入陕西省"百人计划"。享受国务院政府特殊津贴专家 1 832 人、陕西省有突出贡献专家 1 059 人、重点科技创新团队 115 个、青年科技新星 517 人、国家有突出贡献中青年专家 78 人。陕西省重点领域顶尖人才 105 人，陕西省"三五人才工程"第一层次 96 人、第二层次 595 人。获批设立国家博士后科研工作（流动）站 246 个（工作站 98 个，流动站 148 个），省博士后创新基地 37 个，设站总数位列西北第一，位居全国第七，在站博士后超过 1 100 人。陕西省建立了 14 个国家级高技能人才培训示范基地、40 个省级高技能人才培训基地以及 22 个国家级技能大师工作室和 35 个省级大师工作室。近 10 年来，境外来陕西工作的专家基本保持在 3 000 人次以上。2015 年陕西省引进境外专家 3 452 人次。"十二五"期间，陕西省人力资源投入持续加强，人力资源投入年均增长 7.21%，达到 9.71 万人·年。企业拥有科技活动人员 13.98 万人，占陕西省的 56.12%。企业R&D人员全时当量年均增长 11.16%，达到 5.45 万人·年，占陕西省总量的比例达到 56.13%。

作为国家第一批知识产权强省建设试点省份，2015 年，陕西省发明专利授权量为 6 812 件，是 2011 年的 2.2 倍，居全国第 10 位。截至 2015 年底，陕西省发明专利拥有量为 22 622 件，专利质押融资登记合同为 258 件（质押专利 469 件），居全国第一。2016 年，陕西省共获授权专利 48 455 件，同比增长 45.7%，居全国第一。其中，发明专利授权为 7 503 件。专利质押合同登记为 272 件，居全国第二位。陕西省每万人发明专利拥有量为 7.31 件，居全国第七，中西部第一。陕西省 8 个市（区）已开展专利质押融资工作，全年全省专利权质押金额达 15.07 亿元，同比增长 20.1%。国家知识产权军民融合特色运营试点平台上线试运行，陕西航空航天产业知识产权运营基金挂牌运作。在全国 20 项专利金奖中，宝钛集团、西北大学分别获得两项金奖，金奖数居全国第 4 位。陕西省知识产权贯标工作走在全国前列，是全国唯一"三标同贯"

的省份，涌现出一大批知识产权示范企业和优势企业。

技术交易持续增长，2015 年，技术合同成交额达 721.76 亿元，居全国第四，是 2010 年的 7 倍。陕西省企业（含转制院所）技术合同登记量达 11 935 份，成交额达 500.7 亿元，占陕西省技术交易额的 69.4%。技术开发和技术服务合同交易额占陕西省技术合同的 97.39%。其中，技术服务合同居各类合同之首，交易额达到 390.02 亿元，占 54.04%；技术开发合同居第二位，交易额达到 312.88 亿元，占陕西省成交总额的 43.35%。技术市场吸纳和转化科技成果的能力提升，技术转移结构趋于合理。2015 年，陕西省输出到省外的技术开发和技术服务合同成交总额为 507.38 亿元，占当年陕西省技术输出总量的 70.3%。

企业技术创新能力逐步提升，2015 年，陕西省技术合同成交额中，企业技术合同成交额占比超过 60%；企业专利授权量占陕西省总量的39%，占陕西省职务专利授权量的 57%。陕西省规模以上创新型企业有956 家，科技型中小企业超过 2 万家，技工贸总收入超过 2 000 亿元。经认定的高新技术企业达到 1 521 家，位列全国第九，2015 年实现营业收入 6 737.83 亿元，比上年增长 32.12%。省属企业组建研发机构 334个，拥有科研人员 2 万余人，享受国务院特殊津贴专家 150 余人。培育省级创新型试点企业 168 家，其中创新型企业 61 家。

9.1.2　科技创新成效显著

陕西省部署了"知识—技术—产品—商业模式"的创新链条，围绕汽车、能源化工、先进装备制造、航空航天、电子信息、新材料、现代农业、生物医药、节能环保九大产业，凝练创新链 56 个、关键技术创新点 500 个，面向全社会组织科技攻关，在煤油共炼、煤制烯烃、煤制芳烃、煤制油、3D打印、石墨烯、卫星应用、光电子集成、智能机器人、无人机、新材料、陕汽LNG重卡、乙肝靶向新药等领域，攻克了一批影响产业发展的关键、共性、核心技术，不少技术已达到了国内领先、世界前沿的水准。"十二五"期间，陕西省科技助力"神十飞天""嫦娥探月""蛟龙下水"等一系列国家大工程。

　　"十二五"期间，陕西省共有 164 项科技成果荣获国家科技奖励。2013 年和 2015 年，陕西省荣获国家自然科学奖的数量均居全国第三位。由西安交通大学主持完成的"内燃机低碳燃料的互补燃烧调控理论及方法"、"弛豫铁电体的微畴-宏畴理论体系及其相关材料的高性能化"和"皮肤牙热-力-电耦合行为机理"，以及西北工业大学主持完成的"机械结构系统的整体式构型设计理论与方法研究"四个项目获得 2015 年度国家自然科学二等奖；西北有色金属研究院（简称西北有色院）、西安建筑科技大学等多家单位共有 16 项成果（通用）获得国家技术发明二等奖。西安新通药物研究有限公司研制的肝靶向化学 1.1 类新药甲磺酸帕拉德福韦，成为世界首个乙肝靶向治疗新药；由中国重型机械研究院自主研发成功世界最大吨位的自由锻造油压机及世界最大夹持力矩的全液压锻造操作机，整体装机水平世界领先；延长石油集团自主研发的"鄂尔多斯盆地深层勘探技术"，在深层石油勘探技术方面取得重大突破，首次开发的以中低阶煤炭与重（劣）质油为原料、采用浆态床加氢裂化与固定床加氢裂化在线集成生产轻质油品的煤油共炼成套工业化技术，创新性强，总体处于世界领先水平。"提高延长油田主力油层开发效果系统工程关键技术研究"专项，攻克了延长油田主力油层开发效果系统关键技术，油田采收率由 11% 提高到 20%，采油期延长 10~15 年。延长石油"煤、油、气合成工艺综合集成优化开发及工业应用"成果突破了单一煤或天然气制甲醇的传统生产理念和工程模式，开辟了煤油气资源综合利用新模式，整体技术达国际领先水平，实现了全球首套煤油气综合转化项目一次试车成功。延长石油集团与中国科学院大连化学物理研究所合作开发的层状多金属硫化物催化剂及其配套工业化应用技术达到了国际领先水平。华电集团启动建设世界首套万吨级甲醇制芳烃工业试验装置，填补了甲醇制芳烃工业化技术的空白，使我国煤制芳烃大型产业链基本成型。陕鼓动力有限公司攻克的高效节能特大型轴流压缩机的核心技术和大型能量回收透平机组关键技术，前者填补了国内空白，后者为国内外首创，达到国际领先水平。陕鼓分布式能源智能综合利用示范项目处于国际领先水平。陕汽集团清洁能源汽车项目达到了国际先进水平，研制出的纯电动牵引车、大马力天然气重型载货汽车等技术产品，获国家授权专利 30 余项。此外，陕西省还在国际上首次突破了废水强化处理关键技术难题，稀有金属、金属多孔、超导等材料研制水平处于国际领先水平。

在 3D 打印领域，陕西省是当之无愧的领头羊，3D 打印领域拥有专利数占全国总量的比例超过 50%。卢秉恒教授是目前 3D 打印领域的唯一一名院士，他所在的西安交通大学作为国内最早研究 3D 打印技术和产业发展的单位，依托机械制造系统工程国家重点实验室，建立了快速制造国家工程研究中心。西北工业大学依托金属凝固技术国家重点实验室开展金属 3D 打印技术与设备研究，为多家航空航天企业提供了达到国际先进水平的制造装备。渭南高新区 3D 打印产业培育基地也是国内建设最早的专业产业基地。龙头企业铂力特成为目前国内规模最大、技术实力最雄厚的金属增材制造综合服务商。依托丰富的石墨烯资源，率先进行战略部署，成立了石墨烯产业基础创新技术联盟，在全国率先成立了石墨烯联合重点实验室。

"十二五"期间，陕西省在小麦、玉米、油菜育种，动植物良种繁育，果业栽培技术等方面加强研发，成效显著。2015 年，陕西省农业科技贡献率提高到 54%，成果转化率达到 38%。先后选育小麦、玉米、油菜、水稻等主要农作物品种 300 个，引进主要农作物新品种 77 个，培育和引进园艺作物品种 100 多个。新育成的旱地小麦新品种"西农928"，创陕西旱地小麦百亩和万亩的高产纪录；"西农 979"成为我国冬小麦四大品种之一，已成为黄淮麦区的主栽品种。西北农林科技大学团队成功培育适宜机械化收割籽粒的"陕单 609"玉米品种，创全国春玉米高产纪录，成为陕西省主推品种。"2001"等主栽品种和"秦龙14""榆单 88"等搭配品种，实现了玉米品种的更新换代。从培育出世界上第一个杂交油菜品种"秦油二号"，到 2010 年育成我国第一个含油量高达 50.01%的春油菜杂交种"秦杂油 4 号"，实现"一碗菜籽半碗油"的目标，育成的"秦优 33 号"等 22 个油菜品种累计推广 2.36亿亩，增产油菜籽 55.4 亿千克，新增产值 154.7 亿元，"秦油 10"创我国油菜单产新纪录。此外，"番茄 2011"、秦白白菜、奶山羊等品种选育技术稳居全国前列。自主育成"浓冠""浓金"2 个苹果新品种，将成为陕西省继秦冠之后的苹果新品种；苹果矮砧密植集约化栽培技术已达到国内领先水平，发展矮化苹果园 100 万亩，占陕西省苹果总面积的 10%，居全国第一；乔化老果园改造到位 50 万亩，居全国第一。牛羊良种繁育关键技术研究应用达到国际领先水平，日光温室主动采光蓄热理论与结构创新技术处于国际前列。旱区作物逆境生物学国家重点实验室在国际上首先揭示了小麦条锈菌致病性变异途径与机理。陕西省在旱区农业节水理论与技术方面处于全国领先水平。

为激发"双创"活力，深化企业内创推动腾笼换鸟转型、院所自创推动军民融合发展、高校众创推动科技成果转化三种众创模式，构建"开放需求众包、创新创业大赛与种子天使众筹"三位一体的助推模式，大力发展新型创新创业服务平台，涵盖研究开发、技术转移、创业孵化、知识产权、科技咨询等，全方位的创新服务体系基本建立。建立各级各类生产力促进中心 73 家，其中国家级生产力促进中心 15 家；建立技术转移示范机构 51 家，其中国家级技术转移机构 21 家。建立"众创空间" 30 多家，各类科技企业孵化器达到 81 家，其中国家级科技企业孵化器 27 家，孵化面积 210 万平方米，入孵企业 3 866 家，累计毕业企业超过 2 766 家，拥有 100 个左右各类科技公共服务机构或平台，在孵企业从业人员超过 60 000 人，涉及电子信息、生物医药、航空航天、数字医疗、新材料、现代服务、军民两用技术、农业等多个领域，形成了众创空间—创业苗圃—孵化器—加速器等功能多样的科技创新创业体系。

大力促进科技与金融结合，设立国内第一支科技成果转化引导基金以及西北地区第一支天使投资基金——西科天使基金。继西北地区首家专业科技支行——长安银行西安高新科技支行设立后，陕西省挂牌科技支行达到 12 家，居全国首位。已设立微种子（众筹）、众创种子、天使等成果转化引导基金子基金 8 支，撬动社会资本超过 24 亿元。其中，西科天使基金已支持初创企业 100 家，完成二轮融资的 11 个项目实现 5~10 倍账面增值。西部首家股权众筹融资平台"创业中国股权众筹平台"开通运行。

但是应该看到，陕西省鼓励创新驱动的体制机制尚未形成，创新潜能未能充分释放；企业创新动力和活力不足，技术创新能力不强；产学研结合不紧密的症结未能有效化解，创新体系整体效能不高；军民科技资源共享程度不够，科技人才队伍大而不强，雄厚的科技资源优势未能充分发挥；科技与经济、成果与产业未能充分对接，经济发展未能真正转到依靠创新的轨道；激励创新的市场环境和社会氛围仍需进一步培育。

　　《陕西省"十三五"科学和技术发展规划》提出的目标是：到 2020 年，在重点领域核心关键技术上取得重大突破，自主创新能力和科技成果转化能力显著提升，企业技术创新主体地位突出，军民融合更加深入，科技体制改革取得实质性突破，高端人才和核心研发团队不断聚集，科技资源配置更加优化，创新要素流动更加顺畅，科技对经济社会发展的支撑引领作用更加凸显，创新型省份建设进入新阶段，更多领域的创新发展进入全国第一方阵。全省技术市场合同交易总额突破千亿元大关，高新技术企业数超过 2 000 家。省级以上农业科技园区达到 30 个，特色工业园区达到 50 个。省级以上技术转移示范机构超过 70 家，创业投资机构超过 200 家，创新创业孵化器超过 200 家，陕西省财政科技支出占比和省本级财政科技支出占比，不低于上年全国平均水平（表 9-1）。

表 9-1　陕西省"十三五"科技发展主要量化指标

指标	2015 年（实际值）	2020 年（目标值）
全省综合科技进步水平指数	62.96（2014 年）	68
科技进步贡献率/%	55.8（2014 年）	60
全社会研发经费投入强度/%	2.18	2.6
规模以上工业企业研发投入占主营业务收入比重/%	0.88	1.1
每万名从业人员的研发人力投入/（人·年）	47（2014 年）	60
万人发明专利拥有量/件	6	10
全省技术市场合同交易总额/亿元	722	1 000
百万人口 SCI 论文数/（篇/100 万人）	304（2014 年）	400
知识密集型服务业增加值占地区生产总值比重/%	10.12（2014 年）	12

　　《陕西省"十三五"科学和技术发展规划》在"围绕产业部署创新"提出的战略部署主要包括以下几个方面。

　　1）夯实创新基础能力

　　加强目标导向的基础研究、应用基础研究和前沿技术研究，充分尊重科学家的学术敏感，引导科学家将学术兴趣与地方目标相结合，鼓励自由探索，支持非共识创新和变革性研究，探索新的科学前沿和新的学科生长点，提出更多原创理论，做出更多原创发现。引导高校院所面向陕西省重大战略需求和国家重大战略部署，瞄准世界科学前沿，准确判断科技突破方向，加强重大科学问题的研究以及战略和前沿导向的基础研究，力争在重要科技领域实现跨越发展，增强原始创新能力（专栏 9-1）。

专栏 9-1　　陕西省重大基础研究前沿

　　石墨烯及新材料：高性能石墨烯材料制备关键科学问题研究、石墨烯基二维、三维复合材料、基于石墨烯材料功能器件研究、石墨烯工程化基础；高性能 3D 打印材料的研究与开发、基于高能量密度储能电容器电介质材料及关键技术研究。

　　量子调控与量子计算：固态量子比特、固态量子门电路、固态量子信息测试与调控等关键技术，探索在量子信息和量子计算等领域的应用；光纤量子通信应用、量子无线电导航技术、量子雷达中的关键问题、连续变量量子密码通信研究。

　　信息技术：无线网络环境感知，动态频谱管理和利用，协作通信中的资源分配和管理技术，终端、系统和网络协作方式等方面取得突破与创新，实现认知无线电与协作通信系统的仿真和硬件平台；研究云计算平台、云计算虚拟化软件、面向应用的大数据解决方案关键科学问题、物联网共性技术。

　　生物医药：重大疾病诊断与治疗的生物学基础，与重大疾病（高血压、心脏病、恶性肿瘤等）相关的系统生物学和疾病模型的应用基础研究，创新药物的物质及其药理学研究；地理标志类道地药材有效成分的形成及动态变化研究；重要微生物、生物反应与生物分离研究。

　　装备制造：先进制造工艺、装备与系统；数字化、绿色化设计与制造的技术基础；微纳制造等特殊制造的技术基础；重大工程安全预警、监测及防灾减灾的技术基础；生物化工与化工过程新方法；航空用复杂构件制造、智能制造关键技术及其配套装置、航空航天、矿业、仪器装备制造中的物理学基础问题研究。

2）围绕产业部署创新

延伸产业链条，推动主导产业由价值链低端向中高端攀升，引领战略新兴产业加快发展，支撑支柱产业转型升级发展。同时，对接国家重大战略布局，组织实施省重大科技专项，突破掌握一批核心关键技术，研发推广一批重大战略产品，培育壮大一批创新型产业集群和骨干企业。

（1）能源化工技术（专栏 9-2）。以绿色低碳为方向，加快构建煤油气到基础化工产品、再到精细化工产品的完整产业链，推进煤电一体化、煤化一体化、油炼化一体化，加大煤油气清洁高效综合利用、煤制芳烃、大型煤炭清洁高效转化关键技术研发与应用示范，推广规模化利用废弃物的燃气成套技术和装备，提高能源效率。开展页岩气等非常规油气勘探开发综合技术示范，加快推进可再生能源与新能源技术大规模开发利用，推进陕西省能源化工走开源、节能、减排、精细化、绿色化发展的道路，推动陕西省能源化工产业转型升级，向高端化迈进。

专栏 9-2　能源化工技术

> 大型油气田及煤层气开采：重点攻克天然气、页岩气、煤层气经济有效开发的关键技术与核心设备，以及复杂油气田进一步提高采收率的新技术。
>
> 煤油气安全清洁高效开发与综合利用：重点开展煤炭高效发电、煤炭清洁高效转化关键技术、燃煤污染物控制资源化利用、二氧化碳捕集利用与封存、工业余能回收利用、煤制芳烃等关键技术研发与应用示范。
>
> 石油化工：重点在高性能油田化学品，高端化学品的中间体和聚合单体，重劣质油高效综合利用等方面加强研发与应用示范。
>
> 煤化工：推进煤、油综合利用技术优化与升级。加强粉煤中低温热解/干馏的集成技术，中低温煤焦油提酚新技术，中低温煤焦油深度分离/加工技术，煤、油结合的共炼技术深度研发及产业化，开展煤基炭材料研发及产业化。
>
> 新能源：积极推进大功率低风速电机、薄膜及其他新型高效光伏电池和组件、中低温地热能发电、分布式能源、生物质能发电技术装备、石墨烯材料储能装备的研发及产业化。

（2）先进制造技术（专栏 9-3）。重点围绕高档数控机床与基础制造装备、汽车工业、航空航天装备、船舶海洋装备、智能制造、电气装备、石化冶金矿山装备、轻工装备方向部署技术创新链；按照"互联网+先进制造业""互联网+现代服务业"的思路，从模式、装备、基础三个层面推动陕西省装备制造产业向智能化、绿色化、服务化方向发展。

专栏 9-3　先进制造技术

高档数控机床与基础制造装备：重点攻克感知、决策和执行等高档数控系统关键智能技术和功能部件等瓶颈，形成高端数控机床整体配套产业链集群。满足航空航天、汽车两大领域对高精度、高速度、高可靠性高档数控机床的急需。

汽车工业：提升关键核心部件生产技术及生产能力，提高传统汽车节能环保和安全水平，加快高性能纯电动汽车车型、混合动力客车动力系统和关键零部件研发，提高动力电池的比能量和安全性、电池组的一致性和可靠性，加快驱动电机及控制器的安全性和高性能技术产业化。

航空航天装备：提升通信、导航、机电、仪表等综合航电系统研制水平。新一代民用全球定位系统（global positioning system，GPS）/OEM 主板产品、北斗用户机系列产品。

船舶海洋装备：积极推进数字化造船，海工装备系列化研发，大功率中压柴油发电机组，动力定位系统，半潜式钻井平台、浮式生产储油卸油装置产业化。

智能制造：重点攻克智能装备（机器人、数控机床、其他自动化装备等），硬件设施，基础软件关键共性技术，大力发展激光制造、增材制造、绿色制造。

电气装备：研发新型电力电子产品，推进新型产业技术、智能化组件产业化。

石化冶金矿山设备：推进关键重型技术装备大型化、成套化、国产化，发展大型化工成套设备，冶金成套增值服务设备，推进煤炭采掘设备高端化、智能化、成套化。

轻工设备：研发自动缝料厚度检测、自动压脚压力检测、自动缝线张力控制，高速运动机构的无油、少油技术，推进传递动力及控制技术智能化。

（3）新一代信息技术（专栏 9-4）。发挥信息技术产业对陕西省支柱产业、主导产业的带动和引领作用，针对新一代信息技术网络化、泛在化、智能化的发展趋势，加快集成电路等技术研发和综合应用，加大对集成电路、基础软件等自主软硬件产品和网络空间安全技术攻关和应用推广，提高陕西省相关产业核心竞争力，推动产业快速发展。

专栏 9-4　新一代信息技术

集成电路：重点攻克硅片生产环节关键技术，集成电路设计、制造、封装环节关键技术，第三代半导体关键技术。

云计算：加快云计算与大数据移动互联网融合、应用快速移植与服务构造技术、云计算服务基础设施、云计算应用服务供应体系建设。

大数据：数据管理与分析技术，大数据与云计算、物流网、移动互联网融合技术，重点领域大数据服务平台建设。

移动互联网：软硬件操作界面基础软件和嵌入式软件研发，移动互联网与物联网的融合发展和集成应用，移动智能终端。

物联网：研究物联网系统架构与参考模型，信息物理系统感知和控制等基础理论体系，突破物联网智能硬件技术与系统、物联网低功耗可信泛在接入等核心关键技术。

北斗系统与卫星导航：北斗高精度地面基准站网构建，北斗差分信息处理，北斗系统空间信号精度增强。卫星调制解调器和 VSAT（very small aperture terminal，即甚小孔径终端）卫星通信网，可共用共享的卫星遥感数据获取，卫星遥感行业应用。卫星导航与重点行业领域和大众应用的深度融合。

（4）新材料技术（专栏 9-5）。围绕陕西省产业发展重大技术需求，从基础前沿、重大共性技术到应用示范进行全链条设计。大力发展先进电子材料、先进复合材料、先进结构材料、先进功能材料、有色金属材料、石油和化工新材料以及其他前沿新材料，部署若干新材料技术创新链，遴选有限目标，统筹战略集成，集约板块发展，推动新材料产业规模化发展，为陕西省高端装备制造、新一代信息技术、资源开发、节能环保等领域发展提供支撑。

专栏 9-5　新材料技术

先进电子材料：以第三代半导体材料与半导体照明、新型显示为核心，以大功率激光材料与器件、高端光电子材料及其元器件、新一代与微电子材料及其核心芯片为重点，构建基础研究、前沿技术、重大共性关键技术、典型应用示范的全创新链。

先进复合材料：高性能碳纤维及其复合材料、树脂基复合材料等在通用飞机、航天器、风电、交通运输等领域的研发与应用。片状模塑料（sheet molding compound，SMC）复合材料外观部件，能源和环保多孔复合材料及技术开发。

先进结构材料：高性能铝合金、镁合金、钛合金和高强高韧钢结构材料、高温陶瓷材料、材料表面防护技术；高温合金叶片及轮盘锻件等关键部件的电力设备结构材料；高强、高韧、高耐损伤容限航空航天结构材料；安全、节能、环保型建筑桥梁道路结构材料。

先进功能材料：以稀土材料、膜分离材料、新型电池材料、高温超导材料、智能/仿生/超材料、国产高端生物医用材料为重点，提高关键功能材料的供给能力，强化国产新材料在重大工程中的优先应用能力。

有色金属材料：加强钛及钛产品的低成本化制备技术及深加工技术，钼资源整合与深加工技术，钒、锌矿的高效采集与生产技术改造，核级/高纯锆的深加工技术，航空航天、核电等特种用途材料、铂族贵金属催化等性能提升技术开发。

石油和化工新材料：氟硅材料、特种橡胶、煤制烯烃（芳烃）下游深加工产品与技术、化工催化剂材料、其他化工新材料。

其他前沿新材料：贵金属纳米材料、智能高分子材料、磁流变液体材料、储能关键材料、石墨烯宏量制备及相关新材料、3D打印关键材料的制备及其关键技术。

（5）资源环境与公共安全。在资源环境与生态环保领域，重点围绕环境监测与预警、环境保护与治理、资源利用、环境健康与生态保护方向开展技术攻关和应用示范（专栏9-6）。

专栏9-6　资源环境与生态环保技术

环境监测与预警：不同污染特征地区典型污染物识别及控制，不同污染因子条件下人群健康风险评价，环境与健康综合监测方法体系构建等；基于农产品质量安全的土壤和水体监测；调蓄水库的水质污染风险评估和控制，多水源供水管网水质污染风险评估及控制，大气污染监测、成因分析及控制，大气污染物扩散与累积的物理与化学过程及模拟，城市气候环境空间管控等技术研发。

环境保护与治理：渭河流域和汉丹江流域污染治理，关中城市群空气污染治理，典型工业场地、矿区和油田区、农业废弃物等土壤污染治理技术；基于城市污水处理厂总氮总磷去除的提标改造、重点工业点源氨氮、石油类、新型有机物的削减及清洁生产技术。

资源利用：再生水地下人工回灌，再生水补充城市水体的水质安全保障，西北半干旱区再生水回用于农业灌溉与生态安全，再生水生态处理稳定资源化，农业废弃物资源化处置，城市污水处理厂剩余污泥处理处置及资源化，大型能源化工园区高盐废水"零排放"及资源化，含硫废气、含碳固废资源化利用。

环境健康与生态保护：秦巴山区生物多样性与生态安全保障，秦岭敏感区及资源开发区生态修复，汉丹江流域农业面源污染防治，关中地区农田面源污染控制，生态退化区域污染治理及生态恢复、新农村污染控制及人居环境质量综合评价等技术，陕北能源化工基地生态工业绿色发展。

（6）食品安全技术（专栏9-7）。重点围绕现代食品制造技术、食品安全与质量控制、食品物流方面的关键科技瓶颈问题开展技术攻关和应用示范。

专栏 9-7　食品安全技术

　　现代食品制造技术：开发全产业链食品质量控制、食品绿色制造、添加剂与配料、高效节能速冻和食用农产品贮运等技术与装备。

　　食品安全与质量控制：突破食品质量检测识别技术、评估预警技术及溯源控制技术。

　　食品物流：研究物流过程食品品质劣变的生物学机制，突破品质劣变智能检测与控制、智能化全供应链电子商务平台构建、物流过程营养品维持与功能评价等前沿技术、研创智能化绿色专用装备、包装材料与包装设计、绿色防腐等适用技术。

　　（7）人口健康与生物医药技术（专栏 9-8）。发展普惠精准的人口健康技术，加快人口健康科技发展，以生物技术创新带动生命健康、生物制造等产业发展。重点开展疾病防治等的交叉研究，创新药物与新型医疗器械研制、中医药现代化研究等。促进转化医学与临床医学相结合，形成一批新的诊疗技术规范，研发一批新型医疗器械，大力推进前沿科技向医学应用转化。

专栏 9-8　人口健康与生物医药技术

　　疾病防治：心脑血管疾病、恶性肿瘤、代谢性疾病、精神神经疾病以及免疫性疾病等常见、多发慢性疾病防、诊、治的基础研究；分子诊断、免疫诊断、影像诊断、生物治疗、微创治疗、介入治疗、物理治疗、中医药诊疗等诊疗技术研究；恶性肿瘤、心脑血管疾病、神经精神疾病等重大疾病的发病机制研究，以及针对陕西省常见病、多发病的诊疗新技术。

　　创新药物研发：重点开展药物早期发现、罕见病及特殊人群用药的研发及产业化，中药创新药物研发及中药现代化；生物类似物重大品种国产化、通用名药物重大品种再创新、特定人群膳食补充剂开发；建立抗体/蛋白质药物产业化工程链；突破化学药的绿色合成新技术，开发一批重大化学药产品，形成一批具有自主知识产权、具有巨大市场潜能的新药产品。

　　医疗器械：基于新材料的外科基础器械、植入器械，以及电阻抗动态图像监测设备、集成化医疗信息系统、新型心脏起搏器、新型手术器械、组织工程产品、信息化口腔医学设备、四维超声成像和强性超声成像设备、诊疗一体化放射治疗设备。

　　健康服务：健康管理和亚健康干预研究；生物大数据开发与利用关键技术研究，重点突破生物大数据汇集、管理、共享与利用等技术，加快构建基于信息技术和网络技术的全民健康数据管理系统和个人健康服务平台，建立健康大数据系统，开发多发病、常见病的综合防治和健康维护的新方案。

（8）现代农业技术（专栏 9-9）。围绕农业产业结构重大调整和供给侧改革，重点抓好主要作物育种等和新兴战略产业重大科技创新，部署农业科技创新链条，提升市场竞争能力和供给水平，加快陕西省现代农业发展。

专栏 9-9　现代农业技术

作物育种：重点围绕小麦、玉米、油菜、马铃薯等主要农作物，创制具有性状优异新种质，培育高产、优质、广适、多抗和适宜机械化作业的优良新品种。开展育种基础理论和育种新方法的研究，利用分子育种技术，建立现代育种技术体系。创新良种生产加工和质量控制技术，建立种业科技创新高地，藏粮于技、藏粮于地。

现代果业：重点围绕苹果、猕猴桃、核桃、红枣等特色果业，开展优质多抗新品种选育，集成高效栽培技术模式，研究果园肥水高效利用、重大病虫害防控、采后商品化处理、多元化加工技术和果园简易机械设备，建立以市场为导向的果业可持续发展技术体系，促进果业转型升级。

设施农业：重点围绕设施农业提质增产增效，开展设施蔬菜、瓜果、花卉新品种引种、选育，在设施栽培模式、新型温室设计、农业小型机械、信息化管理等方面开展技术攻关，构建精准化、智能化设施农业技术体系，全面提升设施利用水平及效益。

畜禽养殖：重点围绕秦川牛、奶山羊、生猪等持续开展新品种选育与品种改良研究，在健康养殖、疫病防控、粪污处理、排泄物综合利用、产品精深加工等方面开展关键技术研究，引进选育适合陕西省环境条件的饲草品种，选育开发粮改饲新品种，优化种养结构，提升畜牧业养殖效益。

农产品加工：重点围绕果业、特色畜禽、秦巴山区生物资源等区域优势农产品，开展精深加工及综合利用关键技术攻关及技术集成，开发高附加值产品，培育优势品牌，运用"互联网+"提高市场竞争力，以创新链延伸产业链、提升价值链。

农业装备：重点围绕农业产业节本增效，开展机器人、物联网、信息化、无人机等先进技术研究，在"粮食生产全程机械化""丘陵山地小型农业机械""果园作业机械""设施农业智能机械""农产品加工机械"等方面攻关，创制新型智能化装备。

生物资源开发：重点围绕秦巴山区野生资源开发利用，开展人工驯化、繁育、加工技术研究。开发生漆、魔芋、黄姜、食用菌等地方优势植物新品种，培育区域特色产业。开展秦巴山区中药材种植、加工技术研究，培育新兴产业。利用野生果树、花卉资源，挖掘培育特色果树、花卉新品种。抓好特色动物大鲵、林麝、冷水鱼等规模化养殖与产品精深加工技术研究。

节水农业：重点围绕渭北、陕北干旱地区开展作物抗旱生理、节水技术研究。集成小麦、玉米、马铃薯、小杂粮旱作关键技术，开发技术装备与产品，研究陕北山地苹果、红枣、设施林果节水增效模式，构建旱作技术支撑体系。

（9）现代服务业。围绕大数据与信息服务、文化创意服务、金融服务、现代物流服务、健康服务、现代农业服务、现代旅游服务、电子商务服务等领域部署创新链（专栏 9-10）。

专栏 9-10　现代服务业技术

大数据与信息服务技术：大数据、云服务、移动互联网服务等相关信息技术服务，开拓数字消费服务、卫星应用服务、社会公共服务等新兴信息服务。

文化创意服务技术：数字动漫技术、创新文化设备与集成控制技术、文化创意解决方案与全流程服务（文化设施建设、文化休闲旅游、展览展示工程等领域）、文化创意产品制造与管理。

金融服务技术：培育新兴互联网金融业态（第三方支付、电子银行等），研发移动互联网展业工具和专属软件，提供移动线上、自助式金融服务。

现代物流服务技术：物联网技术、智能交通系统、地理信息系统、无线射频识别技术集成、物流管理云平台系统（集基础数据库、信息服务、电子签证、联运售票于一体）、物流服务模式（生产线物流、快件物流、逆向物流等服务模式）。

健康服务技术：制定健康服务技术标准，利用互联网、移动互联网平台，创新商业模式，形成健康服务产业集群。

现代农业服务技术：农产品电子商务服务，应用推广"互联网+"技术，构建农业产品选种、农产品种植、农产品销售以及农业技术咨询的网络服务平台，发展大数据农业管理、农产品营销等互联网农业服务。

现代旅游服务技术：建设旅游信息资讯、营销、管理网络平台，加强对微博、微信、手机 APP、新闻客户端、旅游手机报等网络新媒体、新技术的应用以及信息化旅游技术、终端设备的现场展示，打造智慧旅游。

电子商务服务技术：加强客户数据监测和整合，打造智慧电子商务服务平台，实现电子商务服务平台与海关申报系统、邮政 EMS 监管系统等服务平台对接。

9.1.3　产业转型升级加快

陕西省正处于工业化发展的中期阶段，产业发展正在从工业偏重、资源依赖和速度情结中解脱出来，新的增长点和增长动力正在加快形成，产业转型升级步伐明显加快。产业结构正在从传统的能源化工、装备制造为主导，向高新技术产业等转变，正在由资源依赖型向技术富集型转变。随着三星高端芯片、比亚迪新能源汽车、中兴微电子无晶圆设计工厂等一批世界级企业项目落户陕西，以大数据、高端芯片、新能源等行业为代表的"新经济"体系正日渐成型。实现了从全国中下游向中等靠前水平的重大跃升，初步形成了多点支撑、多元带动的产业新格局。关中重点发展先进制造业、战略性新兴产业、现代农业和现代服务业，形成一批创新驱动的优势产业集群；陕北重点推进资源深度转化，建设国际一流的高端能源化工基地；陕南加快循环发展，打造生物资源开发、绿色食品等循环经济产业链。

陕西省能源资源丰富，油气当量已突破 7 000 万吨大关，居全国第一。针对能源产业主要以初级产品为主，产业链短，附加值低的困境，陕西省在产业转型的"三个转化"（煤向电力转化、煤电向载能工业品转化、煤油气盐向化工产品转化）的基础上，建设"陕北高端能源化工基地"。截至 2015 年底，陕北能源基地已建成煤制聚烯烃产能 240 万吨/年、煤制油产能 210 万吨/年。

陕西省汽车产业已形成重卡、轿车、中轻卡、微型车、大客车、专用车及发动机、变速器、车桥等关键零部件研制生产的完整产业体系，成为加速发展的支柱产业。2015 年，实现产值 1 050 亿元，突破千亿元大关，汽车产销接近 40 万辆。2016 年，产销量分别为 42.04 万辆和 42.80 万辆，同比分别增长 23.01% 和 27.49%，工业总产值达 1 159.90 亿元，同比增长 18.1%。同时，在陕汽、比亚迪、宝鸡吉利、陕西通家等整车企业的带动下，零部件企业也得到快速发展，配套率从原来的不足 20% 提高到现在的 40% 以上，培育形成了法士特、汉德车桥、康明斯、泰德、三星动力电池等一批关键零部件企业。以商用车为发展核心的陕汽，产销量位列全国前列、技术水平全国领先，产品出口国内外 80 余个国家和地区，并且在国外很多国家实现了本土化生产。宝鸡吉利基地首款博越车型产销为 37 885 辆，产值 34.65 亿元。以核心零部件为发展重点的法士特集团，2016 年产值 105.70 亿元，同比增长 27.85%，各项经营指标连续 14 年蝉联中国齿轮行业第一。

"十二五"以来，陕西省全面提升战略性新兴产业发展水平，产业规模不断壮大，已成为实现经济转型、优化产业结构、促进经济发展的重要引擎。2015 年，陕西省高新技术产业总产值突破 11 400 亿元，战略性新兴产业全年实现增加值 1 834 亿元，占地区生产总值的 10.1%，同比增长 12.4%，比地区生产总值增速高 4.4 个百分点。完成投资额 2 529 亿元，占陕西省固定资产投资的 12.8%。以比亚迪、陕汽为代表的新能源汽车产业和以风电、光伏产业为代表的新能源产业投资增速最高，两产业投资增速分别为 46.9% 和 42.5%；高端装备制造产业投资增速为 34.9%，投资额占比最大（34.3%）的节能环保产业投资增速为 20.6%。2016 年，高新技术产业增长 27%、战略性新兴产业增加值在地区生产总值中的比重达到 11.7%。

　　七大战略性新兴产业中，在三星、美光等行业龙头的引领下，新一代信息技术产业发展速度领先，2016 年电子制造业总产值超过 700 亿元，同比增长 50% 以上。三星 70 亿美元存储芯片项目 2012 年 4 月落户于西安高新区，不仅是三星海外投资历史上规模最大的项目，也是我国集成电路领域最大的外商投资项目。三星凭借半导体制造等工艺，在存储芯片市场上占有全球第一的位置。围绕三星等项目，通过实施"补链、扩链、强链"工程，构建完整的产业链条，让陕西集成电路产业规模从此前的全国第九位，自 2015 年起开始进入全国的前五位。三星项目 2015 年产值就突破了百亿元大关，2016 年再创新高；其中，三星 2016 年在陕西的出口总量中占了 23% 的份额。

　　陕西省大数据产业发展初具规模，目前建设总投资累计达 500 亿元。西咸新区沣西新城国家新型工业化（大数据）产业示范基地，成为全国唯一一个以大数据产业为主导的国家新型工业化产业示范基地，也是陕西省大数据产业发展的核心基地，目前建设累计完成 400 亿元，已吸引中国联通、中国移动、中国电信、陕西广电、微软、创新港、西北工业大学科学城等 100 多个项目落户。陕西省获批的全国第二家国家级制造业创新平台——国家增材制造创新中心，成为"十三五"期间国家在重点领域布局的 15 家左右国家级制造业创新中心之一。同时，加快省级制造业创新中心布局，建设 2~3 家省级制造业创新中心。力争到 2020 年，省级创新中心达到 20 家，培育更多国家级创新中心，构建陕西制造业创新体系，引领制造业创新发展。

以陕西有色榆林新材料、宝钛集团、金堆城钼业为龙头的新材料产业规模居战略性新兴产业之首。2015 年末，陕西省规模以上新材料工业企业有 187 户，占规模以上工业战略性新兴产业企业数的 19.7%。全年实现工业总产值 813.7 亿元，占战略性新兴产业总产值的 23.8%。新材料产业规模以上工业总产值增长 13.1%，较战略性新兴产业平均水平低 6.6 个百分点，低于新能源汽车、新一代信息技术产业、新能源产业、生物产业，居第五位。分行业看，有色金属冶炼和压延加工业、化学原料和化学制品制造业实现新材料产值 643.6 亿元，占陕西省新材料产值的 79.1%。主要产品是以高纯度铅锌、铝、钼、金、镁及高品质钛材为代表的金属提纯冶炼，聚氯乙烯树脂、聚乙烯树脂、聚丙烯树脂、高品质合成橡胶等高性能复合材料，多晶硅、单晶硅等电子功能材料，新型石油化工催化剂等新型功能材料。陕西省石墨烯新材料产业相关研究起步早，与世界先进水平同步，拥有大量优质天然石墨资源，具备发展石墨烯产业的良好基础。2016 年 11 月，在陕南地区的丹凤北部和勉县——城固北部两个勘查区发现的晶质石墨片径大、品位高、易选冶，已获得石墨资源量 400 万吨，远景可达 1 300 万吨，将为陕西发展石墨烯新材料产业提供充足优质的资源保障。

陕西省新能源汽车产业起步较早，发展成效显著。已初步形成纯电动轿车、插电式混合动力轿车和物流车、环卫车、微型车、客车、码头牵引车等产品系列化发展格局，在新能源领域已处于全国第一方阵。2015 年，陕西省新能源汽车实现产销 3.76 万辆，同比增长 150%以上，占陕西省汽车产销总量的比重已达到 11%，占全国新能源汽车的近 10%，总量居全国第二位。2016 年，陕西省新能源汽车产销 4.86万辆，占全国近 10%，稳居全国第一方阵。未来新能源汽车产能将占到陕西省汽车产能的 60%。比亚迪汽车公司作为全世界唯一一家拥有自己的电池厂、电池制造工艺、汽车制造工艺、大巴制造工艺的企业，掌握了动力电池、电控、电机三大核心技术，电动汽车技术研发处于国际先进水平，2008 年成功研制出世界上首款插电式混合动力汽车F3DM车型，相继研发出混合动力"秦""唐""宋"，纯电动汽车

E6、E5，电动客车 K9、K8、K7 等系列新能源畅销产品，品牌效应凸显。2015 年新能源乘用车销量为 61 722 辆，全球销量第一，这是中国汽车品牌在汽车工业史上第一次领先全球。比亚迪"秦"作为采用自主研发第二代双模混动技术的代表车型，2015 年产销 3.2 万辆，占到全国新能源汽车销量的 9.7%，占全国插电式混合动力汽车市场份额的一半以上，成为我国新能源汽车单一车型销量冠军。2016 年，各类产品已经在全球 48 个国家和地区的 200 个城市运营。陕汽是国内最早取得新能源汽车产品准入资质的整车生产企业，已掌握了电动汽车整车控制、混合动力油-气混燃控制系统集成等核心技术，成功研制出世界首辆纯电动重型码头车产品和系列化的纯电动中、重卡产品。2015 年，全国重卡排名第四，环保型、节能型重卡产销 10 万辆，市场份额达到12%。累计拥有天然气汽车专利技术 38 项，填补了我国天然气汽车产品空白，技术国内领先，市场份额近半，连续两年蝉联行业第一。三星环新汽车动力电池技术水平世界领先，拥有 2 000 项安全项目检查标准，销售 1 400 万只电池芯，是克莱斯勒、宝马、保时捷、大众、奥迪等国际知名汽车企业重要配套商，装配纯电动汽车已超过 14 万辆。在西安高新区将建成全球技术领先的生产线，年产量可为 4 万辆电动汽车供应电池，标志着西安高新区将成为中国汽车新能源基地。宝鸡市以拥有陕汽、法士特、通家等为代表的重型车桥、变速箱、电动汽车等产品 130 多个系列 2 200 多个品种，被评为国家新型工业化汽车产业示范基地、西北地区最主要的重型汽车零部件生产基地、最大的专用车生产基地和唯一的微型车生产基地。陕西宝华生产的轩德E9 纯电动载货轻型卡车和通家公司生产的"电牛 1 号""电牛 2 号"纯电动物流车的成功上市，丰富了陕西新能源汽车品种。随着新能源汽车生产发展，陕西省建立了为新能源汽车配套的电池、电控、电机生产企业，如三星、沃特玛、天臣、捷普、正麒等，新能源汽车已成为陕西汽车产业发展的新动能。

　　陕西省在机器人上形成较好的产业基础，多家企业在关键零部件制造领域已处于国内领先地位。秦川发展公司通过开展"工业机器人关节减速器生产线"等研发，建立了工业机器人减速器生产线。西安微电机研究所全数字永磁交流伺服电机技术水平处于国内领先地位,目前市场占有量达 70% 以上。陕西诺贝特自动化科技有限公司、西安非凡士机器人科技有限公司等企业在行业领域内各具特色和优势,成为产业发展的生力军。

依托军工实力形成的航空、航天、兵器三大产业基地和航空智慧新城、船舶科技、军工电子、通用航空、航空装备制造、航空维修服务、军民用新材料七园区,初步形成了军民融合产业集群化发展态势。西安航空产业基地形成以整机制造为主,机载装备、航空大部件、航空新材料为分支,航空改装维修、零部件加工、飞行培训、航空旅游为配套的全产业链体系。西安航天产业基地形成了以航天运载动力、卫星应用和航天特种技术产业为主的国内最大的民用航天产业基地。西安兵器产业基地以装备制造、光电信息、新材料与新能源为主的产业构架初步形成。"十二五"期间,陕西省国防科技工业系统收入、工业总产值、工业增加值年均增长 15% 以上,全系统军工单位累计实现民品产值 2 735 亿元。陕西省军民融合创新型企业发展至 500 余家,从业人员约 30 万人。其中,西飞公司、西航公司、航天四院、航天六院、陕西电子信息集团五家龙头单位营业收入超过百亿元。在陕军工单位投资或参股的各类民品企业有 300 多家,其中总收入超过 10 亿元的有 2 家,过 5 亿元的企业有 12 家,过亿元的企业有 50 多家。陕西省从事军品科研生产配套的民口(非军工系统)企事业单位有 300 多家,武器装备科研生产许可持证单位已达 200 多家。

《陕西省国民经济和社会发展第十三个五年规划纲要》提出,"十三五"时期,发挥现有产业优势,瞄准能源化工、装备制造、新材料、电子信息、生物医药等重点领域,依托龙头企业和重点园区,优化产业布局,加强园区设施建设,完善园区功能,吸引跨国公司入驻,积极参与国际产能合作,建设一批先进制造中心,打造创新能力强、产业集中度高、配套能力高效的 10 个千亿元级产业集群,总产值达到 1.5 万亿元(专栏 9-11)。

专栏 9-11　"十三五"陕西省千亿元级产业集群

煤化工产业集群。重点园区：榆神工业区、榆横工业区、靖边能源化工综合利用园区、渭南煤化工园区、宝鸡长青工业园区、黄陵循环经济资源综合利用园区。重点企业：神华、中煤、延长、陕煤化、天元化工、未来能源等。到 2020 年实现产值 2 500 亿元。

汽车产业集群。重点园区：西安高新区、西安经济技术开发区、宝鸡高新区。重点企业：陕汽、比亚迪、宝鸡吉利、法士特。到 2020 年实现产值 2 500 亿元。

航空航天产业集群。重点园区：西安航空基地、西安航天基地、汉中航空产业园区。重点企业：西飞、陕飞、西航、航天六院、航天四院、航天五院西安分院。到 2020 年实现产值 1 500 亿元。

智能制造装备产业集群。重点园区：宝鸡高新区、渭南高新区、汉中高新区。重点企业：秦川机床、汉川机床、国德电气、西铁信号、凤城精密。到 2020 年实现产值 1 000 亿元。

节能环保装备产业集群。重点园区：西安高新区、宝鸡高新区。重点企业：陕鼓、西矿环保、西北有色院。到 2020 年实现产值 1 000 亿元。

输配电设备产业集群。重点园区：西安高新区、西安经济技术开发区、宝鸡高新区。重点企业：西电集团、合容电器、宝光集团、汉变公司、西安电力电子所、中车永电。到 2020 年实现产值 1 000 亿元。

智能终端产业集群。重点园区：西安高新区。重点企业：中兴、华为、酷派、比亚迪。到 2020 年实现产值 1 200 亿元。

集成电路产业集群。重点园区：西安高新区。重点企业：三星、华天科技、771 所、华芯科技。到 2020 年实现产值 1 000 亿元。

医药产业集群。重点园区：杨凌示范区、西安高新区、咸阳高新区。重点企业：杨森、步长、力邦、陕药、必康。到 2020 年实现产值 1 200 亿元。

新材料产业集群。重点园区：宝鸡高新区、西安经济技术开发区、商丹循环经济园区、神府工业园。重点企业：陕西省有色金属集团、西北有色院、宝钛。到 2020 年实现产值 2 000 亿元。

《陕西省国民经济和社会发展第十三个五年规划纲要》部署了"十三五"时期的重点产业创新工程。

战略性新兴产业创新工程。组织实施高性能集成电路、新型平板显示、半导体激光器、物联网和云计算、生物医药、生物育种、航空装备、卫星应用、节能环保装备及产品、新能源集成应用、新能源汽车等重大产业创新工程，促进产业链上下游技术协同创新。

新一代信息技术。以三星项目为引领，构建完善集成电路设计、制造、封装、测试等产业链，提升北斗导航、网络通信、物联网、图像处理等领域芯片设计水平，壮大电子级多晶硅、大直径单晶炉和硅片制造等配套产业，建设世界一流的集高端芯片设计制造、封装测试为一体的产业基地。加快推进智能终端制造及配套产业发展，打造千亿元规模产业集群。依托西安光机所技术研发优势，积极发展光子制造、光子信息产业集群。壮大物联网、通信、半导体照明、平板显示、半导体激光等产业，努力打造具有全球影响力的新一代信息技术产业高地。到 2020年，新一代信息技术实现产值达到 4 000 亿元。其中，大数据相关产业总产值将实现 1 000 亿元。

增材制造。依托西安交大快速制造、铂力特、西北有色院等单位和企业，加快材料、数字化设计、快速成型、关键部件等技术开发应用，面向航空、航天、汽车、船舶、医疗、文化创意等重点行业，推进 3D打印及智能制造新技术、新工艺、新装备、新产品研发和产业化，培育增材制造全产业链。以渭南高新区和西安高新区为核心，建设国家级增材制造示范基地。

新材料。聚焦高端装备、航空、航天、核电、轨道交通、汽车等产业发展需求，依托西北有色院、陕西省有色金属集团等单位，做大做强钛、镁、铝等轻质合金为主的高端金属结构材料及以钼及贵金属为主的高端金属功能材料；延伸超导、陶瓷基、电子级硅材料等产业链，扩大市场规模，建设全国重要的新材料产业基地。瞄准战略材料前沿，集中力量攻克石墨烯、纳米材料、生物基材料等相关技术，力争实现产业化。到 2020 年，新材料产值达到 1 600 亿元。

生物技术。以强生供应链西安生产基地建设为契机，依托第四军医大学、陕药、步长、力邦等，突破单克隆抗体、多肽药物、控缓释制剂、靶向制剂、良种繁育等一批重大核心技术，构建生物检测试剂、创新药物、组织工程、现代中药、生物育种等产业链。加快建设西安高新区草堂国家生物医药产业基地，形成生物医药技术研发、生产加工基地，支持陕南依托循环经济园区建设中药材种植加工生产基地，支持杨凌建设生物医药、生物育种研发生产基地。到 2020 年，生物医药实现产值达到 1 000 亿元。

绿色环保。依托陕鼓动力、西重光电、交大思源、海浪锅炉等企业，大力开发污染防治、生态保护与修复、环境监测等核心技术，重点发展水体与大气污染防治、固体废弃物处理、环境监测仪器仪表、节能与清洁生产等装备，以及新型环保材料与药剂产业化。积极推进工业废弃物综合利用、再生资源回收利用等产业发展。强化环境治理专业化运营，拓展绿色环保产业发展空间。到 2020 年，节能环保实现产值 600 亿元。

能源化工产业创新工程。加快实施DMTO（Dalian Methanol to Olefin，即大连化物所甲醇制烯烃技术）三代技术、煤炭中低温热解、煤油共炼、煤提取煤焦油与制合成气一体化、超大型流化床气化、煤制芳烃、丙烷脱氢、百万吨级精对苯二甲酸、陆相页岩气经济规模勘探开发、油气田低渗储层压裂改造、高参数低排放燃煤发电、生态矿山和智能化矿井等重大技术研发和推广。到 2020 年，煤炭转化率提高到 50% 左右，能源化工产业增加值达到 5 300 亿元。

先进装备制造业创新工程。围绕新能源汽车、能源装备、航空、航天、机器人、轨道交通等优势领域，加快建设制造强省。到 2020 年，力争部分领域达到国际先进水平。

节能与新能源汽车。继续实施百万辆汽车工程，突破整车控制系统、插电式深度混合动力系统等关键技术，重点推进千亿元陕汽、比亚迪新能源汽车等重大项目建设，构建整车制造、关键零配件、售后服务等完整产业链，打造全国自主品牌汽车基地和新能源汽车研发生产基地。实现汽车产销 100 万辆以上，总产值 2 500 亿元。

航空。围绕大飞机、航空发动机等国家战略，积极推进新舟 60/600 系列化发展及新舟 700 研制、运八民机系列改进改型、民用无人机研制和产业化，扩展Y20、C919、ARJ21、AG600 等重大机型配套业务，做强陕西航空制造，带动航空维修、航空客运、航空物流等发展，建设全球最大的涡桨支线飞机研制生产基地。航空产业总产值达到 1 000 亿元。

航天。围绕载人航天、探月工程、北斗卫星导航等国家重大科技专项，研制新一代无毒、无污染、高性能和低成本航天运载动力，发展卫星有效载荷、遥感数据以及航天特种技术应用等，构建卫星移动通信、卫星导航、卫星遥感等产业链，打造国内领先的卫星应用产业集聚区。航天产业总产值达到 500 亿元。

能源装备。推进输变（配）电、石油天然气钻采输送、煤炭开采洗选等传统装备提质增效，做大做强风电、地热、核电、氢燃料电池和新型储能装置等新兴装备，提升能源装备产业竞争力。加快能源互联网、智能电网技术和设备研发，推进特（超）高压输配电设备集成化，高、中、低压输配电设备智能化、小型化、低能耗发展。研发生产超深井陆地和海洋石油钻采设备、成套智能型煤炭综采设备。推进大型高效能量回收系统关联技术及成套机组的开发利用。能源装备总产值达到 2 000亿元。

高档数控机床与工业机器人。积极发展高精、高速、高效、柔性数控机床，突破智能数控系统、在线远程诊断等先进技术，提升机床可靠性、精度保持性。加快掌握机器人关节减速器、伺服电机、传感器、控制器等关键零部件技术，推动科技成果产业化，促进在汽车、机械、电子、轻工、军工等领域应用。高档数控机床与工业机器人产业总产值达到 500 亿元。

轨道交通装备。以中车陕西基地建设为契机，提高轨道交通装备整车设计制造与试验验证能力，加快关键系统与核心零部件开发应用，加强轨道交通列车控制系统的自主研制、开发和工程化应用。重点发展网络控制系统、牵引传动系统、制动系统、市域快轨信号系统、碳化硅芯片、高功率密度电机、多功能作业车、轨道减震材料等。轨道交通装备产业总产值达到 500 亿元。

现代农业机械装备。积极引进国内外农机龙头企业，提升高端农机整机、关键零部件产业化水平及农机生产制造水平和研发检测能力，重点发展大喂入量谷物联合收割机、智能化精密播种机、中高端粮食烘干机、秸秆收获机械等装备。突破大型发动机电控系统和高性能大型穿凿机械驱动、液压系统等关键核心技术。

传统产业创新工程。在有色冶金、建筑材料、食品加工、纺织服装等领域，推广应用循环经济技术、高固气比水泥悬浮预热预分解技术、食品精深加工技术等关键技术。到 2020 年，有色冶金产值达到 3 400

亿元；食品工业产值达到 5 000 亿元；纺织轻工产值达到 1 500 亿元；
建材产业产值达到 2 100 亿元。

现代农业创新工程。依托杨凌示范区和西北农林科技大学农业科教
优势，大力推广"大荔模式""平利模式"，加快构建新型农业科技服
务体系。围绕"关中高效农业、陕北有机农业、陕南生态农业"定位，
抓好渭北苹果、秦岭北麓及秦巴浅山区猕猴桃、黄河沿岸土石山区红枣、
西咸新区都市农业、陕南富硒有机食品、汉中平原生态农业、陕北小杂
粮等特色板块发展。实施现代农业园区提质增效工程，推进资本、技术、
人才等要素向园区集聚，省级和国家级现代农业示范园区发展到 450
个左右。围绕优势特色产业，推动农产品精深加工，建设陕西省农产品
加工贸易示范园区等一批农产品深加工基地，推进全产业链开发，着力
培育知名品牌。围绕居民个性化消费升级需求，推进果品生产小型化、
种类多样化、品牌高端化，增加有机绿色农产品供给。大力发展生态休
闲观光农业、都市农业、体验农业和创意农业，深入推进"一村一品"，
促进一、二、三产业融合发展。实施果蔬贮藏百库建设工程，完善产品
仓储保鲜设施和一体化冷链物流体系，实现产销运高效无缝衔接。主要
农产品加工转化率达 70% 左右。

推进服务业提质增效。"十三五"期间，陕西省加快培育新型金融
等服务业新业态。

新型金融。以建设丝绸之路经济带区域金融中心为目标，依托各类
金融和类金融机构，着力壮大地方金融，加快构建贷、投、债、股、信、
险、财、租一体化的金融服务体系。到 2020 年，金融业增加值占地区
生产总值的比重超过 7%，本外币存贷比提高到 75%，上市公司和"新
三板"挂牌企业超过 250 家。

物流。加强物流基础设施建设，完善航空网、路网、信息网，
提升西安国际陆港、航空港、海关特殊监管区、口岸四大平台功能，
打造丝绸之路经济带国际商贸物流中心。提升西安全国物流节点城
市辐射能级，强化宝鸡、延安、榆林、安康等重要物流节点综合服
务功能，建设一批国家级、省级物流示范园区。加快发展供应链管
理、物流金融、电商物流、保税物流、大宗商品物流贸易等新业态，

吸引培育和壮大物流龙头企业，发展第三方物流，降低社会成本和自营物流比例。依托西安航空城实验区，发展航空物流、会展、维修、租赁、培训等产业。预计到 2020 年，物流业增加值占地区生产总值比重超过 8%。

信息服务。发挥国家级互联网骨干直联点优势，推进西安、咸阳国家信息惠民示范城市建设，重点开展健康医疗、社会保障、食品安全、社区服务、公众出行等领域公共信息服务。深化电子政务应用，重点建设政府信息公开、政民互动等服务平台。积极发展移动宽带通信业务、呼叫中心、远程教育等信息增值服务，大力培育网络娱乐、数字出版、文化创意等数字内容服务新业态。提升西安国家软件产业基地和出口基地功能。预计到 2020 年，信息技术服务实现销售收入超过 2 000 亿元。

旅游。以丝绸之路联合申遗成功为契机，深化同沿线省区、国家和地区间的旅游合作，共建丝绸之路国际黄金旅游带。积极开辟空中丝路航线，大力拓展入境旅游市场，建设国际知名旅游目的地。深入挖掘周、秦、汉、唐时期等历史文化资源，增加科技元素、体验元素，高水平建设秦始皇陵、法门寺、华山、太白山等景区，力争创建 10 个以上国家 5A 级景区，建设华夏文明历史文化基地。提升红色旅游发展水平，丰富旅游线路和产品，把延安建成"国际红都"和中国革命博物馆城。高起点打造大秦岭人文生态旅游度假圈，培育渭北休闲旅游度假带和黄河风情旅游带。加快发展乡村旅游、健康旅游、研学旅游、体育旅游、低空旅游、老年旅游等新业态，推进 31 个省级文化旅游名镇和 450 个重点乡村旅游富民工程，建设 20 个具有代表性的旅游商业美食街，规划建设 20 个自驾车房车营地。加快发展智慧旅游，加强景区基础设施建设，提升服务功能。预计到 2020 年，陕西省接待游客达到 6.4 亿人次，旅游业增加值占地区生产总值的比重达到 6%左右。

电子商务和商贸。壮大电子商务经营主体，引导国内外知名电子商务龙头企业设立区域性总部、功能性中心。建好西安跨境贸易电子商务服务平台，促进电子口岸报关报检、支付结算、结汇退税业务系统的融合互通及与电子商务交易平台系统对接，扩大跨境贸易规模。支持各地发展电子商务，扩大陕货销售渠道。实施电子商务入村工程，完善农村配送服务网络，构建涵盖镇村的电商服务站，建设一批"电子商务村"。抓住国家推进大流通网络建设和区域市场一体化的有利时机，全面融入西安—兰州—乌鲁木齐流通产业集聚带，促进区域、城乡流通网络协调发展。在陕西省重要流通节点城市和优势农产品区域，加快打造 3~5 个特色农产品集散中心，支持 150 个县、镇建设标准化农贸市场，建设改造 15 个公益性农产品市场，支持特色餐饮业发展。实施居民生活服务设施升级改造工程，重点支持建设 20 个社区综合服务示范中心和 10 个多功能乡镇商贸中心。预计到 2020 年，电子商务交易额达到 8 000 亿元，年均增长 25%以上。

健康养老。实施健康与养老服务重大工程，鼓励社会力量建设运营健康养老机构，提供精细化、标准化、柔性化、便利化服务。大力发展养老产业，开发老年产品，为居家老人提供助餐、助浴、助洁、助医等服务。发展健康体检、健康咨询、营养辅导、母婴照料等专业机构，推动健康旅游、健康保险、生物医药、森林康养产业发展，培育大健康产业链。推动医养结合，建立健全医疗机构与养老机构的协作机制，支持养老机构开办老年病医院、康复医院、护理院等。支持西咸新区秦汉新城、户县、华阴等打造全国健康养老产业基地。预计到 2020 年，养老服务就业岗位 50 万个以上，健康服务业增加值占地区生产总值的比重达到 5%左右。

《〈中国制造 2025〉陕西实施意见》明确提出了通过"三步走"建设制造强省的战略目标。到 2025 年，陕西制造强省建设取得重要进展。制造业总产值达到 3.6 万亿元以上，占全部工业的比重提高到 80%。营业收入超百亿元工业企业（集团）达到 50 家，超千亿元 5 家。规模以上制造企业研发投入占比达到 1.8%，规模以上工业企业亿元产值发明专利数达到 2 件。到 2035 年，陕西省制造业整体实力进入国家制造强省行列，部分重点行业领域达到国际领先水平。到 2045 年，陕西省制造业重点领域的创新能力、质量品牌等核心竞争优势更加突出，迈入我国制造强省中上游水平。《〈中国制造 2025〉陕西实施意见》部署了重大科技创新、智能制造、工业强基、工业品牌建设、绿色制造、军民融合、技术改造和高端装备创新八大工程，着力打造化工、新材料、汽车、航空航天与高端装备制造、新一代信息技术和医药六大支柱产业，培育现代化工、新材料、节能与新能源汽车、航空装备、航天装备、高档数控机床与机器人、电力装备、节能环保装备、轨道交通装备、集成电路、智能终端、平板显示、云计算、大数据和物联网、生物医药及医疗器械等重点产业，其中 100 个重大项目涉及总投资8 041.79 亿元。

《陕西省"十三五"战略性新兴产业发展规划》明确，将把握全球新科技革命和产业变革重大机遇，坚持科技创新与体制机制创新双轮驱动，突破关键核心技术，加快推进产业集聚，做大做强七大战略性新兴产业，实施十大产业创新发展工程，抢占发展制高点，打造经济社会发展新引擎，为全面建成小康社会提供重要支撑。发展目标是：到"十三五"末，陕西省战略性新兴产业的技术水平和规模居全国前列，建成全国战略性新兴产业重要的制造中心和科技创新中心。引领作用显著增强，到 2020 年，战略性新兴产业增加值突破 4 500 亿元，占地区生产总值比重达到 15%，带动关联产业规模超万亿元。重点领域率先突破，在若干重点领域形成先发优势，攻克一批具有自主知识产权的关键技术，形成一批具有全球影响力的行业排头兵企业，培育一批具有全国领先水平和发展主导力的创新型企业，促进产业向航空、航天、软件、新材料等高技术产业、园区聚集，打造集成电路、智能终端、高端装备制造等一批产业链较完整、配套体系较完善、产值超千亿元的新兴产业集群。创新能力大幅提升，成功引进和培养一批战略性新兴产业领军人才和高水平团队，建设一批国家级、省级工程研究中心（实验室）和企业技术中心，战略性新兴产业的技术水平和规模居全国前列，建成全国战略性新兴产业重要的制造中心和科技创新中心。《陕西省"十三五"战略性新兴产业发展规划》要求，"十三五"时期，做大做强新一代信息技术、高端装备制造、新材料、生物技术、新能源、节能环保、新能源汽车七大战略性新兴产业。

推动新一代信息技术产业跨越发展。以西安高新区、西安经济技术开发区、陕西航天经济技术开发区和西咸新区等为承载，加快发展集成电路、新型半导体分立器件、光电子等半导体产业，积极发展新型显示、通信设备、智能终端等，延伸发展应用软件、嵌入式软件、软件服务外包等高端软件产业，创新发展基于大数据、云计算、VR等新技术的信息服务业，打造国内乃至全球信息技术产业高地。预计到 2020 年，新一代信息技术产业产值超过 4 000 亿元。

推动高端装备制造产业突破发展。以西安高新区、西安经济技术开发区、陕西航空经济技术开发区、陕西航天经济技术开发区、宝鸡高新区、渭南高新区和汉中航空智慧新城等为承载，统筹研发、制造、应用各环节，积极推进重大装备与系统工程化应用，做大做强增材制造、航空、航天、智能装备等产业，推进制造业向智能化、绿色化、服务化发展，加快建设高端装备制造强省。预计到 2020 年，高端装备制造业产值超过 3 000 亿元。

推动新材料产业高端化发展。以西安经济技术开发区、西安高新区、宝鸡高新区、榆林神府地区等为承载，完善新材料研发、分析与检测、创业孵化、投融资、综合培训、交易中心等服务体系，大力发展高性能结构材料、先进复合材料、电子信息材料和新型功能材料，培育产业发展新优势。预计到 2020 年，新材料产业总产值超过 1 600 亿元。

推动生物技术产业规模化发展。以西安高新区、杨凌示范区、西咸新区等重点园区为承载，充分发挥陕西省资源与技术优势，以生物技术创新带动生命健康、生物制造等产业发展，着力壮大生物医药产业，突破发展生物医学工程，创新培育生物检测和治疗，积极发展生物农业，建设完善陕南原料药种植加工和西安、杨凌生物医药、生物育种研发生产，打造千亿元级生物技术产业集群。

推动新能源产业稳步发展。依托陕北光伏、风电产业应用示范区及关中新能源装备制造产业聚集区，做大做强储能蓄电池产业，加快太阳能热利用技术和产品推广应用，提高风电技术装备水平，有序推进光、风电规模化发展，因地制宜开发利用生物质能，积极发展核能发电机组及配套产业，建设国家核电设备配套。预计到 2020年，新能源产业规模不断壮大，支撑实现 2 020 万千瓦新能源发电装机目标。

推动节能环保产业集约化发展。围绕绿色发展，落实能耗强度和能源消耗总量控制制度，在工业、交通、建筑等重点领域开展节能装备技术研发和产品推广应用，增强节能服务能力；着力推动大气、水体、土壤等污染防治，推动技术装备和服务创新，强化资源综合利用，促进节能环保产业快速发展，产生良好的示范带动作用，营造绿色低碳的生活发展。预计 2020 年，节能环保产业总产值超过 600 亿元。

推动新能源汽车产业快速发展。把握全球新能源汽车轻量化、智能化发展趋势，纯电驱动、混合动力和 LNG 节能动力相结合的发展战略，重点发展新能源轿车、重卡整车制造，强化动力电池、控制系统以及充电设施等配套产业，建立龙头企业引领的专业化、品牌化、服务化新能源汽车产业体系。预计到 2020 年，新能源汽车总产值超过1 300 亿元。

以重点领域关键技术突破为牵引，以延伸产业链、提升价值链为着力点，组织实施集成电路、新型显示、移动通信、大数据与云计算、增材制造、机器人、无人机、卫星应用、医学、新能源汽车十大产业创新发展工程，促进陕西省战略性新兴产业跨越发展。

《陕西省"十三五"科学和技术发展规划》在"围绕创新培育产业"提出的战略部署主要包括：充分发挥陕西省科研院所、高等院校科技资源富集优势，重点针对"有科技优势、缺产业规模"的领域，精准部署基础研究及应用基础研究的重点方向，超前部署有望催生未来变革性技术的研究项目和研发平台，推动基础研究优势转化为技术创新优势；加强商品创新、商业模式创新，加快形成新的增长点，将科技创新转化为产业活动，将陕西省的科技优势转化为产业优势。推动新能源汽车工业等先行发展，抢占先发优势，培育先导产业。支持互联网环境下的各类创新，发展物联网技术和应用，发展"互联网+"装备制造、"互联网+"生物医药，以新技术形成的新供给方式，满足新的消费需求，促进互联网和经济社会融合发展。重点推进第一产业、第二产业和第三产业的融合，拓展产业发展新空间，加快培育新的经济增长点（专栏 9-12）。

专栏 9-12　陕西培育的主要新产业

新能源汽车产业：重点突破整车控制系统、插电式深度混合动力系统、氢能源与先进动力电池等关键技术。

工业机器人、高档数控机床等智能化装备：推进工业机器人整机及关键零部件产业化，推动精密专用机床集成化、通用机床规模化和功能部件高端化。

大型运输机及航空装备产业：推进民用无人机研制和产业化，提升重大机型配套制造份额，拓展整机维修、维护业务，建设世界一流的飞机研制生产基地。

3D 打印产业：推进 3D 打印在高端装备、医疗器械、文化创意等领域的研发和产业化，打造全球 3D 打印产业发展高地。

大数据与云计算产业：打造以云计算软硬件环境为基础，以电子政务、电子商务、先进制造等领域大数据服务创新为核心全国领先的产业生态体系。

半导体产业和光电产业：开展高端存储芯片技术研发和产业化，形成高端芯片和智能终端产业集群。

新材料产业：面向航空航天、高铁、核电、医疗等高端市场，开展高性能陶瓷基复合材料、超导及高性能特种稀有金属等新材料开发及产业化，延伸钛及钛合金、钼及钼合金、铝镁合金、超导材料、复合材料等核心产业链。

生物医药和生物育种产业：加快发展新药创制、新型医疗器械、先进诊疗技术等产业，推进高产小麦、杂交油菜、秦川牛等良种选育，解决我国干旱半干旱地区农业可持续发展问题。

节能环保产业：重点研发大气治理、新型水处理、垃圾处理、污染土壤修复以及环境监测等方面核心技术，积极推广节能降耗新技术、新设备和资源综合利用。

石墨烯规模化工业制备技术研发：基于石墨烯的新型储能器件研发，石墨烯制备半导体器件研发，石墨烯导热导电薄膜规模化制备及其应用研究，开拓石墨烯在航空航天、新材料、文物保护、生物医药等领域的应用研究。

9.1.4　制度创新积极探索

陕西省积极深化统筹科技资源改革，建成全国领先的综合性科技创新服务平台——陕西省科技资源统筹中心，新建渭南、咸阳、宝鸡、沣东新城等科技资源统筹分中心，形成了以西安为中心辐射西部的统筹科技资源改革示范基地，科技资源开放共享走在全国前列。目前，加盟科技资源统筹核心网的单位有 428 家，受益单位达到 55 230 余家；大型科学仪器协作共用网入网仪器设备总量达 8 061 台（套），总价值达 53

亿元。截至 2015 年底,科技文献共享平台拥有文献数据量超过 2 亿条,累计访问人数达到 100 余万人次。科学数据共享平台已建成 49 个专题数据库,收录 7 000 余万条数据。

2011 年成立的西安科技大市场,通过打造技术转移服务的市场化平台,完善科技资源共享机制,使得固化的资源动起来、沉淀的资源活起来、分散的资源聚起来,已成为面向科技创新和产业发展的公共基础服务与科技资源共享交易市场化公益性平台,成为全国科技资源转化的典范。目前西安科技大市场已汇聚 900 多家高校院所和军工单位、550 多家科技中介服务机构、近 1.7 万名行业专家、7 300 多项技术成果、7 700 多家科技企业,9 531 台(套)大型仪器设备入库,累计举办产学研对接、创新大讲堂、政策培训、考察接待等各种交流活动 1 859 场次。在西安科技大市场交流、共享、服务、交易四大功能的引导和推动下,陕西省技术合同交易额从 2010 年的 98 亿元增加到 2016 年的 802.74 亿元,全国排名第四。

深化科技体制改革,探索形成了"一院一所模式"。在推动军民深度融合上,开展驻陕军工单位投资权、成果处置权、收益权改革,推进军民大型仪器设备开放共享的同时,加快建设军工成果转化基地、军民融合产业基地,并整合省内优质资源组建空天动力研究院,实现全省航空发动机行业的协同创新和军民融合的突破性推进。

至 2015 年,组织了卫星应用产业技术创新战略联盟、陕西省北斗产业技术创新战略联盟、陕西省 3D 打印产业技术创新联盟、陕西省大数据与云计算产业技术创新战略联盟、陕西省机器人产业技术创新战略联盟等 38 家省级产业技术创新战略联盟。这些联盟涵盖能源化工、装备制造、电子技术、航空航天、新材料、现代农业等领域,共涉及企业672 家、高校 102 所、科研机构 88 所。

陕西省科技成果转化引导基金作为全国首批设立的省级科技成果转化引导基金,通过加强与各类投资机构合作,形成了母基金—微种子基金—种子基金—创业投资—私募股权投资基金的投资链条,涵盖科技企业从种子阶段到私募股权投资并购全阶段的需求,有效促进了陕西省科技和金融的密切结合,支撑培育了一批充满活力的高新技术企业，形成了良好的聚集效应。截至 2016 年，基金到位资金总额为 5.092 亿元，管理和论证的子基金数量为 12 支，实际已完成出资 8 支，总额 2.63 亿元；同时，引导基金收到子基金申请近 20 支，申请引导基金资金出资 1.9 亿元。预计"十三五"期间，申请引导基金本金出资预计超过 10 亿元，总规模超过 50 亿元。此外，引导基金自 2012 年成立以来，基金活跃度呈快速增长趋势，其中，2016 年增长速度直线上升，增长率为 300%。子基金已投入 126 家科技型中小企业，在陕投资比例超过 70%。其中，投资企业整体估值超过 138 亿元，基金投资后新增年度研发支出 2.2 亿元，新申请专利 56 个，上交税金 2 076 万元，较上年同期上缴税收增加两倍以上，提供就业岗位 4 200 多个，新增就业岗位近千个，24 个项目完成二轮融资，被投企业有 10 家挂牌新三板或即将挂牌，整体带动社会资本 10 亿元以上。

2016 年设立的六支产业投资基金，总规模为 360 亿元。陕西省集成电路产业投资基金由省市区三级政府共同出资，并将吸纳国家专项基金及社会资本进入，基金初始设立规模为 60 亿元，未来规模将达到 300 亿元，主要投向陕西省内集成电路产业链上的优质企业、骨干企业、高成长性企业、拟上市及挂牌后备企业。由陕西省工业和信息化厅、陕西省财政厅牵头，陕西省金控集团出资 60 亿元发起设立的 5 支省级政府引导性产业投资基金，总规模为 300 亿元。其中，陕西高端装备制造产业投资基金总规模达 75 亿元，陕西军民融合产业投资基金总规模达 100 亿元，陕西新材料产业投资基金总规模达 50 亿元，陕西大数据产业投资基金总规模达 25 亿元，陕西工业技改投资基金总规模达 50 亿元。基金主要投向高端装备制造、军民融合、新材料、大数据及工业技改等领域的企业、项目和子基金，投资省内的比例不低于 70%。

"十三五"期间，陕西省将通过深化科技体制机制改革，建立技术创新市场导向机制、完善科技成果转化政策、健全科技与金融结合机制、改革和完善人才发展机制、改革科技管理体制机制，推动政府职能从研发管理向创新服务转变，全力破除制约科技创新的思想障碍和制度藩篱，营造创新的政策环境和制度环境。

9.1.5　对外开放步伐加快

"十二五"以来,陕西省对外贸易持续高速增长。进出口总额从"十一五"末的 120 亿美元,增长到"十二五"末的 305 亿美元,年均增长 20%以上,高出全国增速 12 个百分点左右。进出口总值全国排名由 2010 年的第 24 位上升到 2015 年的第 18 位。2015 年陕西省外贸进出口增速高出全国 19.8 个百分点,连续 3 年实现两位数增长,增速位居全国第 5 位。陕西省外贸总量五年累计突破 1 000 亿美元,达到 1 070 亿美元,是"十一五"期间的 2.6 倍。

招商引资实现新突破,实际利用外资从 2010 年的 18.2 亿美元,增长到 2015 年的 46 亿美元,年均增长 20%以上,高出全国增速 15 个百分点以上。"十二五"期间年度引资总额占陕西省固定资产投资的比重始终保持在 28%以上。2015 年,陕西省共签订外省区市在陕投资合同项目 3 183 个,其中建成项目 760 个,在建项目 2 353 个,项目总投资 28 704 亿元,实际到位资金 5 658.63 亿元,增长 13.64%。截至 2015 年底,实际外资合同项目 68 个,投资总额 60.7 亿美元,合同外资额为 51.5 亿美元。目前,陕西省已与 190 多个国家和地区建立了经贸联系,世界 500 强企业有 112 家在陕落户。泰国、韩国、柬埔寨等国家先后在我国西安设立总领事馆。

2016 年 8 月 31 日,陕西省成为获批第三批自贸区省份之一。作为西北地区唯一获批的省份,陕西自贸试验区被赋予的战略定位是探索内陆与"一带一路"沿线国家经济合作和人文交流新模式,目标是经过 3~5 年的改革试验,建成具有国际水准、投资贸易便利、高端产业聚集、金融服务完善、人文交流深入、监管高效便捷、法制环境规范的自由贸易试验区。

不沿海、不沿江、不沿边的内陆省份陕西主动融入"一带一路"大格局,正加速融入全球价值链。作为能源大省和全国装备制造基地,陕西煤炭、石油、装备制造等传统优势产业,借"一带一路"国家战略,纷纷在海外投资建厂、输出产品和海外并购,优势产能"走出去"步伐加快,产业链不断延伸至丝路沿线国家和地区。截至 2015 年底,陕西省共有 239 个境内主体设立了 355 家境外企业和境外机构，累计对外投资总额达 31 亿美元。现已在境外设立 300 家境外企业和机构，业务遍布全球逾 50 个国家和地区，产业覆盖制造、商务服务、采矿、批发零售等 15 个行业。中国俄罗斯丝路创新园（简称中俄丝路创新园）、中国哈萨克斯坦苹果友谊园、中国意大利航空谷、中国吉尔吉斯斯坦空港经济产业园、中韩合作产业园相继建设。陕西省已在中亚国家建立了 7 家工厂，与中亚国家在基础设施、地勘、能源等领域合作项目迄今超过 100 个。"十二五"期间，海外市场合同额增长、营业收入、利润分别比"十一五"增长 250%、170%、320%，共获批国家国际科技合作基地建设 15 个，认定了省级国际科技合作基地 44 个。陕西省有色金属集团印尼 200 万吨氧化铝项目、陕鼓集团捷克海外研发中心项目、延长集团吉尔吉斯斯坦石油勘探项目，都是陕西优势产能"走出去"的经典案例。释放"海外陕西"活力、拓展"陕西制造"空间是优质外资"请进来"，陕西企业、陕西制造和品牌"走出去"的双向互动格局。

　　陕西省丰富的科教资源在"一带一路"建设中大显身手，与中亚国家在能源开采、精细化工、生物医药、电子信息等领域联合技术攻关。

　　陕西省的交通商贸枢纽地位进一步加强，大交流的格局初步形成。"长安号"货运班列列入国家"中欧快线"，自 2013 年开行以来，目的地已从最初的中亚五国，开到了华沙、汉堡以及莫斯科，遍布 44 个城市和站点。空中丝绸之路建设也在持续推进。西安已开通至国内外的 9 条货运航线，初步形成"北上南下、东进西出"的全货机航线网络布局。截至 2016 年 12 月 31 日，中亚班列已累计开行 273 班，累计运送货物 42.7 万吨；中欧班列 2016 年开行 12 班，运送货物 17 197 吨。同时，西安国际港务区还开通了阿姆斯特丹—西安、首尔—西安跨境货运包机；开辟了新西兰利特尔顿港到"西安港"的陆海联运新航线；在德国法兰克福设立了陕西首个"海外仓"，初步形成了集海陆空于一体的立体丝路大通道。

　　随着西安综合保税区、西安铁路集装箱中心站、"长安号"国际货运班列、"西安港"、国家一类陆路开放口岸、跨境电子商务服务试点等功能平台相继建成并投入运营,西安国际港务区为电子商务企业构建起完善的产业发展基础和物流贸易链条,陕西省跨境贸易近年来呈现出蓬勃发展之势。西咸新区空港新城在航空电商物流园建设方面形成了保税物流中心、自贸大都汇、航空货代产业基地三大产业聚集地。目前,聚集了普洛斯、中外运、华瀚航空物流中心等 18 个项目,并成为全国仅有的两个航空类物流园区之一。西安国际港务区吸引了超过 500 家电子商务企业和 150 余家跨境电商企业入驻,年交易额超过 500 亿元。预计到 2018 年,西安国际港务区电子商务企业将突破 1 000 家,有望成为西部地区最大的电商产业聚集区,年交易额将超过 3 000 亿元。

积极搭建融入"一带一路"的投融资平台,启动西咸新区能源金融中心建设,构建离岸人民币回流机制,打造中国向西开放的能源交易中心和结算中心等一系列举措,吸引了更多的金融机构对接陕西,融入"一带一路"重点建设项目。

9.2 劣势

9.2.1 科技创新引领不足

陕西省科技园区大多处于要素驱动阶段,更加注重经济创造能力,而没有与创新能力提升有机结合,导致经济创造价值远远超过技术创新价值。在要素成本压力和现有政策供给模式下,各园区出现了经济增速持续走高和创新能力总体偏低的扭曲现象,科技创新能力不足与转型发展的紧迫要求之间矛盾尖锐。

目前许多园区在一些重点领域还是以跟踪模仿为主,技术储备和源头创新不足,大部分的关键核心技术仍然是受制于人,高新技术产品自主研发和转化能力不强。研发投入强度、研发人员储备水平以及研发人员和经费的利用效率偏低,知识产权附加值不高。一些科技创新资源被行业、行政藩篱所局限,仍处于分散、分离和分割状态,没有形成应有的合力，直接导致协同创新能力较差，科技创新效率和创新转化水平较低，科技创新与信息技术、先进制造业等新兴产业的融合不够深入，军民深度融合不充分。

9.2.2　产业竞争能力不强

陕西省的科技园区与国内外先进园区相比，产业仍然不大不强，在市场竞争能力、资源利用效率、产业结构水平、信息化程度等方面差距明显，普遍存在散、小、弱的现象。陕西省拥有国家级开发区 12 家，仅占全国总量的 3%。省级以上开发区数量在全国排名第 13 位，数量仅相当于江苏省的 1/4，浙江省的 2/5。陕西省大约 4 个县（区）有一家省级以上开发区，省级以上开发区规模以上工业增加值占陕西省规模以上工业增加值的比重不到 20%。许多园区产业处于全球价值链的中低端，产业链被全球价值链片段化，高端产业低端化问题十分突出（邵安菊，2016）。有些新升级的科技园区，存在区位、人才、技术等方面的劣势，使得入驻园区的企业之间的关联度不高，缺乏主导性高新技术产业和与之配套的生产服务类产业，难以建立专业化的分工网络，也无法实现园区与所在区域产业的联动发展。

一些科技园区主要靠承接国内沿海地区制造业转移以及部分国际产业转移，通过招商引资、退城进园等外来植入式方式集聚一批项目，入区的大项目、龙头项目不多，辐射带动作用有限，产业集群还没有发展壮大，缺乏内生发展动力。从陕西省范围看，各类科技园区大多定位为综合性园区，主导产业不明显，产业同质化现象非常普遍，开发特色不明显，错位竞争、有序分工、梯次布局、链式集群的格局有待完善。在招商引资过程中存在盲目性、趋同性，集聚效应不够，对优秀企业的吸引力不强。部分科技园区仍以传统产业为主，高科技产业和优势产业不突出，产业链条短，龙头企业少，资源深度转化能力低，科技对产业发展的促动作用不强。一些园区热衷于概念炒作，盲目上马具有"三高"（技术密集度高、人才密集度高和资本密集度高）特征的新兴产业，往往将"规模最大"作为追求目标，"低端过剩、高端不足"等隐忧已经初步显现。个别园区仍然以高耗能的产业为主,发展面临较大的资源环境约束。

9.2.3　发展方式较为粗放

陕西省大部分科技园区属于投资拉动型经济,投资对经济增长的贡献度较大,经济发展驱动力单一,内涵式增长动力不足。受传统政绩观的影响,许多科技园区发展存在片面追求规模速度的惯性。不少园区面积从最早的十几平方千米扩张至几十平方千米,甚至上百平方千米,乱占土地、开发无序,导致园区投资强度偏低,土地集约利用率低,造成了资源大量浪费。一些开发区在靠产业无法更好发展的同时,也存在大规模卖地,搞房地产开发、商业开发的"土地财政"现象。许多园区以土地开发驱动、以廉价劳动力为主要生产要素,形成了以出卖资源为主的路径依赖,没有形成良性的投入产出机制。

许多园区忽视高新区、经济技术开发区等园区的政策性定位和专业化功能,通过廉价供地、税收减免、低价配置资源等方式招商引资,出现了为追逐企业入园的重复建设、恶性竞争局面。一些园区产业链条较短,上下游产业衔接不紧密,产业协作配套、联合互动能力有待提高。从产业发展质量水平看,陕西省园区资源初级产品、价值链中低端产品产值占比较大,资源型产业、高载能工业仍然占据一些园区的主导地位,部分产业出现产能过剩。

长期以来,园区的产业发展和资源整合还局限在相对有限的区域内,形成封闭式区域内资源整合的模式,缺乏在更大范围内统筹分工协作。陕西科技园区发展的重心集中在关中地区,陕北、陕南发展不足,区域分布不均衡。纳入统计监测的 23 家省级以上开发区中,陕南和陕北各有 3 家,其余 17 家集中在关中。国家级、省级开发区发展差距很大,国家级开发区在重点发展先进制造业、战略性新兴产业等方面已形成特色优势产业集群,而部分省级开发区还没有上规模的知名企业,没有外资进入。

各类园区还存在名称、种类繁杂,有经济(技术)开发区、工业园区、高新技术产业开发区、工业集中区、创业园及特色产业园等，规则不统一，政策、标准不一致，产业结构和管理模式又不完全相同，归口管理部门多，优化整合不够，难以形成合力。

9.2.4　管理模式依然滞后

陕西省科技园区的管理模式日益与一般行政区和一级政府趋同，行政化倾向相当明显，属于地方政府主导型的管理模式。在发展初期，这种模式具有一定的合理性和优越性，但随着园区的进一步发展，这种体制的回归则必然出现行政干预过多、职能界定不清、管理机制僵化、运作效率不高等问题。

在科技园区跨行政区设置的情况下，园区管理委员会作为地方政府的派出机构，通常要全面负责园区内所有的重大事务的协调和管理，但是定位和授权不足，导致管理委员会与园区所在地政府在社会管理、经济利益划分等方面产生摩擦，面临行政主体多元、管理体制各异等难题，严重制约了科技园区的快速发展。

许多园区在扩大面积、城市化进程中导入的城市管理权和社会管理权，促使开发区管理机构的工作偏离了原有主导"产业"的中心。一些科技园区在规模、面积、人口倍增的同时，社会监管等功能不断强化，管理链条延长，管理体制行政化现象日益加剧，使得经济职能的作用被弱化，阻碍了开发区的进一步提升。

9.2.5　支撑环境有待改善

园区科技支撑、创业服务和配套政策体系建设仍处于待完善阶段，资本流通、贸易和人员进出便利以及知识产权保护等均有较大差距，在制度层面无法完全满足跨国企业总部或者研发中心等价值链高端的全球化需求。科技金融服务体系不健全，创业投资总体规模偏小、尤其是面向种子期、初创期的天使投资明显不足。

尚未形成市场化、多元化的园区建设投融资模式。综合环境对科技、人才的吸附作用依然不强。入驻园区的企业之间的关联度不高，缺乏主导性高新技术产业和与之配套的生产服务类产业，难以建立专业化的分工网络，园区与所在区域产业联动发展的格局尚未形成。缺乏创新文化的有效支撑，以创新为主的价值观尚未成为普遍风尚，功利化、工具化的发展观比较严重。

第四篇 战 略 篇

第 10 章　陕西科技园区创新发展的总体战略思路

10.1　指导思想

顺应全球新一轮科技革命和产业变革趋势,深入贯彻习近平总书记系列重要讲话精神和治国理政新理念、新思想、新战略,紧紧围绕统筹推进"五位一体"总体布局和协调推进"四个全面"战略布局,牢固树立创新、协调、绿色、开放、共享的发展理念,按照面向世界科技前沿、面向经济主战场、面向国家重大需求——"三个面向"新要求,推进陕西省科技园区按照发展高科技、培育新产业的方向,深入实施创新驱动发展战略,加快提升自主创新能力,强化产学研/军民深度融合,加速科技成果转移转化,全面推进"大众创业、万众创新",加快建成具有陕西特色的科技园区创新体系,构筑发展新优势。着力推进供给侧结构性改革,充分发挥科技园区作为陕西创新型省份先行先试区和西安全面创新改革试验区核心区的作用,协同推进围绕创新链部署产业链、围绕产业链培育创新链"两个围绕",逐步实现由要素驱动向创新驱动、由追求规模速度向追求质量效益、由政府主导转向市场主导、由同质竞争转向差异化发展、由招商引资转向双向开放、由硬环境见长转向软环境取胜六大转变,采取差异化策略和非对称路径,找准发展定位,实现错位、协同发展,将科技园区建设成为创新驱动的探路者和示范区、新兴产业的策源地和聚集区、区域发展的承载体和增长极、改革开放的试验田和排头兵。

10.2　基本原则

（1）坚持以追赶超越为总体要求。牢记重托，不辱使命，在关系陕西长远发展的基础前沿领域，超前部署有望催生未来变革性技术的研究项目，增强创新源头供给，抢占发展制高点；在关系陕西经济结构调整的重点产业领域，聚集科技资源，强化链条部署，重点突破攻关，加快追赶超越步伐。

（2）坚持以创新驱动为第一动力。把创新摆在园区发展全局的核心位置，深入实施创新驱动发展战略，系统谋划创新发展新模式、新路径，以创新驱动开拓发展新境界、打造发展新引擎，培育新的经济增长点，持续提升完善科技园区发展的质量和效益。发挥科技创新在全面创新中的重要引领作用，增强自主创新能力，最大限度地解放和激发科技作为第一生产力所蕴藏的巨大潜能。统筹推进"大众创业、万众创新"的文化、政策和制度体系建设，强化原始创新、集成创新和引进消化吸收再创新。推动政、产、学、研、用深度融合，促进科技、制度、管理、业态、产品、文化和商业模式创新相结合，让一切劳动、知识、技术、管理、资本的活力竞相迸发，释放巨大的发展潜能。充分发挥西安高新区作为自主创新示范区的引领辐射带动作用，围绕创新培育产业、围绕产业加强创新、充分发挥人才核心作用、企业主体作用、园区承载作用、众创引擎作用、成果转化作用、重点项目带动作用和重点示范引领作用，形成能够充分激发区域创新驱动发展活力的市场环境和生态体系。把人才作为创新发展第一资源，始终把人才资源开发与活力释放，放在科技创新最优先的位置。

（3）坚持以深化改革为根本动力。强化科技与经济对接，遵循社会主义市场经济规律和科技创新规律，着力破除体制机制障碍，实现科技创新与体制机制创新"两个轮子"良性运转。强化企业市场主体地位，使市场在资源配置中起决定性作用和更好发挥政府作用，由市场引导创新链、产业链、要素链紧密融合，提高科技园区创新体系整体效能。破除科技与经济深度融合的体制机制障碍，积极引导经济社会领域的多元投资、多方技术、多种力量更好地服务园区建设。着力推进科技、经济、社会、文化等领域体制机制统筹改革，构建富有效率、充满活力、更加开放的体制机制、政策环境和社会环境，全面优化激励创新发展的制度环境。强化园区精简高效的管理特色，创新园区运营模式，以改革创新激发新时期园区发展的动力和活力。

（4）坚持以开放合作为必由之路。积极融入全球创新网络和产业分工，在全球范围内优化配置创新资源，开展全方位、多层次、高水平的国际产能合作，加快产业链、价值链、创新链全球配置，引进来和走出去并重、引资和引技引智并举，发展更高层次的开放型经济。加强与"一带一路"沿线国家和地区合作，以开放的主动赢得园区发展的主动。

（5）坚持以绿色生态为必要条件。大力发展低碳经济和循环经济，集约节约利用土地资源，探索绿色发展模式。发展"高效益、低能耗、零污染"的高新技术产业。建设资源节约型、环境友好型示范园区，提升区域自然环境，建设美丽生态园区。

（6）坚持以协调共享为内在要求。坚持科技和经济、产业和城市融合发展，深入实施军民融合发展战略，形成与经济发展相匹配的社会事业发展局面，促进宜居宜业与创新生态同步提升，形成区域经济、社会发展一体化新格局。

10.3　战略定位

10.3.1　总体战略定位

（1）创新驱动的探路者和示范区。发挥科教资源优势，提升自主创新能力，着力优化创新创业生态，率先探索依靠创新驱动经济社会发展的新模式，为实现创新发展和建设创新型园区提供示范。

（2）新兴产业的策源地和聚集区。充分发挥国家级产业基地的作用，推动产业结构转型升级，大力发展以光电子信息产业为龙头的战略性新兴产业和现代服务业，改造提升传统产业，为我国产业高端化发展提供示范。

（3）区域发展的承载体和增长极。显著提升科技园区发展规模和水平，使其成为陕西省依靠科技进步和技术创新推进经济社会发展、建设创新型陕西的中坚力量。

（4）改革开放的试验田和排头兵。着力破除体制机制障碍，开展激励创新政策先行先试，在重要领域和关键环节率先取得突破，建立健全科技创新、产业发展、公共服务、社会管理统筹机制，为推动高新技术产业发展的体制机制创新提供示范。加快推进对外合作、开放交流，汇聚全球高端人才、资金、技术和信息等要素，推动企业"走出去"和"引进来"，为实现国际化创新发展提供示范。

10.3.2　典型园区的战略定位

1. 西安高新区的战略定位

（1）创新驱动发展引领区。抢占先进制造业制高点；聚焦战略性新兴产业发展，设立全产业链条；实施"互联网+"行动计划；支持西安自创区实施2025先进制造攀登计划。发展创新型服务业；支持高端生产性服务业；做大做强科技服务业；引导龙头企业开展组织和商业模式创新。

（2）大众创新创业生态区。培育创新创业生态，在西安自创区打造创新创业生态系统，大力开展"双创"活动等。推动多层次人才创业，提升自主创新能力，支持建设科技金融中心。

（3）军民融合创新示范区。创新军民融合发展体制机制。支持在西安自创区开展国防专利解密与权益归属试点。强化军地科技协同创新能力。建设西安市军民融合科技创新公共服务平台，加快国防科技资源开放共享的市场化进程。

（4）对外开放合作先行区。充分发挥西安自创区作为西安全面创新改革试验区核心区和陕西创新型省份先行先试区的作用，辐射带动关中区域创新示范带发展。引领"一带一路"创新发展。大力开展全球链接，鼓励西安自创区与世界级创业团队、资本、技术的双向流动。打造辐射全球的创新服务网络等。支持建设"人才特区"。加快建设高层次人才创新创业基地和综合服务平台。

2. 杨凌示范区的战略定位

（1）现代农业发展的排头兵。用好全国高校新农村发展研究院协同创新战略联盟和国家农业科技园区协同创新战略联盟"两个平台"，紧紧围绕"121"协同创新战略联盟落地杨凌，为全国 164 个国家农业科技园区、39 所新农村发展研究院注入"杨凌农科"符号。

（2）先进适用技术的倡导者。放大国家杨凌植物品种权交易中心、国家杨凌农业技术转移中心、职业农民培训中心、农产品检验检测中心、农产品认证中心和农业大数据中心六个中心的整体效应，发布好《中国旱区农业技术发展报告》、《中国农业产业投资报告》和《现代农业发展报告》三个报告，为全国现代农业协调发展提供理论和技术支持。

（3）先进经营模式的引领者。主动融入中国现代农业发展的大格局，不断探索拓展互利共赢的广度和深度，依托杨凌示范区在我国 18 个省区市140 个市县建立的 229 个现代农业科技示范推广基地，"杨凌农科"品牌以"核心示范—周边带动—广泛辐射"的工作理念，构建高水平的农科服务新格局。

（4）农业"走出去"的开拓者。服务国家"一带一路"战略，加快建设丝绸之路经济带现代农业国际合作中心和中国哈萨克斯坦现代农业示范推广基地，建立完善同丝路沿线国家合作的长效机制，扩大交流与合作，着力构建陕西省乃至全国现代农业向西开放的重要窗口。

3. 咸阳高新区的战略定位

（1）创新之都。按照"全面创新、生态引领、市场导向、开放共享、分类指导、集约高效"的发展原则，以创新管理体制机制和营造创新创业环境为核心以提升自主创新能力和构建活力产业体系为重点，以优化政策服务体系建设和深化开放互融为动力，围绕电子信息、生物医药、新型合成材料三大核心支柱产业，全面提升自主创新能力、规模经济能力、产业竞争力能力和辐射带动能力，率先在咸阳市形成有利于"大众创业、万众创新"的创新创业生态,率先形成具有区域竞争力和高度活力的新型产业体系,率先形成广泛参与国内外产业分工体系和承接高科技产业转移的平台。

（2）科技新城。率先形成数据共享、经济、科技、生态有机统一的科技新城。

4. 宝鸡高新区的战略定位

（1）创新驱动引领区。实现主导产业跃升、高端人才聚集、城市形象提升、生态环境优化四个突破,成为宝鸡市和关天经济区的创新增长极、宝鸡创新型城市建设的核心示范区。

（2）智能制造先导区。率先形成广泛参与国内外产业分工体系和承接高科技产业转移的平台,成为国家钛材料、石油钻采、高速铁路装备和航空安全装备等领域的产业引擎区。

（3）"互联网+"示范区。率先形成数据共享、经济、科技、生态有机统一的科技新城。

5. 渭南高新区的战略定位

结合渭南城市西扩战略,建设渭南中心城市的现代化新区和工贸技型的高新区。

6. 榆林高新区的战略定位

建设成为特色鲜明、实力雄厚的自主创新核心区、现代产业体系先导区、能源化工高端产业成长区、科学发展模式示范区、体制机制创新先行区、生态环保模范区,成为国家重要的能源化工特色高新技术产业基地、国内一流的高科技园区和高端开放的创新经济体。

7. 安康高新区的战略定位

（1）创新创业引领示范区。积极引导鼓励科研院所、企业、自然人积极参与合作,成为科技企业、高新技术、专业人才三位一体的创新创业孵化器。

（2）绿色循环产业聚集区。以市区共建、市县合作的开发模式,构筑差异化开发体系，积极承接东中部地区产业转移，通过汇集特色工业、高新技术企业、现代服务业，成为绿色循环产业聚集区和制高点。

（3）安康中心城市新中心。通过科学布局，有效开发，突出功能，彰显特色，成为安康未来城市空间的拓展地，城市人口的承载地，城市形象的展示地。

（4）城乡统筹发展示范区。按照"规划建设一体化、服务功能城市化、新区风貌生态化、产业发展现代化、社区生活城镇化"的总体思路，加快高新区内农业向工业，农村向城市，农民向市民的转变，建成陕西省城乡统筹发展示范区。

8. 中国西部科技创新港的战略定位

（1）西部创新驱动发展的先导区。依托科教创新基地，建设国际一流的科技研发联合中心和联合中试技术中心，成为创新成果应用的集群高地。将建成 3D 打印在航空航天、生物医疗等应用领域的研究示范基地；开展智能微传感器、智能化装备等领域产业化应用；建设环保物联网总量控制及排污权交易云计算平台；建立不同行业或产业的网络舆情分析应用软件、科技统筹资源服务平台和社会化交流平台。

（2）科教改革和技术创新的示范区。创新港将致力于探索体制机制的深层革新，打造创新体制示范区、创新服务样板区、创新形象展示区，成为汇聚一流人才、搭建高端平台、吸收各方资本、开拓硬科技规划的大西安科技创新特区，助力西安全面创新改革试验区建设。

（3）创新创业与生态宜居的融合发展区。创新港将突破现有大学校区概念，探索 21 世纪大学与社会发展相融合的新模式、新形态。创新港发挥以西安交通大学为代表的区域科教资源优势，搭建合作转移创新成果的高效平台，打造具备科技资源"吞吐"能力的创新"港口"。聚焦国家战略目标，瞄准能源革命、"中国制造 2025"、"互联网+"，以新能源、新材料、装备制造、信息技术、航空航天、大数据、环境保护、医药健康等科技领域为主攻方向，将现代田园城市理念与国际前沿"学镇"理念相结合，建设"政校企社、产学研创"为一体的创新体、技术与服务的结合体、科技与产业的融合体和"校区、社区、园区"三位一体的智慧学镇。

10.4　战略目标

10.4.1　总体战略目标

把各类科技园区建设成为科技创新和产业创新的引领区、开放型经济和体制创新的先行区、高水平营商环境的示范区和"大众创业、万众创新"的集聚区，形成区域经济增长的新动力和增长极。到2020年，陕西省科技园区的发展规模、建设水平、园区特色、主体地位显著提升，示范引领和辐射带动效应日益增强，科技创新能力和经济创造能力继续保持较快增长，基本形成新的发展动力和发展范式，主要指标达到省内领先、国内先进水平。发挥西安高新区示范引领作用，推进世界一流园区和国家自主创新示范区建设。加快杨凌示范区发展，使其成为国际知名的干旱半干旱现代农业示范园区。支持宝鸡高新区建成国家创新型科技园区，支持渭南、咸阳、榆林、安康等高新区突出特色，成为带动区域经济发展的重要载体。经过努力，争取实现"六个率先"的目标：

（1）率先形成以科技创新为核心的区域创新体系。创新要素高效配置、创新体系日臻健全、创新机制灵活高效、创新创业高度活跃、创新能力国内领先的西部创新高地。到2020年，全社会研发投入占园区生产总值的比重提高到3%，科技进步贡献率超过65%。

（2）率先形成具有国内外竞争力和高度活力的新型产业体系。关中高新技术产业带基本形成，辐射带动能力显著提升。若干重点产业进入全球价值链中高端，涌现一批拥有国内外知名品牌和较强市场竞争力的创新型企业和产业集群，形成一批拥有技术主导权的新产业、新业态和新的经济增长点。到2020年，高新技术企业超过10 000家。

（3）率先形成全要素、多领域、高效益的军民深度融合发展格局。融合发展的体制机制更加成熟定型，重点领域融合取得重大进展，先进技术、产业产品、基础设施等军民共用协调性进一步增强，基本形成军民深度融合发展的基础资源共享体系、科技协同创新体系、产业体系。

（4）率先形成有利于创新创业的体制机制。科技资源统筹、科研院所改革、科技成果转移与转化、知识产权运用和保护、科技金融结合、军民融合、人才聚集等领域的体制机制改革取得新突破，探索一批支持自主创新和产业发展的新机制、新政策。政府职能加快转变，形成精干高效的科技园区管理委员会体制。

（5）率先形成全球链接辐射广泛深入的国际化发展平台。主动对接自由贸易试验区并积极复制成功经验，探索建立开放型经济新体制，开放合作形成新局面。对外开放广度和深度不断拓展，国际高端创新要素富集。西安高新区建成世界一流园区，基本形成若干具有全球影响力的创新创业中心。

（6）率先形成经济、科技、生态有机统一，绿色、协调、共享的发展环境。配套服务设施齐全，公共服务体系完善，社会管理水平显著提高。全面实现企业信息化、公共服务数字化和无线网络全覆盖。覆盖创新链全过程的科技投融资体系基本形成，资源节约、环境保护成效显著，建成一批产业社区、创业社区和大数据园区。

10.4.2 典型园区的战略目标

1. 西安高新区的战略目标

"十三五"的"1235"战略目标：坚持建设世界一流科技园区这一总体目标，明晰具有国际竞争力的先进制造创新中心和"一带一路"创新之都的两个战略定位，深入实施创新驱动、国际化和产城融合三大发展路径，推进自主创新能力跃迁、高端产业升级跨越、创新要素高度聚集、国际化水平大提升、产城融合内核聚变五大工程，建设西安全面创新改革试验区核心区和陕西创新型省份引领区，初步建成国家自主创新示范区。

"十三五"期间，西安高新区的主要经济指标将保持年均 13%以上的增速。到 2020 年，实现全口径营业收入 25 000 亿元，年均增速在 16%左右；生产总值达到 1 300 亿元以上，年均增速在 13%左右；

财政一般预算收入达到 200 亿元，年均增速在 15%左右。率先形成一流的创新创业生态，创新创业激励和响应机制逐步健全，创业人才高度流动、创业资本高度聚集、创业活动高度活跃；率先形成一流的产业发展格局，战略性新兴产业比重达到 50%以上，形成两个具有全球影响力的产业集群，成为我国新产业、新业态的重要策源地；率先形成一流的开放发展水平，融入全球经济体系，引领"一带一路"创新发展，集聚辐射全球创新资源的能力显著提升，聚集世界 500 强企业 100 家，实现进出口总额 500 亿美元。打造一批具有全球影响力的创新型企业，科技型企业数达到 5 万家，具有全球影响力的创新型企业超过 100 家；孵化面积达到 500 万平方米，领军型创业团队超过 100 个，"创业千人"超过 100 人；自主创新能力显著提升，企业研发经费支出占比达 6%以上。以军民融合体制机制创新为突破口，力争到 2020 年军民融合产业规模超过 3 000 亿元，军民融合类上市企业超过 20 家；企业研发投入比重超过 6%，创制国际标准超过 50 项，具有全球影响力的创新型企业超过 100 家。

到 2025 年，实现全口径营业收入 50 000 亿元，基本建成世界一流科技园区，成为"一带一路"创新之都。主要目标：一流的创新创业生态。创新创业激励和响应机制逐步健全，创业人才、创业资本与创业市场不断繁荣，国家级孵化器数量 35 家以上，形成"大众创业、万众创新"的新局面。一流的产业发展格局。在新一代信息技术、先进装备制造等新兴产业领域抢占主导权，战略性新兴产业增加值占工业增加值的比重超过 40%，成为新产业、新业态的重要策源地。一流的开放发展水平。融入全球经济体系，引领"一带一路"创新发展，集聚辐射全球创新资源的能力显著提升，聚集世界 500 强企业 200 家，实现进出口总额 1 000 亿美元。一批具有全球影响力的创新企业。科技型企业数达到 8 万家，具有全球影响力的创新型企业超过 200 家；自主创新能力显著提升，企业R&D投入比重达 8%以上。最终，西安自创区形成持续优化的要素流动机制与立体化的创业网络，培育居于全球价值链高端位置的产业，创造时代最前沿、最有利于新兴产业发展的模式、制度与文化，成为世界一流科技园区，成为具有全球影响力的创新创业中心。

以西安市支持高新区建设金融核心区为契机,以建设"中国丝路金融中心"为目标,打造高新路—科技路—唐延路—锦业路金融产业带,建设唐延金融港、锦业金融港和西太路西部金融创新基地,形成"一带两港一基地"多区域联动的金融产业发展格局。到 2021 年,高新区引导参与各类产业基金规模超过 1 000 亿元,实现区域资产证券化率超过 20%,各类上市挂牌公司超过 300 家,社会融资总额超过 5 000 亿元。

高新区明确提出"追赶北上,超越成都"的追赶超越目标,全国高新区综合排名达到第三位。

(1)实施"五资并举奔跑计划",力争到 2021 年,年引进外资 30 亿美元,内资 500 亿元,世界 500 强企业 15 家,央资、民资高度活跃,全社会融资总额超过 5 000 亿元。

(2)实施"特殊人才跨越计划",累计投入 50 亿元,聚集各类专业人才 10 万人,高层次人才 1.2 万人。

(3)实施"创新创业突破计划",新建"特色小镇"6 个,新增公共技术服务平台 100 个,培育雏鹰企业 5 000 家,瞪羚企业 300 家。

(4)实施"军民融合腾飞计划",建成 24 平方千米的军民融合产业园,建设 50 个国家军民兼容技术平台,军民融合产业产值突破 3 000 亿元。

(5)实施"科技金融聚合计划",资产证券化率超过 20%,各类上市公司超过 300 家。

(6)实施"先进制造攀登计划",实现工业产值 5 000 亿元,制造服务业占比达到 75%以上。

(7)实施"软件信息赶超计划",软件信息服务业收入突破 5 000 亿元,从业人员超过 25 万人。

(8)实施"进出口倍增计划",外贸进出口总额突破 3 000 亿元。

2. 杨凌示范区的战略目标

服务国家战略,担当国家使命,在更高层次上发挥示范引领作用,努力建设全国"四化同步"发展典型、贯彻"五大发展理念"的范例，在确保粮食安全基础上，促进特色现代农业提质增效，建设世界知名农业科技创新城市。2018 年率先全面建成小康社会，2020 年，实现"五个重要"（干旱半干旱地区现代农业科技创新的重要中心、农村科技创业推广服务的重要载体、现代农业产业化示范的重要基地、国际农业科技合作的主要平台、支撑和引领干旱半干旱地区现代农业发展的重要力量）的奋斗目标。

3. 咸阳高新区的战略目标

以建设中西部一流、国内领先的创新型特色园区为目标，围绕三大核心支柱产业，坚持自主创新、科技引领、产业聚集，以发展高新技术产业为主导，以培育优势和新兴产业为重点，以招商引资和招才引智为抓手，大力推进科技创新和成果转化，全面提升自主创新能力、规模经济能力、产业竞争能力和辐射带动能力，着力打造承接产业转移的示范区、科技创新的样板区、高新产业的聚集区。到 2017 年，进入中西部一流创新型特色园区行列，年营业总收入超过 2 000 亿元，规模以上工业增加值超过 700 亿元，出口创汇超过 5 亿美元。到 2020 年，建成区面积达 30 平方千米，城市人口突破 18 万人，产值过亿元的企业达到 40 家，高新技术企业总数达到 50 家，工业总产值突破 1 000 亿元。到 2022 年，成为机制一流、环境一流、要素驱动向创新驱动一流、绩效一流的中西部一流、国内领先的创新型特色园区，年营业总收入超过 7 000 亿元，规模以上工业增加值超过 2 450 亿元，出口创汇超过 18 亿美元。

4. 宝鸡高新区的战略目标

以建设"一流国家创新型特色园区"为目标，深入实施创新驱动、产城融合两大战略，实现主导产业跃升、高端人才聚集、城市形象提升、生态环境优化四个突破，到 2020 年，把宝鸡高新区建设成为高端人才荟萃、创新创业活跃、产业集群发达、新兴业态兴旺的西部创新之城，拥有一批国内一流的科技产业人才、一批国内一流的自主创新成果、一批国内一流的科技企业，成为国家钛材料、石油钻采、高速铁路装备和航空安全装备等领域的产业引擎、关中—天水经济区的创新增长极。

力争到"十三五"末，宝鸡高新区工业总产值翻一番，突破 3 000 亿元，建成面积达 65 平方千米，城市人口突破 18 万人，产值过亿元的企业达到 40 家，高新技术企业总数达到 50 家，依托宝鸡综合保税区打造外向型经济新引擎，综合实力跃居国家高新区前列。

进一步围绕"高新"做文章，将园区打造成为自主创新高地、改革开放高地、产业发展高地和人才聚集高地，实现体制机制新、发展方式新、产业形态新，使宝鸡高新区真正成为宝鸡市经济发展的火车头，转型升级的主阵地，创新发展的示范区和现代、时尚、幸福的新城区。

5. 渭南高新区的战略目标

突出创新、创业双轮驱动，强化工业、服务业双业支撑，围绕"创建国内一流创新型特色产业园区"目标，聚焦全力推进招商引资、加快重点项目建设、支持企业发展壮大三大任务，实现在产业转型升级上实现新突破、在创新驱动发展上实现新突破、在城市品位提升上实现新突破、在民生事业发展上实现新突破四个突破，做好聚集人才保障、强化资金保障、巩固环境保障、优化机制保障、夯实组织保障"五项保障"，做大总量，做优结构，做强实力，争取到"十三五"末工业总产值翻一番，全力推动增材制造国家创新中心建设，3D打印产业在全国继续保持领先水平，建成渭南市创新创业中心和容厦电商物流孵化器，建成投用陕西省首个新能源汽车运营监控中心。

6. 榆林高新区的战略目标

担当国家级能源化工基地建设新使命，建成广泛、高效吸纳创新要素的区域创新系统以及具有引领、示范、带动作用的高端知识型城市新区，做强做大一批具有国际竞争力的创新型企业，培育一批国际、国内知名品牌，全面提升自主创新能力，形成产业集群的规模经济优势、创新竞争优势，营造优越的创新创业环境。深入实施科教兴区和人才强区战略，全面推动高新区发展观念创新、体制机制创新和科技创新，大幅度提高区域自主创新能力、经济增长能力、国际竞争能力和可持续发展能力，使高新区成为引领榆林持续跨越发展的核心引擎。

按照"创新驱动、高端引领、多元支撑、产城融合、特色示范、区域辐射"的总体思路，以加快转变发展方式为主线，全面深化"二次创业"，着力打造成国际一流能化产业示范区、区域中心城市样板区和西部一流特色产业高新区。到 2020 年，各项主要经济指标比"十二五"末翻一番，营业总收入达到 1 000 亿元，地区生产总值达到 600 亿元，工业增加值达到 400 亿元，财政总收入达到 40 亿元；有 5 户以上企业年营业收入突破 100 亿元，科技进步对经济增长的贡献率达到 50%左右。

7. 安康高新区的战略目标

以打造秦巴特色高新区、建设安康城市新中心为目标，合理布局"五大园区"，着力打造"七大聚集区"，加快形成"十大功能圈"，扎实推进现代化城市新区、高新产业聚集区、创新创业示范区"三区共建"，打造科技支撑、创新驱动的国家高新技术产业开发区、全国具备后发潜力的产城融合新区，充分发挥其在秦巴区域的示范引领作用。到 2020 年，综合实力在全国高新区排名中向前推进 20 位，实现生产总值 150 亿元，比 2015 年翻两番，年均增长 30%以上，占全市比重达到 10%以上。实施重大项目 300 个以上、总投资 1 200 亿元以上，确保主要经济指标增速始终保持高于安康市十个百分点以上；工业总产值比 2015 年增长五倍，固定资产投资和财政总收入比 2015 年增长两倍；经认定高新技术企业占企业总数的比例达 30%以上。

8. 中国西部科技创新港的战略目标

打造西部人才聚集高地——通过启动实施"领军学者计划""科学家工作室"，与国家人力资源和社会保障部共同筹建丝绸之路中国西部博士后创新示范中心等举措，成为"一带一路"创新人才高地。将现有的两院院士、中共中央组织部"千人计划"学者、国家杰出青年和"长江学者"200 余人的国家级专家队伍及其团队布局在创新港。积极引进各类海内外高层次科研人员，将聚集至少 2 万名研究生和留学生，汇聚至少 3 万名来自全球不同国别的青年学者和高端人才。

培育中国一流科技创新环境——这里将汇聚国家重点实验室、国家工程研究中心等国家级科研平台 17 个，省部级重点实验室及研究中心近百个，其涵盖的研究中心及新型智库均是各领域唯一的国家级研究平台，并在国内处于领先地位。吸引至少 500 家国内外知名企业在创新港设立研发中心、技术创新联盟、工程实验室或工程中心，形成国际化的产业创新基地。

建设自主创新成果供给源头——西安交通大学将已取得的国家级科技创新成果以及发明专利、可转化科研成果全部投入科技创新港。创新港还将重点建设国家实验室、国家工程中心、国家成果转移中心，实现高新技术成果转化、高新企业孵化和规模产业核心技术的源头供给。

到 2020 年，创新港将聚集 2 万名高端人才；每年为社会输送 5 000 名创新型人才；以原有国家重点实验室、工程中心、科研院所为基础，初步搭建 9~12 个科技创新平台和科技支撑服务体系，在电力电子、高端装备制造、能源与动力、信息技术、新材料、航天航空、生物医学等技术领域掌握一批具有自主知识产权的关键核心技术，部分达到世界领先水平；围绕前沿科技、核心成果，吸引和培育以高新技术企业为主体的创新型企业集群 3~5 个，形成创新成果快速转化、核心技术高效孵化能力，每年实现 100 项以上创新成果转化。扶持 10 家以上创新型企业、行业骨干企业和高校联合，组建产业技术创新战略联盟，促进高校院所创新资源与企业创新需求有效对接，打造优势科研转化和产业发展竞争力。创新港将成为高新技术企业成长的摇篮，将新增产业研发、高新技术企业孵化空间 60 多万平方米、吸引至少 500 家国内外知名企业入驻、每年新增发明专利 1 000 件以上、每年转化技术 500 件以上，五年后每年销售额超过 100 亿元，带动相关产业产生经济效益 1 000 亿元以上。

到 2025 年，创新港创新体系初步建成，建成一批面向世界、服务全国的重大科技创新基础设施，掌握一批事关国家竞争力的核心技术成果，聚集一批具有世界水平的创新团队和骨干企业，科技创新引领经济社会发展的能力大幅提升。

10.5 战略布局

10.5.1 总体战略布局

坚持规划引领,优化科技园区形态和布局,形成布局合理、错位发展、功能协调的陕西省科技园区发展格局。科学把握园区的功能定位,坚持以产业发展为主,成为本地区制造业、高新技术产业和生产性服务业集聚发展平台,成为实施制造强国战略和创新驱动发展战略的重要载体。立足陕西省发展现状、区域特点和现实需求,进一步优化科技园区空间布局。力争到 2020 年,新升级国家高新区 3 个,新建省级高新区 4 个,形成"10+15"的国家和省级高新区发展格局。

结合地方特色和比较优势,建设 80 个产业特色鲜明的专业园区。引导每个园区确定 1~2 个具有较强区域带动作用的产业集群,形成产业相对集中、服务能力较强、规模效应明显的科技企业聚集区。以统筹农业科技资源,搭建农业科技创新与成果转化平台为重点,积极参与科学技术部"一城两区百园"工程,支持 30 家国家级、省级农业科技园区建设。

建设一批特色科技产业基地。支持国家高新技术产业化基地和现代服务业产业化基地建设,新建 30 家省级高新技术产业、现代服务业及科技文化融合示范基地,建设 30 家省级现代农业科技创业示范基地,建设 10 个省、市级医药科技产业基地(园区),30 个省级药用植物科技示范基地。

鼓励国家级园区输出品牌、人才、技术、资金和管理经验,按照优势互补、产业联动、市场导向、利益共享的原则,与其他园区合作共建园区。以国家级园区和发展水平高的省级园区为主体,整合区位相邻、相近的园区,对小而散的各类园区进行清理、整合、撤销,建立统一的管理机构、实行统一管理。对小而分散的园区进行兼并重组,推动园区数量的"去产能"。

10.5.2　典型园区的战略布局

1. 西安高新区

形成"两带两城五区八园"空间布局。

两带：万亿元现代服务业产业带和万亿元高新技术产业带。现代服务业产业带以高新路—科技路—唐延路—锦业路—西太路为发展轴，着力打造以金融商务、总部经济、现代商业、文化娱乐为核心的现代服务产业带。高新技术产业带纵贯南北，着力打造以战略性新兴产业为核心的高新技术产业带。

两城：综合保税区、软件新城（软件园）。西安高新综合保税区将以中国最大的外商投资项目三星高端闪存芯片项目为核心，带动近百家配套企业入驻，完善西安半导体产业链，打造具有全球影响力的新一代信息技术产业高地。软件新城（软件园）规划面积为 10 平方千米，致力于打造我国中西部规模最大、最具国际化的软件与信息技术服务基地和数字产业聚集区，建设一座凝聚智慧、激发创意的生态科技创新之城。

五区：高端服务业聚集区、总部经济聚集区、出口加工区、西太路中央商务区、梁家滩国际社区五大功能园区。高端服务业聚集区将全面提升高新区的消费吸纳力、辐射力和支撑力，打造西部人气最旺的高端服务业引领区。总部经济聚集区以金融、商务、会展等功能为主体，打造辐射西北、联通国际的总部经济聚集区。陕西西安出口加工区B区是高新区开放型经济的重要功能区，是西部内陆企业参与全球竞争，进入国际经济循环的绿色通道，打造承接海内外高端产业转移的价值洼地。西太路中央商务区将汇集行政中心，着力构建充满活力、富有特色的高端商务、政务服务中枢，打造中国西部的商务中心。西安国际社区依托梁家滩国际社区，打造国际休闲交往、国际高尚生活、国际文化创意三大中心，构筑享受国际品质生活的新平台，与世界对话的休闲新客厅，与世界交往的国际新门户，打造西安城市新名片。

八园：长安通讯产业园、军民融合产业园、草堂科技产业园、创业研发园、生物医药产业园、环保科技产业园、新材料产业园、先进制造产业园八大产业园区。长安通讯产业园规划面积为 7 平方千米，以中兴通讯等重点项目为支撑，着力打造中国第二大通信产业基地和具有全球竞争力的通信产业集群。军民融合产业园规划面积为 5 平方千米，以发展军民融合产业为核心，着力打造以军转民、民进军为特色的现代化工业园区。草堂科技产业园规划面积为 20 平方千米，以高新技术产业综合配套为核心，打造集群发达、产业兴旺的卫星城。创业研发园规划面积为 5 平方千米，集科技研发、成果转化、企业孵化、企业加速四大功能为一体，建设国际化的高新技术创新基地。生物医药产业园规划面积为 5 平方千米，立足陕西丰富的生物资源优势，打造中西部规模最大、创新能力最强的生物医药产业化基地。环保科技产业园规划面积为 5 平方千米，以循环经济为核心，强力集聚环保产业，打造西安低碳生态发展的"桥头堡"，引领我国节能环保产业发展的方向。新材料产业园规划面积为 5 平方千米，是高新区发展战略性新兴产业的重要载体，建设产业发展与技术聚合、生态理念与园区建设共赢的高科技创新型低碳园区。先进制造产业园规划面积为 5 平方千米，以汽车、能源装备制造等产业为主导，培育具有规模优势和竞争力的先进制造产业集群。

2. 杨凌示范区

学习借鉴美国戴维斯、荷兰格罗宁根大学城的先进经验，凸显"城中有校、校中有城"的农科大学城特色，形成"一城两镇、五个新型社区、若干个美丽乡村"的空间布局，支持五泉镇、揉谷镇省级重点示范镇建设。

3. 咸阳高新区

重点建好显示器件产业园（电子信息产业园）、中韩产业园、医药产业园三大园区。显示器件产业园。依托中国电子集团咸阳 8.6 代液晶面板生产线项目，填补咸阳电子信息产业大中型液晶面板生产空白，通过打造"丝绸之路第一板"，推动建设西部唯一的国家级显示器件产业园，并在未来 3~5 年形成千亿元级产业集群。中韩产业园。在中韩产业园A区，建设韩国中小企业孵化基地，主要接纳韩国中小电子信息企业及西安三星闪存项目配套企业，打造产业结构清晰、特色产业突出、骨干与配套搭配、上下游产业链较为完整的集群化现代产业体系。医药产业园。围绕咸阳中医药产业优势，着力招引修正药业等国内外知名医药企业进驻，并逐步成为各大药企在西北地区落户的首选地，建设西北总部基地，打造西北地区一流的医药产业园。

4．宝鸡高新区

推进创新驱动引领区、智能制造先导区、"互联网+"示范区三区建设。启动科技新城核心区建设，按照一心（国家级创业中心）、两轴（高新大道发展轴、伐鱼河生态景观轴）、三区（中央商务区、综合保税区、旅游发展区）、六园（汽车及零部件产业园、高端航空航天装备产业园、有色金属新材料产业园、现代中医药及医疗设备产业园、互联网电子信息产业园、高端装备产业园）进行布局。

5．榆林高新区

紧紧围绕"产业立区、新城兴区、科技强区、人才建区"发展思路，深入推进"三转三区"战略：以产业发展和城市建设并重向突出产业发展转变，打造国际一流能化基地核心区；以投资拉动和资源驱动向突出创新驱动转变，打造国内一流高新区；以城市管理为主向突出软环境综合提升转变，打造区域一流服务园区。

6．渭南高新区

精心构筑新型煤化工业园、钼化学品工业园、工程机械工业园、印刷机械工业园、纺织机械工业园、LED绿色照明工业园和 3D打印产业培育基地七大工业园区，形成装备制造、精细化工、新能源和新材料四大主导产业集群，重点建设新能源汽车产业园与 3D打印培育基地。

7．安康高新区

形成"一带、两区、三轴、四心"的空间布局。
一带：付家河生态景观带。

两区：城市新区、产业聚集新区。

三轴：高新大道城市发展主轴、科技大道城市发展主轴、创新路城市发展主轴。

四心：行政商务中心、总部经济与科研中心、循环产业集聚中心、物流中心。

8. 中国西部科技创新港

总面积为 5 000 余亩，北临渭河，东临咸户路，南至西宝高速新线，北与新河三角洲交汇，距西安古城约 23 千米。

依托西安交通大学多学科人才、科研优势与陕西省产业优势，创新港聚焦国家战略目标，建设科研、教育、转化孵化、综合服务四大板块，其中科研、教育板块，选定新能源、新材料、装备制造、信息技术、大数据、生态环保、生物医药等领域作为主攻方向，将围绕理、工、医、社科四大方向，打造国家西部能源研究院、中国西部质量科学与技术研究院等 23 个研究院和超过 100 家省部级以上重点实验室和工程技术研究中心，建成一批面向世界、服务全国的重大科技创新基础设施。为充分承接西安交通大学科研成果，西咸新区专门在创新港南侧布局 7 平方千米产业承接区，以创新港为核心引擎，依托西安交通大学等著名高校，致力于打造世界知名的科学研究园区、人才培养和集聚高地、国际化的产业创新基地、高新技术企业成长的摇篮、陕西科技资源统筹示范区及国家新型城镇化建设的样板。

第 11 章 陕西科技园区的科技创新战略

11.1 战略定位

抓住新一轮世界科技革命机遇，深入实施创新驱动发展战略，围绕GIC和国家与地方战略需求，发挥全省智力资源密集优势，充分发挥科技创新在全面创新中的引领作用，努力构建以企业为主体、产学研用为纽带、科技服务平台为支撑、军民融合为特色、科技金融为助力的科技创新体系。要发挥好科技创新在供给侧结构性改革中的关键作用，以需求为导向推动技术攻关，以项目为纽带促进成果转化，以人才为根本激发创新活力，最大限度释放科技创新潜能。强化战略必争领域的原始创新和重大集成创新，全面增强企业自主创新能力，重点推进一批原始创新技术和关键共性技术攻关，实施一批重大科技项目和工程，打造一批世界一流水平的研发机构，在一些重点领域打造国家重要研发基地，使科技创新成为提高园区竞争力的战略支撑、园区转型发展的动力之源，力争在军民深度融合、科技成果转化、金融创新、人才激励、开放创新等方面取得重大突破，努力在创新驱动发展方面走在陕西省，甚至全国前列。

11.2 战略实施

11.2.1 强化源头供给创新

坚持目标导向，集中支持事关园区发展全局的基础研究、应用基础研究和前沿技术研究，更加重视原始创新和颠覆性技术创新。围绕支撑重大技术突破，推进变革性研究，在新思想、新发现、新知识、新原理、新方法上积极进取，强化源头储备。把握世界科技进步大方向，找准产业升级的技术关键点，围绕陕西省支柱产业、主导产业和先导产业三类产业链的重大、关键、共性、核心技术配置创新链。

支持陕西省科技园区积极参与国家、国际大科学计划、大科学工程，积极推进脑科学与人工智能、干细胞与组织功能修复、国际人类表型组、材料基因组、新一代核能、量子通信、拟态安全、深海科学等一批重大科技基础前沿布局。依托科研院所和高校研发力量，加快突破新一代信息通信、新能源、新材料、航空航天、生物医药、智能制造、生物育种、节能环保等领域的重大共性核心技术。

在煤油气绿色开采利用、通用飞机、民用无人机、航天航空发动机、北斗导航、高端处理器芯片、集成电路制造及配套装备材料、先进传感器及物联网、特高压输配电、智能电网、智能汽车和新能源汽车、新型显示、高档数控机床、机器人、可穿戴设备、深远海洋工程装备、原创新药与高端医疗装备、精准医疗、大数据及云计算、石墨稀、3D打印、VR和区块链等重要领域加强源头创新，实现重大关键技术重点突破。针对现代农业、新型城镇化、环境治理、健康养老、食品安全、公共服务等领域的重大技术需要，开展科技攻关和集成示范。

11.2.2　建设重大创新平台

瞄准世界科技前沿和产业变革趋势，以提升科技创新能力为目标，着眼长远和全局，聚焦国家和地方战略需求、聚焦创新链布局需求，按照"政府引导、市场运作，面向产业、服务企业，资源共享、注重实效"的总体思路，有针对性地建设一批重点实验室、工程技术（研究）中心和产业技术研究院等高水平创新平台。对园区现有科研基地平台进行合理归并，优化整合，进一步明确功能定位和目标任务，建设适合园区发展和行业特色的科技创新基地。

坚持"开放、流动、联合、竞争"的方针，依托高等院校、科研院所和龙头企业，优先在具有明确国家目标和紧迫战略需求的重大领域，在有望引领未来发展的战略制高点，面向未来、统筹部署，在航天动力、智能制造、信息技术、新材料、能源化工等领域，布局建设一批突破型、引领型、平台型一体的国家实验室、综合性国家科学中心、国家技术创新中心、国家工程技术研究中心和国家工程研究中心。

重点在石墨烯、量子通信、第五代移动通信、自旋磁存储等领域超前部署，建设国家重点实验室。鼓励基础研究水平高、创新能力强、运行规范的省重点实验室，聚焦重大任务，联合优势学科和优势产业，通过重大基础研究项目的资助，力争在信息技术、新材料、能源化工等领域，培育出国家重点实验室或省部共建国家重点实验室。

以促进校企、院企产学研合作为导向，依托科技实力雄厚的骨干企业，联合高校和科研院所，新建一批由企业负责管理的省级工程技术研究中心，针对陕西省重点产业链的缺失环节、薄弱环节、延伸环节，开展联合科技攻关，为满足企业规模生产提供成熟配套的技术工艺和技术装备，持续不断地将具有重要应用前景的科研成果进行系统化、配套化和工程化研究开发，推动相关行业、领域的技术进步和新兴产业的发展。对现有省级工程（技术）研究中心进行整合优化、改造升级，强化工程中心的技术开发和工程化能力，推动设备、人才、成果资源开放共享，鼓励依托单位加大对工程技术研究中心的支持和投入，打造一批集技术研发、人才集聚、成果转化为一体的综合性企业创新平台。

支持西安交通大学创新港建设，以国家和区域经济社会发展的重大需求为牵引，重构学科建设组织架构，把人才培养、学术研究、社会服务、文化传承创新四大功能有效地整合起来，探索建立一个"校区、社区、园区"三位一体的全新的大学形态，打造集国家科研、高新技术成果转化、高端人才培养、高新企业孵化于一体的研发大平台，创建优质教育、高端科研、产业承载、创新创业新模式，发挥强大的示范效应。

在先进制造、现代农业、生态环境、社会民生等重要领域建设高水平的技术创新和成果转化基地。建成若干国家临床研究中心和覆盖全国的网络化、集群化协同研究网络，促进医学科技成果转化应用。建设完善无人机系统、陶瓷基复合材料、视觉信息处理与应用等一批国家工程技术研究中心。在能源化工、电子信息、航空航天、新材料等领域建设一批国家级企业技术研究中心。在生命科学领域，发挥第四军医大学、西北农林科技大学等单位的研发优势，建设第四军医大学国家分子医学转化科学中心和创新药物综合研发平台，攻克治疗恶性肿瘤、心脑血管疾病、神经精神系统疾病、代谢性疾病、自身免疫性疾病等领域创新药物关键技术。

规划建设产业科技创新中心。通过创新产业技术研发组织机制，搭建集创新资源高效整合和开放共享、产业技术集成创新和快速转化、新业态组织和商业模式创新、高科技企业创业生态和产业衍生为一体，涵盖产业价值链全过程的研发服务平台，缩短技术开发与商业化应用的时间，加快从研究开发到商品生产的转化过程，重点建设纳米、物联网、医疗器械、智能装备、环保、网络通信等一批具有国内外影响力的产业科技创新中心，打造产业创新的核心引擎，培育高成长性高新技术企业，加快培育和发展战略性新兴产业。

进一步发挥完善省级重点实验室、工程技术研究中心、企业技术中心的作用。积极争取创建未来网络试验设施、纳米真空互联实验站等大科学工程以及通信技术、微结构、土壤环境等实验室，重点在石墨烯、量子通信、第五代移动通信、自旋磁存储、智能电网、生物医药、纳米技术、有机光电子、碳纤维材料、精密制造、放射医学等领域超前部署，建设省级重点实验室。支持有条件的大中型企业、转制院所建设省级重点实验室，支持企业与科研院所、高校共建重点实验室。支持有条件的省级重点实验室申报省部共建国家重点实验室培育基地或国家重点实验室。围绕园区产业链的薄弱环节，建设一批产学研相结合的省级工程技术研究中心。以园区中技术创新能力较强、创新业绩显著、示范带动作用明显的企业为依托，建设工程（技术）研究中心、工程中心、企业技术中心、企业重点实验室、工程实验室等高水平研发基地。鼓励应用技术研发机构进入企业，扶持大企业与跨国公司共建技术研发联合体，吸纳跨国公司和外地大企业在园区设立研发中心。

围绕陕西省资源主导型产业发展建设一批共性技术中试基地，紧扣战略性新兴产业发展建设一批专业化中试基地。针对能源化工、装备制造、航空航天、电子信息、新材料、现代农业、生物医药、节能环保、新能源汽车九大产业，以 3D打印、"水煮煤"、GPU、光通信芯片等重大中试项目为重点，建设中国重型机械研究院、西北有色院、西安电力电子技术研究所等一批成套技术、关键技术中试基地。

加快建设大型共用实验装置、数据资源、生物资源、分析检测、知识和专利信息服务等科技基础条件平台。依托优秀科研机构和知名大学集聚优势，建设世界级大科学设施集群。建设超算中心和云计算平台等数字化基础设施，形成基于大数据的先进信息网络支撑体系。加强以标准、计量、检验检测、认证为主要内容的质量技术基础平台建设，建设技术标准创新基地。

积极推广众包、用户参与设计、云设计等新型研发组织模式，鼓励研发类企业专业化发展，积极培育市场化新型研发组织、研发中介和研发服务外包新业态。

11.2.3　健全协同创新机制

强化创新链和产业链有机衔接，完善以企业为主体、市场为导向、政产学研用紧密结合的园区创新体系，加速科技成果产业化。强化企业创新主体地位和主导作用，以全面提升企业创新能力为核心，引导各类创新要素向企业集聚，不断增强企业创新动力、创新活力、创新实力，使创新转化为实实在在的产业活动，形成创新型领军企业"顶天立地"、科技型中小微企业"铺天盖地"的发展格局。

构建完善以企业为主导、产学研合作的产业技术创新战略联盟，进一步优化联盟在园区的布局。围绕陕西省战略性产业的关键共性技术，通过资源共享和创新要素优化组合，实现较大范围内的资源调配以及各联盟成员间优势互补，积极拓展发展空间、提高产业或行业竞争力。加强产学研结合的中试基地和共性技术研发平台建设。探索在战略性领域采取企业主导、院校协作、多元投资、军民融合、成果分享的新模式，整合形成若干科技产业创新中心。深化校企产学研深度合作，创新产学研合作模式。支持在企业设立博士后工作站、研究生示范站，培养应用型技术创新人才；重点是支持企业依托高校建立"四主体一联合"（企业作为需求主体、投资主体、管理主体、市场主体和高校联合）的新型研发平台，发挥高校人才资源、科研设施和科技成果的优势，降低企业研发成本、提高研发效率。

依托科技园区，健全技术转移服务机构，建设国家科技成果转移转化示范区，探索形成一批可复制、可推广的工作经验与模式。依托国家技术转移西北中心，通过陕西区域试点站与中国创新驿站的有效对接，大力整合创新资源，推动国内外创新要素跨行业、跨区域、跨国界转移，推动技术转移机构网络化发展。探索技术转移服务联盟模式，实现机构间的资源共享和分工协作，提升技术转移机构的承载能力。

探索"新型研发中心、校园众创空间与微种子微天使基金"三位一体的助推模式。支持在陕军工单位联合在陕高校、科研院所在民用航空、民用航天、专用设备制造、电子信息、特种化工、新材料、新能源等特色主导产业新建省级工程中心。

11.2.4　深化军民融合创新

按照军民融合发展战略总体要求，发挥国防科技创新重要作用，加快建立健全双向开放、信息交互、资源共享的军民融合创新体系，打造一批国家军民深度融合创新示范区，形成可推广、可复制、可持续的新路径与新模式，推动形成全要素、多领域、高效益的军民科技深度融合格局。

整合运用军民科研力量，开展军民科技资源开放共享，推动建立一批军民结合的科技协同创新平台，开展联合技术攻关，着力提高军民融合创新能力。

通过组建军民融合技术产业联盟等方式，促进军民技术双向转移转化。推动先进民用技术在军事领域的应用，积极引导国防科技成果加速向民用领域转化应用。放宽国防科技领域市场准入，扩大军品研发和服务市场的开放竞争，引导优势民营企业进入军品科研生产和维修领域。

11.2.5　推进"大众创业、万众创新"

把创业创新融入科技园区发展各领域各环节，鼓励各类主体开发新技术、新产品、新业态、新模式，在科技园区构建支撑创新创业全链条的服务网络，打造一批"双创"示范基地，形成"大众创业、万众创新"的生动局面。

加快推动园区孵化器由量的发展向质的提升转变，围绕实体经济转型升级，加强专业化高水平的创新创业综合载体建设，完善创业服务功能，形成高效便捷的创业孵化体系。进一步提升科技创业特别社区、高新技术服务中心、新兴产业加速器、大学科技园、留学生创业园等孵化器科技创业服务水平，支持有条件的国家级孵化器加快建设成世界一流的创新创业载体。鼓励社会力量建设创客空间、创新工场、车库咖啡、创客学院等创业苗圃。围绕新兴产业链培育设立专业孵化器，拓展孵化功能，完善孵化链条，在园区加速形成"创业苗圃+孵化器+加速器+产业园"阶梯形孵化体系。引导和鼓励国内资本与境外合作设立新型创业孵化平台，引进境外先进创业孵化模式，提升孵化能力。依托移动互联网、大数据、云计算等现代信息技术，发展低成本、便利化、开放式众创空间和虚拟创新社区。

以农业科技园区、高等学校新农村发展研究院、科技型企业、科技特派员创业基地、农民专业合作社等为载体，通过市场化机制、专业化服务和资本化运作方式，利用线下孵化载体和线上网络平台，面向科技特派员、大学生、返乡农民工、职业农民等打造融合科技示范、技术集成、融资孵化、创新创业、平台服务于一体的"星创天地"，营造专业化、社会化、便捷化的农村科技创业服务环境。依托互联网拓宽市场资源、社会需求与创业创新对接通道。推进专业空间、网络平台和企业内部众创，加强创新资源共享。推广研发创意、制造运维、知识内容和生活服务众包，推动大众参与线上生产流通分工。发展公众众扶、分享众扶和互助众扶。完善监管制度，规范发展实物众筹和股权众筹，形成"众创、众包、众筹、众扶"互为支撑的创新创业生态体系。

完善创业培育服务，打造线上与线下相结合的开放式服务载体。充分发挥陕西创新创业联盟作用，定期举办创新创业大赛，"众创大赛+开放需求+种子天使"三位一体的助推模式。创新与高校共建众创空间的新路径。

支持创建创业大学、创客学院。鼓励存量商业商务楼宇、旧厂房等资源改造，提供开放的创新创业载体。鼓励支持创造创意活动，培养具有创造发明兴趣、创新思维和动手能力的年轻创客，推广科技人才创业特别社区等新模式，扶持更多创新创业社区和众创示范街区。完善创业导师培训体系，支持创业导师服务创业企业。

11.3　典型园区的科技创新战略

1. 西安高新区

紧密围绕国家自主创新示范区建设，率先形成全国一流的创新中心、"一带一路"创新驱动发展的重要枢纽，建设"一带一路"创新之都。到 2020 年，R&D投入占比将达到 6%，累计新增发明专利授权量 7 000 项。万人拥有专科（含）学历以上人数占比为 55%。国家级工程中心、技术开发中心、实验室数量达到 70 个，国家级孵化器孵化面积新增 300 万平方米。实现累计新认定高新技术企业 1 300 家，高新技术企业营业收入比重为 35%。

到 2020 年，围绕移动互联网、电子商务、云计算、大数据、物联网等新一代信息技术，数字出版、数字娱乐等文化创意产业，增材技术、健康医疗服务以及其他"互联网+"等新兴业态，形成新型创业载体多样化、创业资源市场化、创业资本多元化、创业人群全民化、创业服务品牌化的创业要素聚集地。按照高新区国家自主创新示范区"双创"规划及三年行动计划，未来三年，将累计培育科技型企业 15 000

家、新兴产业领域企业 8 000 家，吸引科技创新创业者 5 万人，引进金融服务机构 300 家，各类融资总额达到 1 400 亿元。以科技创新为引领，扶持政策为保障，着力加强种子计划、育苗计划、瞪羚计划的创新引领作用，累计培育瞪羚企业 100 家、科技型企业 15 000 家、新兴产业领域企业 8 000 家、种子企业 2 000 家、育苗企业 1 200 家。加快建设一批"双创"孵化基地及公共服务平台，累计打造或引进众创空间 50 家，孵化器 35 家，加速器 8 家，打造专业园区 8 家，孵化面积 260 万平方米；依托科研院所、大专院校和重点企业，构建各类公共技术平台 40 个，建设公共服务平台 25 个。不断加大招研引智力度，累计吸引科技创新创业者 5 万人，引进"国家千人计划"专家 35 名等高端人才，吸引留学生和海外创业者 1 300 人。不断加强科技金融产品及服务方式创新，三年设立各类天使投资和创业投资基金 5 支，聚集专业投资人 300 人，引进金融服务机构 300 家，各类融资总额达到 1 400 亿元；组织创新创业大赛、创业培训、创业辅导等创业活动累计超过 70 万人次。

瞄准世界科技前沿和顶尖水平，选准关系全局和长远发展的战略必争之地，立足自身有基础、有优势、能突破的领域，前瞻布局一批科技创新基础工程和重大战略项目。

重大建设项目主要有高新区孵化器集群、高新区生物医药研发聚集基地、精准医学转化医学研究平台、英国生物港、智能数据分析决策平台、高新WORK+联合创新科技中心、创业基地（创业空间）改造项目、西安市众创示范街区、高端光电孵化协同创新工程示范基地、软件新城研发基地三期、陕鼓集团制造业创新中心（工业技术研究基地）和超材料技术研发中心等。

重大策划项目主要有中韩(西安)国际低碳环保产业园专业孵化器、军民融合科技企业孵化器、军民融合产业园、西安国际生物医药研发服务创新基地、丝绸之路国际技术转移平台、中兴CGO实验室、步长集团生物医药孵化器、大型企业工程设计中心和西安高新区-西安交通大学创新基地、丝路学院西安大数据研究院等。

重大改革创新项目主要有科技大市场"三网一厅"提升工程、国家技术转移西北中心、国家知识产权运营公共服务平台、"一带一路"科技园区联盟、全国知名品牌示范区建设项目。

2. 杨凌示范区

以在世界旱作农业科技领域占有重要位置为目标,进一步发挥科技引领作用,攻克制约我国农业发展的核心关键技术,抢占现代农业科技制高点,全面提升科技创新水平,深入实施创新驱动发展战略,争当农业科技创新的"领跑者"。

面向农业前沿需求,加快科技创新步伐,不断提升在世界农业科技领域的话语权和竞争力,持续开展干旱半干旱地区现代农业示范。到2020 年,地区科技研发投入支出占地区生产总值的比例将达到 6.5%,科技成果及专利申报量突破 1 万件,审定动植物新品种突破 200 个,集聚创新的科技成果转化率达到 70%以上,年示范推广效益 230 亿元以上,良种繁育、生物技术、农业节水、生态修复等科研水平世界领先,等等。

实施农业科技创新工程。充分发挥西北农林科技大学等科研单位在农业基础研究中的主力军作用,加强农业基础研究,不断提升科技研发能力,力争在农业生物基因调控及分子育种、农林动植物抗逆机理、农田资源高效利用、农林生态修复等领域取得一批前沿性成果。切实提高种业科技创新能力,力争在小麦、玉米、油菜等新品种选育上取得一批在国内有较大影响力的新品种,努力打造"种业硅谷"。把握农业科技创新发展态势,加强关键技术创新,着力攻克生物育种、农机装备、智能农业、设施农业、生态环保等领域关键技术,为促进我国农业现代化提供支撑。

深化"区校一体、融合发展"战略,充分发挥国家农业科技园区协同创新战略联盟和全国高校新农村发展研究院协同创新战略联盟两个平台作用,与 164 个国家级园区和 39 所高校新农村发展研究院强强联合,开展跨区域协同创新。支持西北农林科技大学建设旱区农业水科学与水工程国家重点实验室等科研平台,支持杨凌示范区建设现代农业产业科技创新中心。支持杨凌示范区申报国家自主创新示范区试点和国家小微企业创新创业基地示范城市，着力打造小微企业集聚区。加快众创田园、星创天地、西北农林科技大学青年农业众创空间、杨凌农业创意与研发设计基地等建设，大力推动"大众创业、万众创新"，构建陕西省农业创新创业新高地。

不断完善示范推广模式，进一步扩大示范推广效应，全面提升现有全国范围内杨凌示范推广基地的示范功能。抢抓农业部和陕西省共建陕西特色现代农业示范省的战略机遇，加快布局建设新基地，构建覆盖全旱区的示范推广体系。力争"十三五"末，在旱区建设 40~60 个区域重大试验示范基地，在产业核心区域建设 300 个科技示范推广基地，杨凌基地总数达到 350 个以上，年示范推广面积达到 8 000 万亩以上。加大科技扶贫力度，实现陕西省国家级贫困县杨凌科技示范基地全覆盖，并陆续在西藏、新疆及其他有条件的省份逐步建设杨凌科技示范基地，为陕西省乃至全国脱贫攻坚贡献"杨凌力量"。深入推行科技特派员制度，积极探索农业科技人员与各类经营主体的利益联结机制，鼓励技术人员以技术入股等形式参与农业创新创业，以市场化方式推进科技推广，获取收益分成。积极探索"政府+科研院所+新型农业经营主体"的精准化科技服务体系，促进科技传播与推广。要积极探索"互联网+"科技服务的新机制，促进农业科技推广向信息化跃升。围绕推广良种、良法、良艺，进一步创新培训方式，推广田间学校、送教下乡等模式，开发信息化智能培训平台，实现从"培训"农民到"培育"新型职业农民的转变。切实提高农高会的办会层次，继续办好"网上农高会"，打造"天天农高会"。

3. 宝鸡高新区

围绕创新能力体系建设，争取建立钛产业全国创新中心，与清华大学苏州汽车产业园合作建设汽车技术研发平台，不断加强与陕西省内外高校、院所的产学研联合，建立与西安、北京、上海及国外的协同创新平台，把宝鸡高新区建成科技成果转移转化的承载基地。

围绕传统产业转型升级，深入实施"两化"深度融合专项行动。围绕推动建设国家知识产权示范园区、国家钛产业专利导航发展实验区、知识产权密集型产业培育等工作，谋划建设科技新城国家级创业中心，启动建设创智大厦、高新科技资源中心。围绕产业迈向中高端，建立引进培育高层次创新创业人才激励机制，建设人力资源强区。

4. 榆林高新区

整合国内外科技力量，成立榆林煤化工产业升级技术研发中心，加大煤化工核心技术的研发应用，加快对煤化工核心技术的研发攻关和示范应用，重点开展PODE（甲醇深加工）二代技术、煤清洁高效利用、煤焦油精细加工等煤化工前沿技术的研发、中试工作，建设国际一流的能化科技引领示范区。

促进国家煤盐检测中心入驻，将高新企业孵化器再扩大5 000平方米，启动北京盛世光明网络信息安全开发和宇星云网通信运营榆林示范基地建设，加大对现有在孵项目的扶持力度，积极培育以互联网和电子信息为代表的高新技术产业。切实加强高新区内科技型中小企业的培育、扶持力度，以领军企业为龙头，集中创新资源，培育和支持创新型企业发展，打造50家重点高新技术企业，完善产业技术创新链，提升企业自主创新能力和技术竞争力。设立高新区科技创新专项资金，市财政每年安排2 000万元，高新区配套1 000万元，集中支持重点产业的科技创新与发展。市直相关部门原则上每年应安排科技专项经费的30%用于支持高新区科技创新。

加快构建自主创新平台。通过政府引导投入、院校企业共建、利用资本市场等多种方式筹集资金，加快建设国家级、省级工程技术研究中心以及以大型龙头企业为核心产业技术联盟、产业标准联盟、市场战略联盟等创新平台。围绕高新区特色产业，加强产品开发与测试、大型仪器共享、科技信息发布等公共服务平台建设。充分利用现有科技信息共享平台、院士专家服务中心等科技资源，整合形成面向企业的开放技术创新服务平台。

充分引导、筹措社会资金，大力支持高新区各类综合（或专业）孵化器、大学生创业基地等的建设，进一步扩大孵化面积，不断改革创新，促进孵化器市场化、专业化、网络化，提升企业的孵化能力和水平。进一步加大对高新区创业中心的建设扶持力度，完善企业孵化体系，针对科技创业企业成长的不同阶段，建立支持科技创业企业由小到大迅速成长的梯次推进机制、多级助推模式和全种孵育体系，培育一批成长性强的高新技术企业。

5. 安康高新区

自主创新能力显著提高，科技创新对经济发展的带动作用显著增强。到 2020 年，研发投入强度达到 3.5%，科技对经济发展的贡献达到 65%，技术合同交易额突破 5 000 亿元，高新技术企业数量达到 30 家以上。

实施创新驱动推进工程、企业创新能力提升工程、创新成果产业化转化工程、"双创"引领夯实工程、人才培引落实工程和园区环境优化工程"六大工程"。重点建设六个国家级科技合作示范基地，十个省级科技合作示范基地。

第12章 陕西科技园区的产业创新战略

12.1 战略定位

把握全球产业发展专业化程度加深、产业更加细分的变革新趋势，以市场需求为导向，推动科技园区产业集群向"高端、高效、高辐射"方向聚合发展，通过形成错位发展、特色明显的产业格局，构建以国家级高新区为骨干引领的关中高新技术产业带。深入挖掘产业优势和发展特色，促进产业资源的差异化梯度配置，深入推进信息化与工业化的深度融合，推动战略性新兴产业规模发展、主导产业高端发展、传统产业转型发展、现代服务业加快发展，积极培育新业态和新商业模式，构建具有国内外竞争力的现代产业体系。积极构建产业发展战略高地，不断完善产业支撑配套体系。

12.2 战略实施

12.2.1 构建关中高新技术产业带

1）重大意义

2015年2月，习近平总书记在陕西省视察时强调，"要充分发挥以西安、咸阳、宝鸡、杨凌4个国家级开发区为骨干的关中高新技术产业带对创新驱动发展的引领作用，形成具有陕西特色和优势的创新驱动发展体系"。因此，建设关中高新技术产业带提升关中地区经济实力，助力陕西省经济快速发展，引领陕西省实现追赶超越；有利于全面推进区域协同创新，着力优化创新布局，提升区域创新体系整体效能；有利于改变陕西省产业布局相对分散的局面，调整和优化科技园区的产业结构，促进产品结构的升级换代和企业汇集，从而提高区域产出效率；有利于破除各自为战的观念和体制机制障碍，牢固树立合作共赢的发展理念，着力在基础设施相通相连、产业发展互补互促、资源要素对接对流、公共资源共建共享、生态治理联防联控等方面下功夫见成效，使各市区优势充分发挥，资源配置优化到最佳，实现 1+1>2 的协同效应；有利于大幅度提升关中区域科技进步支撑和引领经济社会发展的能力，增强关中地区在陕西省发展中的"带动、辐射、探索、示范"作用，切实成为陕西省经济发展的增长极和发动机，形成区域创新一体化发展格局。

2）发展机遇

国家《关中–天水经济区发展规划》在国家层面对关中地区一体化发展、协同发展提出了顶层设计。国家"十三五"规划纲要也明确提出，要打造包括关中城市群在内的 19 个城市群，形成更多支撑区域发展的增长极。

省委、省政府确定了关中协同创新发展、陕北转型持续发展、陕南绿色循环发展的区域发展总体战略，旨在通过整合汇聚关中地区的创新资源和要素，突破信息壁垒，优化资源配置，充分释放关中区市间的人才、资本、信息、技术等要素活力，真正实现深度合作、雁行破阵、赶超跨越。

3）发展优势

关中是我国生产力布局的重点区域之一，拥有西部地区唯一的高新技术产业开发带和星火科技产业带，也是陕西省最具优势和潜力的区域。关中地区地缘相接、文化同源、人缘相亲、地域一体，历史渊源深厚，交往半径适宜，拥有陕西省最密集的发展资源、最雄厚的工业基础和最丰富的人才储备，完全具备协同创新发展的基础和条件。自 1991 年西安高新区被国务院批准为陕西省首个国家级高新区以来，经过 20

多年的建设和发展，关中已经成为国家高新区最密集的地区，成为我国发展高新技术产业和战略性新兴产业最重要的基地，更是陕西经济社会发展的优势集中区。

（1）综合经济实力突出。2015 年，关中完成生产总值 11 652.4 亿元，占陕西省生产总值的比重为 65%。实现规模以上工业增加值 3 800.36 亿元，占陕西省的比重为 55.4%。完成固定资产投资 12 880.42 亿元，占陕西省的比重为 72.8%。社会消费品零售总额为 5 247.74 亿元，占陕西省的比重为 79.8%，关中消费在全省优势突出。实现地方财政收入 925.52 亿元，占陕西省的比重为 62.1%。完成非公有制经济增加值为 6 018.58 亿元，占陕西省的比重为 69.4%。

（2）产业结构持续优化。关中三次产业结构 2015 年为 8.2∶47.6∶44.2，表现为一产和二产比重下降，三产比重上升，依托航空航天、电子信息、装备制造、食品工业、生物医药等主导产业，高新技术产业发展初具规模。

（3）战略机遇优势突出。关中—天水经济区规划明确构建一个以西安（包括咸阳）为核心、宝鸡、渭南等数个大中城市为次核心、十多个中小城市为基本骨架的城乡一体化发展经济区。国家"十三五"规划将加快关中城市群建设列为重点任务，已上升为国家层面的发展战略。

（4）发展条件较为优越。关中地区号称"八百里秦川"，以西安为核心，宝鸡为副中心，实现西铜、西渭等一体化发展的关中城镇群已经形成。科教资源较为密集，一大批科研机构、高等院校、工程（技术）研究中心、企业技术中心等集聚，一批科技园区和产业化基地在此布局。纵横交错的铁路、高速公路、关中环线、县际公路相串联，区位交通优势比较突出，基础设施建设和政策等硬软环境较为完善。

4）战略定位

（1）创新驱动的引领带。发挥人才、智力密集优势，依托科技创新、制度创新双轮驱动，构建全方位创新发展体系。健全区域创新体制机制，深化创新要素合作，激发创新主体活力，扩大创新成果影响，探索区域综合集成创新模式，形成一批可复制、可推广的改革举措和创新政策，推动创新驱动发展战略的有效实施，成为促进技术进步和增强自主创新能力的载体。

（2）产业融合的先行带。依托较为完善的产业门类和体系，加快产业带向中高端水平迈进，增强对全省、全国的辐射带动作用。坚持以优化为主线，调整产业存量、做优产业增量，完善现代产业体系。引导产业合理分工和有序转移，推进区域优势产业集聚发展，形成区域间产业良性互动、融合发展，成为带动区域产业结构优化和经济增长方式转变的强大引擎、高新技术成果的产业化基地。

（3）区域协同的示范带。建立区域联动合作机制，统筹规划、科学布局，实现产业带整体发展和各园区特色发展协同共进。坚持以协同为抓手，打破地区封锁和利益藩篱，在科技、产业及资源等形成全面合作的发展机制，成为可持续发展和生态环保园区建设的典范。

（4）开放合作的共赢带。充分利用国内外两种资源、两个市场，发挥中国（陕西）自由贸易试验区示范作用，与"一带一路"等对外合作战略互动推进，借鉴国际区域经济发展的成熟经验，统筹对内对外开放，深度参与国际竞争与合作，形成全面开放合作的新格局，成为企业参与国际竞争的服务平台、高附加值产品的生产和出口基地。

5）战略布局

按照"功能互补、区域联动、轴向集聚、节点支撑"的思路，形成"一核一副三轴多节点"的空间布局，即明确西安在产业带中的龙头地位，发挥核心、引领和带动作用；强调宝鸡的副中心地位，加强与西安的深度联动，切实发挥高端引领和辐射带动作用；建设渭河高端产业轴、秦岭北麓生态轴、渭北文化旅游轴，以轴串点、以点带面，建设产业发展带和城镇聚集轴，形成协同发展的主要框架；推动咸阳、渭南、铜川、杨凌等节点发展，提高城市综合承载能力和服务能力，有序推动产业和人口聚集；在交通一体化、生态环境保护、产业升级转移等重点领域率先取得突破，推进公共服务共建共享，实行"一盘棋"思维、板块式突进、整体式开发。

在园区上，形成"两心三副九园两片"的总体布局。"两心"即西安高新区和杨凌示范区。"三副"将宝鸡、咸阳、渭南高新区建设成为产业带的副中心。"九园"由西安高新区、宝鸡高新区、杨凌示范区、咸阳高新区、渭南高新区、航空基地、航天基地、沣东新城、沣西新城九个园区构成。"两片"：包括陕北片区和陕南片区的科技园区，是产业带的延伸辐射区域。

6）发展目标

以协同为路径，以创新为动力，以深化改革、扩大开放为保障，努力把关中打造成全国知识创新、技术创新和成果转化的重要策源地，构建目标同向、措施协调、功能互补、发展共赢的新格局。以国家级高新区为主要载体，打造产业技术创新核心区，建设国内一流高新技术产业带，成为引领支撑创新发展的科技高地、产业高地、人才高地。到 2020 年，产业带在创新能力、产业结构、经济发展等方面取得突破性进展，打造内陆改革开放新高地，成为中国西部具有较强竞争力和影响力的产业带，在支撑陕西省乃至全国经济社会发展中发挥更大作用。

（1）创新能力大幅提升。以国家创新试点示范为契机激活发展新动力，先行先试开展全面创新改革试验，依靠技术创新抢占新一轮产业发展制高点，围绕科技成果转移转化加强创新平台建设，通过优化创新生态推动大众创业、万众创新，基本实现由要素驱动向创新驱动转变，自主创新能力全面提升，建设一批国家和省部级工程（技术）研究中心、企业技术中心和重点（工程）实验室、国家级和区域性检验检测中心等平台，突破一批关键核心技术，获得一批重要技术专利，创新成果显著增加。全社会研发投入占地区生产总值的比重达到 5%以上，大中型企业和高新技术企业研发投入占销售收入的比重达到 6%以上。

（2）产业结构明显优化。产业空间布局更加合理，生产要素实现区域内自由、合理流动，高端产业、科技资源、人才要素优势更为突出，承接产业转移规模进一步扩大，协同发展的格局基本形成。产业结构调整和转型升级效果明显，信息化与产业融合发展水平显著提升，现代服务业和高技术服务业比重持续提高，制造业在全球价值链中的整体地位大幅提升，现代农业和特色农业快速发展。形成若干具有国内外先进水平的产业集群和产业基地，打造一批创新型领军企业。

（3）对陕西省带动作用进一步增强。经济总量占陕西省的比重稳步上升，对陕西省的辐射带动示范作用进一步显现。外向型经济快速发展，出口产品规模持续扩大，涌现一批具有国际影响力的品牌，国际分工地位显著提升。

（4）推进供给侧结构性改革为主线的全面深化改革。认真落实"三去一降一补"重点任务，扎实推进"放管服"、国有企业等重点领域改革，为协同创新注入强大动力。

（5）以自贸区建设为核心引领新一轮高水平对外开放。加快建设中国（陕西）自由贸易试验区，积极参与国际产能和装备制造合作，增强开发区的开放引领作用，持之以恒抓好招商引资工作，以开放拓展发展新空间。

7）主要功能

充分发挥资源统筹、协同创新、产业联动、辐射带动和开放合作五大功能。

（1）资源统筹。进一步深化统筹科技资源改革，加快以西安为中心的统筹科技资源改革示范基地建设，支持沣东新城统筹科技资源改革基地建设。打破现有行政区划的限制，推动创新资源在城市之间、园区之间的合理流动和高效组合，实现创新资源的整合集聚和开放共享。探索技术、成果、人才、资本等创新资源一体化统筹的新模式，建立产业技术研发资源的协同创新机制，努力实现科技资源配置最优化和效益最大化。探索国际创新资源融合机制，大力推进资源统筹的开放创新。围绕关中各市（区）重点产业，建设陕西科技云平台，加快在关中建立科技资源统筹分中心，发挥省市县三级统筹中心体系的承载、示范、展示、服务作用。突破军民、央地、部省创新资源融合制度性障碍，开展军口技术成果降密解密试点。推动关中地区军口（央属、部属）科研平台和仪器设备开放共享。建立军口（央属、部属）科研院所与地方高校"双导师制"联合培养研究生、推动三个融合协同创新发展 2 个"人才池"。探索创新资源开放共享利益分配、科技人才共享合作等机制，加速区域内知识流动、资源共享和技术转移。

（2）协同创新。遵循创新区域高度聚集规律，推进中国（陕西）

自由贸易试验区、西安全面创新改革试验区和西安高新区国家自主创新示范区联动，依托高新区、区域创新中心和跨区域创新平台，把关中打造成全球科技创新网络的重要枢纽、全国知识创新、技术创新和成果转化的重要策源地和具有省内外强大引领力、带动力和影响力的创新高地。深度融入和布局国内外创新网络，完善跨区域协同创新机制，全方位提升科技创新能力，着力构建梯次布局、协同有序、优势互补、科学高效的关中区域创新体系，探索各具特色的创新驱动发展模式，建设区域创新一体化先行区，引领带动区域创新水平整体跃升。聚焦关中各市（区）重点产业，系统凝练重点产业创新链和关键技术创新点，支持企业牵头，联合高校、院所协同攻关。积极促进西安高新区建立与宝鸡、渭南等高新区联动协作机制的建立，开展知识产权、科研院所、高等教育、人才流动、金融创新等创新改革。鼓励支持行业龙头企业利用关中地区创新资源丰富、高校科研院所众多、科技型企业蓬勃发展的区域优势，与高等院校、科研机构、专利持有人开展对接合作，加速科技成果转化落地，提高科技成果向生产力转化的效率。围绕航空航天、智能制造、旱区农业等优势领域，整合关中地区企业、高校、院所创新资源，组建创新大平台，实施科技重大项目。支持关中企业依托高校建立"四主体一联合"新型研发平台。政府联合企业设立需求导向的研发基金。依托创新联盟设立"专利池"，推动专利成果以使用权许可方式在联盟内共享共用。

（3）产业联动。围绕关中打造现代服务业综合改革示范区、高端装备制造业基地、华夏历史文化基地的目标，立足各地比较优势和发展基础，统筹产业战略布局，超前部署前瞻性产业，着力发展优势产业，推动产业在特色发展中向中高端攀升，形成具有国内外影响力的新兴产业策源地和优势产业竞争力。围绕全球价值链布局产业链，促进城市间、园区间、上中下游产业间加强产业整合，实现优势互补、分工协作、集成联动、错位发展。促进新技术、新产业、新业态、新模式融合发展，加快培育新增长点。协同推进科技成果转移转化，支持关中各市（区）协同建立成果转移转化平台、众包众筹平台，培育转移转化人才。持续深化企业内创、院所自创、高校众创等众创模式。构建开放需求众包、创新创业大赛与种子天使众筹三位一体的助推模式。

（4）辐射带动。组建陕西省高新区联盟，适时将西安自创区试点政策拓展至其他高新区，促进各高新区联动发展。鼓励西安高新区托管省内其他高新区的部分区域，支持省内其他高新区在西安高新区布局设立"飞地"科技园区，反向派驻"科技特派员"。加强产业带与陕北、陕南地区合作，通过挂钩支持、共建分园等方式，实现空间拓展、协作共赢。探索优势园区辐射带动周边园区新机制，采取"核心区+托管区"的合作模式，以点带面放大辐射示范效应。强化西安高新区国家自主创新示范区的创新核心载体功能，支持西安高新区托管省内其他园区部分区域，在科技创新、产业转型、军民融合、成果转化等方面带动产业带发展。依托西安高新区研发中心、高端产业集聚的优势，将分支产业向周边园区辐射。支持关中各园区在西安高新区设立成果转移机构、派驻"科技特派员"。在更高层次上发挥杨凌示范区的作用，使其成为国内外知名的干旱半干旱现代农业示范园区，成为陕西现代农业发展的引领者。支持陕南、陕北各园区在关中设立"飞地"园区，推动关中科技资源向陕西省辐射转化，形成西安带关中、关中带陕西省的发展格局。

（5）开放合作。以国家实施"一带一路"战略为契机，推动产业带与东中部地区互动合作，鼓励和引导东中部地区在经济区内共建产业园和设立综合性物流园区，积极承接中东部地区产业转移。坚持"引进来"和"走出去"相结合，提高统筹利用国际国内两个市场、两种资源的能力，加大引进国际产业资本、金融资本力度，同时要注重引进人才、技术和先进制度，以提高引进来的质量和层次。支持企业赴境外资本市场上市融资和发行债券，提升企业国际化资本运营能力。鼓励有实力的优势行业组团或"龙头"企业带动，赴海外布局设立分公司或建厂，拓展发展空间，提高企业国际竞争力。

8）保障措施

（1）加强统筹协调。建议陕西省省委省政府成立推动关中高新技术产业带发展领导小组，进行顶层设计，出台实施办法，整合和分配资源。研究制定产业带创新发展的中长期规划，明确各地的功能定位、产业布局、基础设施的无缝衔接、市场服务平台的一体化建设、政府务实合作平台的构建、各类资源要素的整合调配、法律法规体系的保障等内容，保证省市两级在产业带创新发展整体设计上"一盘棋"和"同步走"。建立产业带创新发展联席会议制度，形成跨行政区域的工作协调机制，加强对产业带协同发展的规划、组织、协调。加强督促检查，探索将推动产业带发展纳入政府绩效考核，建立常态化第三方机构评估、企业调查和社会公开评价制度，动态调整优化各项政策措施。

（2）建立联动机制。破除体制机制障碍，推进重大科技基础设施和创新平台一体化布局。形成人才一体化发展机制，搭建区域人力资源信息共享与服务平台、区域统一的人才服务保障体系和区域相互衔接的劳动用工政策和人才政策，推进专业技术资格和职业资格互认，共建共享公共就业实训基地，促进人力资源合理流动和有效配置。建立政府、企业、金融机构联动机制，搭建科技金融协作大平台，引导各类金融机构紧密结合产业带规划及区域发展实际，创新金融服务，进一步优化信贷结构，充分发挥金融支持实体经济发展的独特优势，构建覆盖创新链全过程的科技金融服务体系。成立产业带发展联盟，指导协调各园区在科技创新、产业对接、人才交流等方面开展合作，推动各园区产业联动、资源整合，优势互补、互利互赢。适时将西安自创区试点政策拓展至产业带其他园区。

（3）优化发展环境。进一步优化关中区域内一体化的人文、政策法规等投资软环境和完善以交通基础设施、生态治理等为主要内容的投资硬环境，强化法律保障和环境吸引，不断增强关中区域的区位优势和对资金、人才、项目等要素的吸附能力。统筹区域内社会政策与公共服务对接，逐步缩小公共服务的地域差距，推进区域社保对接和基本公共服务互认，形成关中地区公共服务协同管理机制，逐步建立完善关中地区公共服务均等化的制度体系、实现公共服务一体化。按照多种运输方式无缝衔接、交通设施共建共享、区域内外互联互通的原则，统一规划建设和管理，形成快速便捷、高效安全、大容量、低成本的互联互通综合交通网络。以大气污染联防联治、流域治理、水资源保护及大生态空间为重点，倡导绿色发展理念，打造渭河秦岭生态走廊，扩大环境容量、提高承载能力，推动生态协同发展。

12.2.2　构建具有国内外竞争力的现代产业体系

适应新一轮产业变革趋势，加快科技园区产业结构优化升级。加快实施"中国制造 2025"战略，支持传统制造业通过技术改造向中高端迈进，促进信息技术与制造业结合。以园区为载体，努力形成一批战略性新兴产业集聚区、国家高（新）技术产业（化）基地、国家新型工业化产业示范基地。

1. 推动战略性新兴产业集群发展

瞄准未来产业竞争制高点，大力集聚国内外高端创新要素，全力推动科技园区产业形态向知识产权密集型转变，推动产业向价值链高端攀升，进一步壮大战略性新兴产业规模，打造企业集聚、要素完善、协作紧密、创新能力突出的创新型产业集群，产业高端发展取得新成效，产业竞争力、影响力和辐射力持续增强。到 2020 年，全省科技园区战略性新兴产业增加值占GDP比重达到 20%以上，形成 8~10 个产值规模超 1 000 亿元的产业集群，建成一批具有国内外影响力的高端产业基地。

加强前瞻布局，面向国际科技前沿、国家和地方战略需求与未来产业发展，结合《陕西省"十三五"战略性新兴产业发展规划》和《〈中国制造2025〉陕西实施意见》，抢占先发优势，培育先导产业。重点发展新一代信息技术、高端装备制造、新材料、生物技术、新能源、节能环保、新能源汽车七大战略性新兴产业。

在新一代信息技术领域，重点发展半导体等产业，加快建设宽带、融合、安全、泛在的信息网络基础设施，推动信息技术融合应用示范（专栏 12-1 ）。

专栏 12-1　陕西科技园区新一代信息技术产业发展重点

重点领域		实施内容
新一代信息技术产业	半导体产业	持续发挥三星项目放大效应，面向物联网、通信、卫星、信息家电、消费电子等领域，重点推进高端存储器、系统级芯片、图形处理器、北斗/GPS、绝缘栅双极型晶体管等芯片研发和产业化，全面发展集成电路设计、制造、封装与测试，强化装备、材料等配套支撑，延伸完善集成电路全产业链。大力发展微机电系统器件、智能传感器及元器件等光电子技术产业化，培育国际领先水平的光电子集成电产业
	新型显示产业	积极引进先进工艺技术，加快建设 8.6 代 TFT-LCD（薄膜晶体管液晶显示器）生产线，抢占超高清大屏幕电视、大尺寸铟镓锌氧化物面板等产业高地。围绕 TFT-LCD 产业链，重点发展高端平板电脑、笔记本电脑、大尺寸电视及超高分辨率显示器等高端显示产品，不断拓展在消费电子、医疗教育、国防军工等领域的应用，培育壮大显示终端应用产品产业。积极发展液晶、玻璃基板、背光模组、彩色滤光镜片、偏光片等产品，强化显示面板上下游产业配套能力，延伸完善显示生产设备、材料、元器件、面板制造、模块组装、相关器件制造等产业链关键环节
	通信产业	抓住第五代移动通信网络、下一代互联网、天地一体化信息网络、可信网络、网络安全等发展机遇，推动通信设备、智能终端、通信零部件加快发展。突破移动通信、光通信、物联网、通信基带与射频芯片、移动互联接入系统与终端等核心关键技术，研发具有自主知识产权的智能手机、移动互联平板、数据卡、可穿戴设备、车载终端、通信模块、无线基站等产品，推动通信设备体系化发展与规模化应用。充分发挥智能终端龙头企业带动作用，推动产业链不断延伸完善，引导天线、电池、模具、注塑结构件、显示屏、印制电板、元器件等上下游企业实现就近配套，加快形成智能终端产业集群
	高端软件产业	针对信息技术新兴市场需求，重点发展行业应用软件、嵌入式软件、软件服务外包等。面向石油化工、电力应用、企业管理、交通物流等行业应用，发展智能电网、智能交通、移动电子支付、网络信息安全、制造企业生产过程执行管理系统、企业资源计划等行业应用软件，不断拓展咨询、设计、研发、服务等产业链关键环节。面向移动通信、物联网发展，研发以应用为中心的多功能、高可靠、低成本、小体积、低功耗嵌入式软件系统。发展本地化 SaaS（software-as-a-service，即软件即服务）运营平台与应用建设，完善和提升软件测试与分析、多项目晶圆和知识产权核复用、电子设计自动化等软件服务平台，推动软件企业积极开拓国际市场，促进软件服务外包产业发展
	信息技术服务产业	以大数据应用价值实现为主体，加快推进云计算基础设施建设，突破大数据获取、存储、挖掘与分析、应用服务等产业链关键环节技术，推动大数据理论、技术和产业协同创新，组织实施行业大数据示范应用、产业建设、关键技术研发和国际合作等行动计划，实现大数据与云计算产业跨越式发展。积极实施"互联网+"行动计划，加快互联网由消费领域向生产领域拓展，重点开展服务、协同制造、现代农业、电子商务、普惠金融、便捷交通、益民服务、文化旅游、教育培训等领域示范应用，推动互联网与陕西优势产业深度融合，创新公共服务模式，培育新兴业态
	数字创意产业	积极运用现代信息技术，重点发展数字出版、数字视听、数字教育和动漫游戏等数字产品，在音乐、美术、文物、非物质文化遗产和文献资源等方面进行数字化和开发，强化数字文化创意产品供给。基于新技术、新工艺、新装备、新材料、新需求，重点发展工业模型与模具设计、建筑设计、产品外形外观及包装设计、广告和平面设计，以及服装服饰、家居用品等时尚消费设计，提升数字创意设计服务水平。以物联网、数据分析、VR、AR、混合现实、全息投影等信息技术为基础，推动数字技术在制造、商贸、旅游、教育、医疗、展示展览等领域的深度融合，扩大数字创意应用范围

资料来源：《陕西省"十三五"战略性新兴产业发展规划》

在高端装备制造领域，重点发展增材制造（3D打印）、航空、航天、智能装备制造等产业，推动高端装备产品应用推广（专栏 12-2）。

专栏 12-2　陕西科技园区高端装备制造产业发展重点

重点领域		实施内容
高端装备制造产业	增材制造（3D打印）产业	面向高端装备、生物医疗、文化创意等领域重大需求，发挥西安交通大学、西北工业大学、西北有色院等高校院所研发优势，加快增材制造材料、数字化设计、快速成型、关键部件等技术开发，积极推进面成形、大尺寸三维打印、桌面式光固化、金属电弧喷涂快速模具制造、激光熔化等产业化进程。构建云下增材制造生产组织、资源配置、交货支付体系，培育发展新业态、新模式，不断延伸产业链，快速壮大增材制造产业集群
	航空产业	围绕大型飞机、航空发动机等国家重大专项，重点推进大中型运输机、新型涡桨支线飞机、通用飞机、民用无人机、航空发动机、机载系统、关键部件、专用设备等产品研制和产业化，进一步延伸完善航空全产业链，建设全球最大涡桨支线飞机研制生产。积极推进运 20、新舟 700 研制，新舟 60/600 系列化发展，运 8/运 9 系列飞机改进改型，无人机研制和产业化。扩展 C919/C929、ARJ21、AG600 等重大机型配套业务。紧抓航空运输市场快速发展机遇，加快发展飞机试飞试验、维修改装、公务机运营、航空租赁、保税物流、航材供应、技术服务以及专业培训等航空服务业，打造"丝绸之经济带"航空服务产业引领区。加快推进通航机场、固定运营建设，完善通航飞行网络，重点发展飞行培训、飞机托管、航空会展、航空旅游以及紧急救援、飞播造林、农业植保等通航业务
	航天产业	围绕国家民用空间基础设施、航天器在轨、载人航天和深空探测、新一代运载火箭等重大专项，重点发展火箭发动机和卫星通信、遥感，全面提升航天产品技术水平和竞争力。大力推动火箭发动机系列化发展，研制新一代无毒、无污染、高性能和低成本运载火箭，探索未来单级入轨飞行器及新型混合循环动力系统。研制高功率多波束频率复用天线、光学遥感系统等卫星先进有效载荷，提升宽带通信等技术性能。开展以行业应用为主的商业遥感卫星和数据通信卫星示范运营。在卫星通信、卫星综合终端及服务、天基信息网、自主遥感信息、卫星载荷与测控、北斗卫星空间基准授时、航天特色旅游等重点领域，加快推进北斗卫星应用示范、商业遥感卫星系统建设，推动微小卫星领域协同创新，打造国内领先的卫星应用产业集群。推进航天特色技术向民用领域延伸，重点发展航天新材料、集成电封装制造、石化装备、环保设备、印刷机械等
	智能装备制造产业	围绕机器人、数控机床、输配电设备、轨道交通装备等重点领域，加快信息技术与制造技术深度融合，促进装备制造向智能化、柔性化、服务化发展。面向喷漆、焊接、装配、搬运、特种作业等工业应用场景，消防、搜救、医疗健康、家政服务、教育娱乐等社会服务应用场景，重点发展机器人高可靠性基础功能部件、整机制造及系统工艺应用解决方案。突破智能数控系统及在线远程诊断等关键技术，不断提升机床可靠性、精度保持性，积极发展高精高速高效柔性高档数控机床。加快智能高效电能转换、电能管理、微网控制、分布式能源集成等智能电网技术和设备研发，不断推进特高压输配电设备集成化、高、中、低压输配电设备智能化、小型化和低能耗发展。提高轨道交通装备整车设计制造与试验验证能力，突破车体轻量化、安全保障、储能与节能、网络控制等关键技术，重点发展 350 千米/小时高铁接触网、牵引变流器、列车网络控

续表

重点领域		实施内容
高端装备制造产业	智能装备制造产业	制系统高速列车车体等关键零部件，以及高铁用运载、巡检、测量等整车产品，实现单机制造向系统集成的转变。推广应用精密成形、智能数控等加工装备和柔性制造、敏捷制造等先进技术，发展智能控制系统、仪器仪表及智能化成形设备等
	能源装备产业	围绕煤油气田开发、能源化工、能源综合利用等重点领域，加快推进能源装备研发和制造高端化发展。面向煤油气综合开采利用，突破大功率采煤机、掘进机等关键技术，以及多驱动形式陆地钻机、极地钻机、大深度海洋成套钻机、高功率钻井泵、新型海上钻井平台等关键技术，推进煤油气田采掘设备高端化、智能化、成套化发展。重点发展煤制烯烃（DMTO）、煤制芳烃（FMTA）、煤间接制油、煤油混炼、煤炭分质利用、天然气制芳烃/氢气以及烯烃、芳烃下游二次、三次衍生物生产等能源成套装备及示范应用。积极开展煤炭清洁高效、燃煤污染物控制资源化利用、二氧化碳捕集利用与封存、工业余能回收利用等关键技术研究及重大装备研制，提升能源化工综合利用水平

资料来源：《陕西省"十三五"战略性新兴产业发展规划》

在新材料领域，重点发展高性能结构材料等，大力发展区域特色新材料，加快新材料产业基地建设（专栏12-3）。

专栏 12-3　陕西科技园区新材料产业发展重点

重点领域		实施内容
新材料产业	高性能结构材料	聚焦航空航天、兵器船舶、核电、汽车、生物医用等应用领域，加快建设陕西省材料分析检测与评估中心、钛镍有色金属交易中心等服务体系，重点发展高性能钛及钛合金、镁合金、高温合金等。集中攻克大规格、高强度、高精度钛及钛合金成形等关键技术，提升高性能钛合金棒丝材、锻坯、板材、管材质量，拓展钛部件、钛终端应用产品、钛材专用设备等产品市场。加快推进以镁锂、镁铝锌、镁锌锆、镁稀土锆等为主的高性能镁基合金材料和高纯度镁锭材料，以及棒材、锻件、铸造母合金及粉末为主的高温合金材料规模化发展
	先进复合材料	面向航空、航天、风电、轨道交通等应用领域，重点发展陶瓷基、高性能碳纤维、层状金属、树脂基等复合材料。积极推进陶瓷基复合材料向自愈合、超高温耐烧蚀、结构功能一体化、耐磨损等方向发展。加快高性能超高模高强碳纤维材料研制，延伸碳纤车盘、高温炉用热场材料、大型飞机用碳纤维结构件、碳纤维预制体等碳纤维产业链。重点发展海洋平台结构用高强韧钛钢复合板、多晶硅用银钢复合板、核乏处理装置用钛合金复合板等新型层状金属复合材料，扩大层状金属复合材料在航空航天、核工业、石化、环保、能源、冶金等领域关键设备的应用

续表

重点领域		实施内容
新材料产业	电子信息材料	面向集成电、光伏、新型显示、电子元器件等应用领域，重点突破 SiC、GaN 等第三代宽禁带半导体用新型电子材料关键技术，重点发展电子级硅材料、平板显示材料、电子浆料、高纯有机材料和其他电子专用材料，形成液晶单体、液晶中间体、TFT-LCD 玻璃基板、用荧光粉、磁性材料、薄膜晶体管、聚酰亚胺薄膜、电子浆料、柔性显示导电纳米银、碳化硅晶体材料等系列高端产品
	新型功能材料	面向医疗器械、节能环保、高端装备等应用领域，加强高性能石墨烯、纳米材料、生物基材料、传感材料、隐身材料、高温超导材料、极端材料、先进高材料、电池用储能材料等技术攻关，重点发展石墨烯微片、低成本增材制造材料、智能/仿生/超材料、超强激光材料、钛镍形状记忆合金、钼催化剂、多孔过滤材料及元件、高导高强铜基合金材料、动力电池材料、硅基负极材料、核级锆合金材料等新型功能材料和功能结构一体化材料

资料来源：《陕西省"十三五"战略性新兴产业发展规划》

　　在生物技术领域，重点发展生物医药、生物农业等技术，进一步提升生物技术创新水平，完善生物技术服务体系，开展生物医药国际合作，打造生物示范产业链（专栏 12-4）。

专栏 12-4　陕西科技园区生物技术产业发展重点

重点领域		实施内容
生物技术产业	生物医药	把握精准医疗发展新趋势，积极开发基因编辑、细胞修饰、新型偶联、创新靶点发现等新药研制核心技术，重点发展新型免疫细胞/干细胞治疗制剂、重大传染病新型疫苗、新靶点创新药、单克隆抗体、多肽合成药物、不产生耐药性的新型抗生素、人血代用品、蛋白重组药物、现代中药等一批具有自主知识产权的生物创新药。推进缓释、控释、靶向、透皮、黏膜给药、纳米制剂等新型制剂及治疗心血管、肿瘤、肝炎、血液病、肾病等疾病的中成药产业化，全面推广绿色生产工艺，提高药物制剂整体水平。创新生物医药新产品、新服务，推动大健康产业发展
	生物医学工程	深化生物技术与大数据、云计算、互联网等信息技术融合发展，积极开发新型医疗器械，创新移动医疗、智慧医疗、远程医疗等现代化诊疗手段。开发高性能影像设备、临床检验设备、先进放疗设备、医用机器人、脑神经和脑认知设备、可穿戴设备及智能康复辅助、高通量低成本基因测序仪、基因编辑设备等高性能医疗设备与核心部件。利用增材制造等新技术，加快人造组织、生物医学材料、心脏起搏器等植介入医疗器械新产品的开发和产业化

续表

重点领域		实施内容
生物技术产业	生物检测和治疗	充分发挥生物新技术对促进现代医学、现代农业变革的重要作用,构建基因检测和解读、生物信息、细胞治疗等新技术专业化服务体系,建设生物产品检测评价和生物信息服务平台。加快国家医学科学中心建设,基因组学、蛋白组学等前沿技术,发展性高的诊断、生物芯片等新技术,推进基因检测技术在肿瘤、遗传疾病、罕见病等防治上的应用,实现体外快速准确诊断筛查。培育符合国际规范的基因治疗、细胞治疗等专业化服务平台,发展生物信息服务、基因合成、基因编辑等专业化服务
	生物农业	适应现代农业发展新要求,促进科技和产品产业化,为转变农业发展方式提供新途径。在粮油经济作物、果树、园艺蔬菜作物、畜禽等领域,创制一批优质、高产、高效、安全的突破性新品种,推进优势良种产业化发展。开发植物病虫害及动物疫情防控新技术,研制用于不同畜禽疫病防控的干扰素、生物兽药、植物新农药等重点产品,开展基于农业生物技术的动植物病虫害疫情监测服务。开展农林水资源高效利用、食品加工与营养安全等科研攻关。开发动植物营养有机新产品,发展可替代抗生素的酶制剂、抗菌肽、益生菌、氨基酸、天然抗菌剂、免疫增强剂等新型绿色生物饲料,创制和推广高效固氮解磷、促生增效、新型复合及专用等绿色高效生物肥料。利用组织培养、基因编辑和生物分离等现代生物技术以及驯养繁殖技术,对优势特色及濒危生物资源进行和提纯复壮,促进生物资源健康发展与可持续利用

资料来源:《陕西省"十三五"战略性新兴产业发展规划》

在新能源领域,依托沿江绿色能源产业带,重点发展核能、风能、太阳能和生物质能(专栏 12-5)。

专栏 12-5　陕西科技园区新能源产业发展重点

重点领域		实施内容
新能源产业	太阳能	以提高太阳能电池效率、器件使用寿命和降低光伏发电系统成本为目标,着重突破晶体硅加工设备技术、检测设备与多晶硅制备关键设备技术,开发太阳能光伏电池的生产制造新工艺和新装备。重点突破分布式光伏发电和大型光热发电成套设备生产技术和集成技术,大力发展光伏光热装备制造。充分利用接入条件好、建筑面积充裕的工业园区、农业园区,以及工矿、商业、公共建筑等建设太阳能光伏系统,推进光伏建筑一体化应用
	风能	以西安经济技术开发区、西安高新区、榆林高新区为承载,大力研发风电开发、风电整机制造、关键部件制造技术,重点发展低风速电机组及关键零部件等管理系统及设备,形成整机与关键部件、管理系统协调配套发展的全产业链。积极研发生产储能蓄电池,加快配套电网工程建设,开展风光储一体化供电系统示范

续表

重点领域		实施内容
新能源产业	生物质能	发展生物质热电联产，推广生物质工业用热和生活集中供热。在适宜地区建设集中规模化的生物质供气工程，加快推进生物质燃气在生产生活中的应用。研发生产以生物质纤维素产品等农林废弃物为燃料的发电装备和系统，有序发展生物质直燃发电，适度推动生物柴油、集中式生物燃气、生物质致密成型燃料等生物能源的应用，稳步发展生物质发电
	核能	加快核电配套设备研发及生产，重点围绕核安全级泵、阀、箱、管道、仪控系统等领域，发展核电应急发电机组、核燃料运输系统设备、核级锆材设备等制造产业，建设国家核电设备配套。整合行业资源，形成系统服务能力，推动陕西核电产业加快走出去

资料来源：《陕西省"十三五"战略性新兴产业发展规划》

在节能环保领域，重点发展高效节能、资源循环利用、先进环保装备，加大先进节能技术创新和示范，加强节能标准宣贯与实施，提升能源利用效率，发展节能型、高附加值的产品和装备（专栏 12-6）。

专栏 12-6　陕西科技园区节能环保产业发展重点

重点领域		实施内容
节能环保产业	节能产业	积极适应资源节约型、友好型社会建设要求，促进高效节能产业快速发展。重点发展能源、化工、有色等高耗能工业领域节能装备，积极推动自动调节控制技术、蓄热式燃烧技术、等离子点火、多喷嘴对置式水煤浆气化、粉煤加压气化等高效节能锅炉窑炉，高炉压差发电、低品位余热发电、荒煤气发电等装置开发和推广应用，加快工业企业能源管控中心建设，促进能源供应和管控的优化集成。研究开发建筑高性能保温结构一体化材料与技术、建筑用相变储能技术、集成式光伏一体化建筑用玻璃幕墙、紧凑型户用空气源热泵装置、新风系统等节能建筑材料与产品，推进建筑节能和绿色建筑，加快大型公共建筑、居民住宅建筑节能。积极建设智能交通系统和城市轨道交通综合信息服务平台，提高整体交通运营效率和节能水平。支持合同能源管理、能源服务托管等节能服务新型商业模式、新兴业态快速发展，推动热电联产、低热值煤气燃气轮机供热、干热岩供热等节能技术系统集成及应用，建立健全节能量第三方评估机制和重点用能企业合同履约信用评级数据库，鼓励节能服务公司规模化、网络化经营，推广节能服务整体解决方案

续表

重点领域		实施内容
节能环保产业	环保产业	围绕水、大气、土壤污染防治，大力开发污染治理、生态与修复、监测等核心技术，支持废物防治技术研发，加快技术融合集成创新与应用研究。强化先进环保装备制造能力，加快水体重金属污染、细颗粒物、污泥资源化与土壤修复治理等一批新兴技术装备产业化，重点发展水体与大气污染防治、固体废弃物处理、监测仪器仪表、节能与清洁生产等装备，以及新型环保材料与药剂。加强先进适用环保装备在冶金、化工、建筑材料、食品制造等行业领域的应用，创新服务模式，推广合同服务和污染第三方治理。积极发展环保设备生产、工程设计、安装调试和运行管理等一体化的集成服务型企业，培育环保服务业产业集群
	资源综合利用	树立节约集约循环利用的资源观，推动经济转型发展。加强尾矿资源深度加工和综合利用研究，重点解决尾矿中伴生元素的回收技术、高技术含量尾矿产品的实用技术等，研发复杂多金属尾矿库选冶、清洁无害化综合利用等关键装备，推动钛渣、镁渣、钼渣等废弃物的处置利用。促进"城市矿产"开发，资源化回收和规范化处置餐厨废弃物、建筑垃圾、废旧纺织品、园林废弃物等城市典型废弃物，发挥垃圾焚烧发电、水泥窑等各类处理设施的协同效应。鼓励开发农林废弃物超低排放焚烧技术，开展畜禽粪便、残膜、农作物秸秆、林业三剩物等资源化回收利用。推动太阳能光伏板、动力蓄电池、废液晶、碳纤维材料和节能灯等新兴废弃物的回收利用，促进机械产品损伤检测、体解检修等再制造技术攻关，装备研发和产业示范，开展发动机、医疗影像设备等高值零部件再制造。支持二氧化碳捕集存储技术研发与应用，发展汇碳循环产业

资料来源：《陕西省"十三五"战略性新兴产业发展规划》

在新能源汽车领域，重点发展整车制造、动力电池、控制系统、充电基础设施，提升新能源汽车信息化、智能化水平，推动新能源汽车的应用示范（专栏 12-7）。

专栏 12-7 陕西科技园区新能源汽车产业发展重点

重点领域		实施内容
新能源汽车产业	整车制造	加强新能源汽车系统集成技术创新与应用，大力发展纯电动汽车和插电式混合动力汽车，鼓励发展各类专用电动汽车、新一代轻型纯电动汽车和 LNG 汽车。到 2020 年，纯电动汽车和插电式混合动力汽车年产销量达到 40 万辆，新能源客车和中轻卡达到 2 万辆，LNG 重卡达到 1 万辆
	动力电池	大力推进动力电池容量、功率、寿命、安全、存储以及高低温性能等关键技术开发应用，突破正极、非碳负极、电解液、正负极隔膜等电池材料瓶颈。重点开展电池材料、动力电池、电池管理系统及储能型电池组研制，加快推动高性能、高可靠性、低成本动力电池产业化及推广应用。推进动力电池梯级利用，落实生产者责任延伸制度，建立上下游企业联动的动力电池回收利用系统

续表

重点领域		实施内容
新能源汽车产业	控制系统	加快发展混合动力多能源管理系统、整车控制系统、无人驾驶控制系统，积极发展大功率绝缘栅双极晶体管等车用功率型电子元器件。加快推进电机、永磁同步电机、磁悬浮电机等技术突破升级，促进车用驱动电机向永磁化、数字化和集成化发展，实现在混合动力汽车的规模化应用
	充电基础设施	优先建设公共服务领域充电基础设施，形成便捷、高效的充电系统基础设施体系。完善充电系统质量体系，建设标准统一、兼容互通的充电基础设施服务网络，加快充电网、车联网、互联网融合发展。继续实施新能源汽车推广计划，加快环保清洁型城市公交和出租汽车推广应用，不断提高新能源汽车普及率和充电基础设施利用率

资料来源：《陕西省"十三五"战略性新兴产业发展规划》

实施战略性新兴产业十大产业创新发展工程（专栏 12-8）。

专栏 12-8 陕西省战略性新兴产业十大产业创新发展工程

产业创新发展工程	发展路径	关键技术	创新平台	重点项目
集成电路	围绕高端存储芯片、功率器件两大主线，构建涵盖集成电设计、制造、封装测试、装备、材料等全产业链，形成从设计到制造的协调发展能力，着力推动集成电在光电子、智能终端、移动通信、北斗、飞机机载设备等特色领域广泛应用，打造国内一流的集成电产业	突破低功耗多核高性能 SoC 芯片（system-on-a-chip，系统级芯片）、存储器芯片、信息安全芯片、高折射率差无源光电子芯片、有源光电子芯片、光通信激光器芯片、高端传感芯片、无线通信芯片、智能光电生物识别芯片、高清视频传输芯片、显示驱动芯片、电力电子和智能仪器仪表芯片等核心技术，以及高密度三维系统集成、纳米级先进工艺、第三代化合物半导体先进工艺等制造技术	建设陕西光电子集成电先导技术研究院、陕西省半导体先导工艺中心、集成电技术、晶体生长设备及系统集成等国家地方联合工程研究中心、陕西省通信片上系统工程研究中心、西安市集成电综合服务中心等创新平台，完善设备研制、先导工艺开发、测试与分析、人才培训等服务体系	依托西安高新区等重点园区，加快推进集成电代工等重大制造项目，通信芯片、存储器等重大设计项目

续表

产业创新发展工程	发展路径	关键技术	创新平台	重点项目
新型显示	以电子显示产品的升级换代和产业链自主可控为主线，构建涵盖基础研究、核心装备、关键材料、面板制造、模组整机、系统集成等的产业链，促进新型显示产业精细化、轻薄化、智能化、柔性化发展，建设国内重要的平板显示产业	重点突破高世代高分辨率 IGZO 面板制造、OLED 核心材料、柔性显示、印刷式显示、高分辨率低成本长寿命激光投影显示、高世代玻璃基板制造、高色域液晶材料制造等核心技术	加快建设平板显示玻璃工艺技术国家工程实验室、高功率半导体激光器与应用国家地方联合工程研究中心、陕西省平板显示技术工程研究中心、西安光机所激光应用技术研究中心等技术创新平台，完善新型显示器件产业开发设计、工业中试、性能检测、智能制造、产品升级、技术输出、人才培训等配套服务体系	依托咸阳高新区、西安高新区，加快推进中国电子彩虹集团 8.6 代 TFT-LCD 生产线、8.6 代液晶玻璃基板生产线，宝莱特公司 OLED/PLED 器件量产线、西安瑞联公司高性能混晶材料等重点项目建设
移动通信	围绕智能终端制造和移动通信软件开发两条主线，拓展 4G 移动通信市场，储备第五代移动通信核心技术，构建涵盖标准制定、网络安全、系统开发、终端制造、增值服务等全产业链，打造西部地区最大的移动通信产业	优化无线局域网鉴别和保密协议、多媒体广播多波业务国际国内标准，突破多天线多输入多输出算法、信道模型、容量提升、分集传输、空间编码等关键技术，开展移动终端软件、硬件、部件、接口的集成创新	加快建设无线网络安全技术国家工程实验室、新型网络与检测控制国家地方联合工程实验室、陕西省通信设备设计与制造工程研究中心，发挥中兴通讯手机联合测试实验室和移动通信仿真网系统等创新平台作用，提升移动通信设备、智能终端等研发测试水平	依托西安高新区、宝鸡高新区，加快推进中兴通讯移动互联网通信产业集群示范园区、酷派智能终端生产、比亚迪高端手机配套、易朴手机整体方案设计服务等重点项目
大数据与云计算	以云计算基础设施建设和大数据行业应用示范为主线，加快建设产业示范，推动大数据与云计算在电子政务、智慧城市、电子商务、互联网金融、智能制造、精准农业、跨境物流、健康医疗等领域的广泛应用，打造低成本、安全可靠的大数据产业体系，促进产业规模化发展	加快突破数据获取、数据资源管理、海量数据存储、数据挖掘与分析、大数据计算、数据可视化、新一代应用引擎、云计算安全等关键共性技术，以及大数据质量管理、政务数据共享、大数据交易、中小企业公有云服务、云端融合和个性化设计等关键技术	加快建设陕西省云计算、医疗健康大数据、旅游信息化等工程研究中心，提升行业大数据应用水平。充分发挥陕西省大数据与云计算产业联盟纽带作用，积极拓展大数据外包服务、基础电信、区域数据服务等	依托沣西新城、西安高新区、西安经济技术开发区，加快推进中国移动数据中心、陕西广电数据中心、西咸信息产业及大数据处理与应用中心、西部云谷二期、中国大数据延安、城市运营大数据中心、时空信息数据云平台、政务与民生服务大数据、工业运行大数据、电子口岸大数据、杨凌农业大数据等项目建设

续表

产业创新发展工程	发展路径	关键技术	创新平台	重点项目
增材制造	以装备制造、材料制备、定制化生产为主线，构建从技术研究、装备制造、专用材料到产品加工、技术服务等环节完备的全产业链，推动增材制造在航空航天、汽车船舶、医疗器械、文化创意等领域的应用示范，打造国内领先的增材制造产业示范	着力突破光固化立体成型、熔融沉积制造、金属激光立体成形、选择性激光熔化、粉床电子束熔化成形等核心技术，优化打印精度控制、打印后处理、增材制造支撑软件等关键工艺，建设增材制造数据规范、软件系统平台、材料工艺库及制造标准体系	建设完善快速制造国家工程研究中心、凝固技术国家重点实验室、金属多孔材料国家重点实验室、陕西增材制造研究院等创新平台，充分发挥陕西省增材制造产业技术创新联盟纽带作用，推动标准制定、新工艺开发、材料制备、装备研制、工程化发展、检测认证、人才培养等	依托渭南高新区、西安高新区、西安经济技术开发区，建设光固化快速成型机、航空航天用大尺寸结构件制造、增材制造用球形粉末、生物植入体等重大项目，加快推进增材制造创业创新建设
机器人	以工业机器人和服务机器人为主线，构建涵盖机器人本体、控制器、减速器、伺服电机及系统集成的核心产业链，开展自主品牌机器人应用示范和系统集成服务，推动机器人在汽车、机械、电子、轻工、化工等制造领域和医疗、家政、物流等服务领域应用，支撑陕西省智能制造和智能服务创新发展	重点突破高性能交（直）流伺服电机等技术瓶颈，开展机器人关键核心部件、智能控制理论、三维视觉、视觉认知、智能连接、语音和音频识别、终端自然互动等前沿技术研究	加快建设视觉信息处理与应用国家工程实验室、陕西省机器人减速器工程研究中心，充分发挥陕西机器人产业联盟的纽带作用，统筹协调企业、高校、院所的创新资源，提升机器人产业研究、开发、制造、服务水平	依托西安高新区、西安经济技术开发区、宝鸡高新区等，加快建设工业机器人关节减速器生产线、军民两用精密谐波减速器产业化、6轴多关节工业机器人产业化等项目，重点抓好一批带动性强、关联度高的典型应用示范工程
无人机	以无人机整机制造和发动机研制为主线，构建涵盖前沿探索、工艺试制、综合集成、试验测试、批量生产、人才培养、售后及面向行业服务为一体的全产业链，推动无人机在对地观测、国土资源调查、防灾减灾、气象等领域的应用，打造国内一流的中小型高端无人机产业	突破无人机自主控制、系统高安全性和高可靠性、工程化综合测试与试验、敏捷制造、系统高效保障、多载荷适配、先进低成本设计等核心技术	建设无人机系统国家工程研究中心、陕西航空发动机研究院、无人机试验试中心等创新平台，形成无人机系统前沿技术攻关、工程化应用、行业应用等自主创新能力	依托沣西新城、西安高新区，加快推进无人机研发中心、产业化、试飞验证中心等项目建设

续表

产业创新发展工程	发展路径	关键技术	创新平台	重点项目
卫星应用	以卫星、遥感和通信为主线，构建模块芯片、卫星有效载荷、地面设备、手持终端、运营网络、增值服务等核心产业链，扩大北斗规模化应用，开展遥感信息、卫星宽带服务等示范应用，打造丝绸之路经济带卫星应用产业高地	开展高轨微波观测、激光测量、重力测量、北斗系统空间信号精度增强、卫星信息安全抗干扰等前沿技术研究，重点突破中小卫星集成、多波束高功率大天线、宽带多卫星通信地面设备、高性能微波组件、北斗卫星通信/智能定位终端及核心芯片、北斗差分信息处理、遥感图像地面处理系统集成、多波段测控系统、空天地一体多层观测系统等核心技术	加快建设陕西省微小卫星工程实验室、"丝绸之路"空间信息工程研究中心、"高分"陕西数据与应用示范中心等创新平台，充分发挥陕西省卫星应用产业联盟作用，集聚优势资源，提升核心技术研发和集成创新能力	依托航天、西安高新区，加快推进陕西省"高分"数据应用示范、大气遥感卫星应用示范、北斗应用示范、空天地通信网应用示范等项目建设
医学	以医学基础研究和临床应用为主线，构建涵盖基因诊断、基因治疗、基因工程蛋白质新药的产业链，针对恶性肿瘤、心脑血管疾病和代谢性疾病等，重点发展疾病早期分型诊断、临床影像定位诊断、个性化药物治疗	重点发展核酸杂交、聚合酶链反应、生物芯片等诊断技术，光学成像、核磁共振成像、精密成像技术检测、图像后处理等影像技术，以及细胞治疗、基因治疗、单克隆抗体治疗、高效安全的基因传递系统、新型疫苗技术及临床应用研究等治疗技术	建设完善国家医学科学中心、生物治疗与医学国家地方联合工程研究中心，省级医学遗传与基因技术、精准医学基因检测、纳米生物检测、抗体与细胞免疫治疗等创新平台，构建基因学技术、新药研发与中试实验、人源化模式动物、组织与细胞资源、生物信息、医学器械研发和国际交流等支撑体系	依托西咸新区、杨凌示范区、西安高新区、西安经济技术开发区等，加快建设国家医学科学中心，推进癌标志物诊断试剂盒、单克隆抗体、抗疟疾单抗注射液、多肽合成、组织工程产品等产业化项目

续表

产业创新发展工程	发展路径	关键技术	创新平台	重点项目
新能源汽车	以插电式混合动力、纯电动、LNG动力为主线，构建从新能源汽车电池、电机、电控、智能化传动装置到整车、充电桩制造的全产业链，促进车载信息系统、远程控制等互联网技术与传统汽车制造技术相结合，加快汽车智能化进程，打造国内一流的新能源汽车产业	积极探索石墨烯材料、磷酸铁锂电池、三元锂电池、氢燃料电池、储能型电池组、绝缘栅双极晶体管等核心技术，着力突破电源管理系统、混合动力系统、电动汽车变速器、轻量化材料、智能控制等关键技术	建设完善陕汽集团国家级企业技术中心、陕士特国家级企业技术中心、陕汽新能源汽车实验室、长安大学陕西省交通新能源开发应用与汽车节能重点实验室等创新平台	依托西安高新区、西安经济技术开发区、宝鸡高新区，加快推进比亚迪新能源汽车、陕汽新能源汽车、宝鸡吉利新能源汽车、陕士特混合动力系统开发及产业化、三星环新汽车动力电池产业化等重大建设项目

资料来源：《陕西省"十三五"战略性新兴产业发展规划》

2. 推动传统产业转型发展

坚持以规模化、品牌化、高端化为导向，利用高新技术加大对传统产业的改造力度，在能源化工、有色冶金、建筑材料、纺织轻工、食品加工等领域，集中实施一批产业关键共性技术，推动传统产业加快应用新技术、新材料、新工艺、新装备，研发高附加值产品，提升传统产业数字化、网络化、智能化水平，提升传统产业整体技术水平和竞争力，实现重点领域向中高端的群体性突破。鼓励企业通过并购重组，形成以大集团为核心，集中度高、分工细化、协作高效的产业组织形态，再造传统产业新优势（专栏 12-9）。

（1）能源化工产业。坚持优煤、稳油、扩气，打造新能源、电力外送、煤炭深度转化三个增长点，继续巩固能源化工产业支撑作用，推动能源化工产业高端化发展。水风光并举、分散式与集中式并重，稳妥推进新能源微电网、氢燃料动力电池等新技术示范，降低开发成本，力促快速产业化。全面提升煤、油、气、盐资源深度转化，加快推进炼

专栏 12-9　改造提升传统产业发展重点

重点领域	实施内容
能源化工	坚持"三个转化",推进"三个围绕",加快能源产品向清洁化升级、能源产业向中高端升级、能源开发向高效综合利用与生态环境保护并重升级,实现能源大省向能源强省转变。提升"十大基地""十大园区"建设水平,培育一批资源勘探开发、资源加工转化产业集群,带动能源装备制造、能源金融贸易、能源技术服务等产业协同发展。优化开发空间格局,陕北重点打造能源化工全产业链,再造一个能源化工基地;关中抓好能源接续区建设,加速聚集能源配套产业,打造丝绸之路能源贸易金融中心;陕南以可再生能源开发为重点,加快天然气开发,建设风电基地,逐步实现能源消费总量自给
有色冶金	推动有色金属产业结构调整,壮大骨干龙头企业,淘汰落后产能,提高产业集中度。以提升品种质量为重点,以轻质、高强、大规格、耐高温、耐腐蚀、低成本为方向,推进钛、钼、铝、镁、铅、锌、钒、稀有及黄金等贵金属精深加工,构建煤—电—有色金属深加工等载能工业产业链,打造宝鸡"钛谷"、渭南"钼都"、商洛"钒都"、榆林"镁都"。继续推进龙门钢铁、陕钢技术改造和产品升级,重点生产优质棒材、油井管坯钢、中小 H 型钢,逐步提高特钢比重
食品加工	以食品工业园为载体,以品牌建设为抓手,再造一个西部绿色生态食品生产加工基地。重点发展具有陕西特色和比较优势的粮油、果品、乳制品、肉制品、果蔬饮料、酿酒、烟草、烘焙和方便食品等,做大做强本香肉、爱菊粮油、海升果汁、银桥乳品、泾渭茯茶、红星软香酥等品牌
建筑材料	巩固提升"陕西建筑"品牌优势,推动陕西建工等大型集团实现企业设计、构配件生产与施工、管理一体化发展,鼓励"走出去"拓展境外市场。重点发展建筑结构部品、新型墙体、保温绝热、建筑防水、建筑装饰装修等节能环保建筑材料
纺织轻工	加强西安、咸阳、宝鸡纺织工业园区建设,承接高端产业转移,做大碳纤维、芳纶、高强高模聚乙烯、聚苯硫醚等市场规模,发展棉型替代纤维、差别化纤维和产业用纺织品,提升功能性服装竞争力,建设西部纺织服装生产基地。积极研发日用洗涤用品、食用级塑料、工程塑料等日用品

化一体化项目,扩大炼油和乙烯生产能力,延伸发展合成树脂、合成橡胶、聚酯、聚氨酯、特种纤维、聚碳酸酯等产业链,完善石化生产力布局,重点提升大型炼化能力、做精做优化学工业。

（2）有色冶金产业。适度控制资源开发强度,积极利用低温低压电解、强化熔炼、生物冶金等先进适用技术,提高资源利用水平,以轻质、高强、大规格、耐高温、耐腐蚀、低成本为方向,积极发展精深加工产品,重点实现优化产能布局、发展循环经济、延伸产业链。

（3）食品加工产业。构建以果蔬加工业、乳制品加工业、啤酒制造业等现代食品加工业为主,以独具特色风味的食品加工为辅,以大型规模化的现代食品龙头企业为主体,以小型现代化的传统食品企业为补充的关中现代化食品加工带。以小杂粮、羊肉、名优果品加工业为主,向"专、精、特"方向发展,形成以小型现代化食品企业群为主,以大型规模化的食品企业为辅的陕北特色食品加工带。以多品种特色果蔬、可食性野生资源等特色资源加工业为主,形成小型现代化的食品企业群为主、大型规模化的食品企业为辅的陕南特色食品加工带。

（4）建筑材料产业。推动企业加快兼并重组步伐,推动建材制造向高端方向发展,重点实现产业优化、关键技术突破、智能化能力提升。打造西部生产加工基地,鼓励"走出去"拓展境内外市场。

（5）纺织轻工产业。加强行业整合能力,加快新材料开发应用,培育高端产业用纺织轻工产品,推行节能降耗技术,全面推进清洁生产,重点加强品牌建设、结构优化、绿色生产。

综合运用市场机制、经济手段、法治办法和必要的行政手段,加大政策引导力度,积极稳妥化解产能过剩。建立以工艺、技术、能耗、环保、质量、安全等为约束条件的推进机制,强化行业规范和准入管理,坚决淘汰落后产能。通过兼并重组、债务重组、破产清算、盘活资产,加快钢铁、煤炭等行业过剩产能退出,分类有序、积极稳妥处置退出企业,妥善做好人员安置等工作。

3. 推动现代服务业加快发展

突出"特色化、专业化、网络化、规模化、高端化、国际化",提升现代服务业发展能级,力争现代服务业增加值年均增长 15%以上,成为引领全省、辐射西部、影响全国的现代服务业发展高地。积极开展现代服务业综合试点,利用大数据、云计算、移动互联等技术,大力推动科技服务业与战略性新兴产业融合发展,探索发展现代服务业新模式、新业态、新体制和新机制。面向"互联网+"时代的平台经济、众包经济、创客经济、跨界经济、分享经济的发展需求,以新一代信息和网络技术为支撑,加强现代服务业技术基础设施建设,加强技术集成和商业模式创新,提高现代服务业创新发展水平。

依托高新区、国家高技术服务业基地和高新技术产业化基地,围绕创新链完善服务链，大力发展专业科技服务和综合科技服务，全面提升科技服务业的专业化、网络化、规模化、国际化发展水平。重点发展信息技术、研发设计、知识产权、检验检测、电子商务、创业孵化、科技咨询、技术转移等业态，基本形成覆盖科技创新全链条的科技服务体系（专栏 12-10）。优化科技服务业区域和行业布局，建设全省具有较强竞争力的科技服务业核心区。采取多种方式对符合条件的科技服务企业予以支持，以政府购买服务、后补助等方式支持公共科技服务发展，鼓励有条件的园区采用创业券、创新券等方式引导科技服务机构为创新创业企业和团队提供高质量服务。

专栏 12-10　科技服务业发展重点

重点领域	实施内容
信息技术服务	发展基于移动互联网、云计算、物联网等新技术、新模式、新业态的信息服务，重点发展软件及服务外包、动漫创意、移动互联等服务
研发设计服务	建立开放共享的关键共性研发设计公共服务平台，建设研发设计交易市场。大力发展外观设计、结构设计、功能设计等产品设计服务。积极推进生产技术、技能和工艺改进与产品创新设计服务，鼓励制造企业外包工业设计服务
知识产权服务	培育知识产权服务市场，构建服务主体多元化的知识产权服务体系，创新知识产权服务模式，形成一批品牌服务机构
检验检测服务	推进检验检测市场化运营，加强重点行业产品质量检验检测体系建设。支持检验检测企业发展面向设计开发、生产制造、售后服务全过程的观测、分析、测试、检验、计量、标准、认证等一站式服务；探索多元化、多层次协同服务模式
电子商务服务	依托电子商务示范城市建设，健全物流、支付、信用等电子商务支撑体系。大力推动跨境电子商务发展，组织实施移动金融科技服务创新、医药电子商务等政策性试点工作。开展电子凭证报销、入账试点，推广电子发票应用
创业孵化服务	大力发展科技企业孵化器，提升科技企业孵化器和大学科技园的服务能力，推动市场化运营，加强科技孵化业网络化建设；积极探索建立种子基金或孵化基金；大力扶植多种类型孵化器的发展
科技咨询服务	大力发展科技战略研究、科技评估、管理咨询等科技咨询服务业。加强科技信息资源的市场化开发利用，支持发展科技情报分析、科技查新和文献检索等科技信息服务，开展网络化、集成化的科技咨询和知识服务
技术转移服务	建立具有技术咨询评估、成果推介、融资担保等多种功能的技术转移服务机构，大力发展专业化、市场化的科技成果转化服务

围绕生产性服务业共性需求，重点推进现代物流、金融服务、商务会展、服务外包等发展，增强服务能力，提升服务效率，提高服务附加值（专栏 12-11）。进一步放开生产性服务业领域市场准入，鼓励社会资本以多种方式发展生产性服务业。鼓励制造业企业增加服务环节投入，发展个性化定制服务、全生命周期管理、网络精准营销和在线支持服务。

专栏 12-11　生产性服务业发展重点

重点领域	实施内容
现代物流	加强物流信息平台和口岸大通关建设，加快西安等全国性和区域性物流节点城市物流业发展
金融服务	加快推进融资、租赁、理财、创业投资等金融服务。充分发挥"一带一路"金融中心的优势，打造金融综合改革试验区
商务会展	鼓励发展法律咨询、会计审计、资产评估等商务服务业，加快培育一批大型商务服务企业，推进西安等地商务会展业向专业化、规模化、市场化方向发展
服务外包	依托西安等示范城市，重点发展软件与信息技术研发外包、物流与供应链服务外包、工业技术服务外包、金融服务外包、工业与工程设计外包、医药研发外包和数据分析外包，打造服务外包产业集聚区

推动生活性服务业加快向精细化和高品质提升，重点发展健康养老、家庭服务、文化教育、旅游休闲等业态（专栏 12-12）。加强网络化、个性化、虚拟化条件下服务技术研发与集成应用，大力开展服务模式创新，重点发展数字文化、数字医疗与健康、数字生活、教育与培训等新兴服务业。

专栏 12-12　生活性服务业发展重点

重点领域	实施内容
健康养老	积极培育打造集居住、保健、家政、休闲、医疗于一体的健康养老基地，探索异地养老、分时度假养老等新业态
家庭服务	培育家庭服务的新模式，推进物联网技术在家庭服务领域中的应用，支持家居产品智能化，培育一批知名家庭服务业品牌，探索形成适应家居智能化的产业环境
文化教育	推进创意产业集聚区、科技创意产业基地、国家数字产业园等文化创意产业集聚区发展，加快西安等地国家文化和科技融合示范基地、国家动漫游戏产业振兴基地、国家软件产业基地等国家级产业发展平台建设
旅游休闲	充分发掘独具特色的历史文化和风土人情，加快生态文化旅游区建设

12.2.3　构建产业发展战略高地

依托国家自主创新示范区、国家高新区、国家农业科技园区、国家可持续发展实验区、国家大学科技园、战略性新兴产业集聚区等创新资源集聚区域以及高校、科研院所、行业骨干企业等，建设一批国家和省级高新技术产业化基地、现代服务业产业化基地、科技文化融合示范基地和科技成果产业化基地。新建 10 家省级高新技术产业、现代服务业及科技文化融合示范基地。

依托园区、大中型企业和科研院所，加快建设以太阳能光伏、智能电网、风电装备等创新型产业集群为主的国家新能源产业基地，以碳纤维、高温合金、特钢材料、电子材料、膜材料等产业集群为主的国家新材料产业基地，以集成电路、传感网、网络通信、新型显示、软件为主的国家新一代信息技术产业基地。通过开发文化创意产业、航空航天产业、新材料等领域的高精度、低成本的 3D 打印机及相关材料，依托渭南高新区、西安高新区打造全国 3D 打印产业发展高地。吸引机器人制造企业来陕建立生产基地，争取在高精密减速器、高性能伺服电机和机器人本体产业上形成国内领先优势。

支持各类专业科技园区结合地方特色，按照专业化、集群化发展的思路和"一区一产业"发展模式，建设 50 个特色工业科技园区，引导每个园区确定 1~2 个具有较强区域带动作用的产业集群，建设产业相对集中、服务能力较强、规模效应明显的科技企业聚集区，构建创新核心区和产业集群，形成产业聚集效应，推动专业园区发展。依托陕汽集团、法士特集团及宝鸡吉利汽车整车及发动机等项目，以打造千亿元汽车及零部件产业集群为目标，建设宝鸡新能源汽车产业基地。通过引进深圳沃特玛电池公司研发总部等入驻，在渭南高新区建设新能源汽车产业园。推进制造业集聚区改造提升，建设一批新型工业化产业示范基地，培育若干先进制造业中心。

支持建设 30 家国家级、省级农业科技园区，构建布局合理、特色鲜明、层次分明、功能互补，覆盖全省农业主导产业的全省农业科技园区体系，使农业科技园区成为现代农业科技示范基地、科技成果转化基地、农村科技创新创业基地和农村人才培养基地。

完善医药产业技术创新支撑体系，促进医学研究成果惠及百姓，建设 10 个省、市级医药科技产业园区，30 个省级药用植物科技示范基地，组织建设 20 个左右临床医学研究中心。建设陕南原料药种植加工基地，西安、咸阳、杨凌生物技术研发生产基地和生物医药研发服务外包基地。

按照"一个央企、一个基地、一个特色军民融合科技产业集群"的模式，以发展军民融合科技产业集群和军工技术的民品产业集群为重点，重点建设航空、航天、兵器、船舶、核工业、电子信息六大军民融合产业基地（园区）。依托西安飞机制造集团公司、西北工业大学等生产、科研机构和大学，打造阎良、汉中航空产业基地。依托科研院所，打造西安航天产业基地，推动以航天固体运载能力、液体运载能力建设为代表的航天产业建设，以构建卫星通信、导航服务、数据传输与处理应用等产业链为重点的卫星应用产业发展，以碳纤维复合材料、双金属复合管、工业机器人、集成电路、先进封装等为代表的航天技术应用产业项目建设。以西安工业大学等兵器集团在陕单位为骨干，打造西安兵器产业基地，推进新一代含能材料、汽车安全系统扩能、TFT（thin film transistor，即薄膜效应晶体管）液晶显示材料产业化等重大项目建设。以中国电子科技集团在陕单位为骨干，建设中电科西安信息产业园。支持军转民项目和军品配套项目向基地集聚，做大做强航空、航天、专用设备制造、电子信息、新能源、新材料、特种化工七大军工特色主导产业，形成军民融合创新发展的集聚区和军民融合改革的政策特区。

12.2.4　构建产业支撑配套体系

立足现有基础，在增材制造、超导材料、分布式能源装备等的重点领域，依托骨干企业、大学和科研机构，布局一批产业创新中心、先进制造业创新中心、工业设计中心、新技术推广应用中心，设立一批国家及省级工业设计研究院。支持创新资源密集度高的园区发展成为新兴产业创新发展策源地。重点依托战略性新兴产业，建设知识产权集群管理试点和知识产权试点示范园区。

围绕园区优势主导产业发展产业技术创新战略联盟，促进行业内科技资源的有效整合和产业链上下游的配套合作，形成更趋一体化、集约化、规模化的合作机制。重点围绕航空、航天、通信、卫星导航、大数据与云计算、集成电路、光电子、新型平板显示、智能机器人、光伏与LED（发光二极管）、新型电子元器件、汽车、电力设备与能源技术服务、软件与服务外包、生物医药、高性能医学诊疗设备、生物工程育种、创新型服务业、重型汽车研发生产、兵器工业、工程设备、新材料、3D打印、精细化工、轨道交通等产业集群发展产业技术创新战略联盟，提升主导产业核心竞争力和产业创新效率。

12.3　典型园区的产业创新战略

1. 西安高新区

"十三五"时期，全力构建"133"高端产业体系，大力实施"先进制造业2025攀登计划"和"软件信息服务业赶超计划"，持续推进"西安高新制造"品牌建设，构筑"优势突出、特色明显、布局高端"的现代产业体系，全面提高产业综合竞争力，使西安高新区成为国内一流、国际知名的战略性新兴产业高地和具有国际竞争力的先进制造创新中心。到2020年，完成累计新认定高新技术企业1 300家、高新技术企业营业收入比重为35%、企业平均利润率为8%、万元工业增加值能耗下降6%的具体目标。

（1）率先布局新兴高端产业。依托西安增材制造国家研究院，建设国家增材制造创新中心。依托铂力特等龙头企业，推进新材料园3D打印产业园建设，打造以材料、数字化设计、关键零部件、整机和应用服务为主的3D打印产业链。加快培育有机硅、特种光纤等前沿新材料产业化项目，引进石墨烯创新中心及公共检测平台，配套储能电池产业。启动环保园节能环保产业创新示范基地建设，积极推进中韩国际环保产业园建设，加快引进清华大学水处理国家重点实验室，全力打造西部低碳环保产业发展的先行区。聚焦实体经济发展需求，重点发展研发设计、软件与信息服务、现代物流等高端生产性服务业，聚力发展工业设计、影视文化、动漫手游等新兴创意服务产业。此外，在无人机、机器人、VR和区块链等领域进行跟踪及前瞻性布局。

（2）打造战略性新兴产业高地。重点发展电子信息、先进制造、生物医药、现代服务业四大主导产业和通信、光伏与LED、电子元器件、电力设备、汽车、生物医药、软件与服务外包、创新型服务业八大产业集群。优先打造具有全球重要影响力的半导体全产业链，至"十三五"末，力争形成智能终端、芯片制造与封测、LCD面板及移动互联网、光伏发电等优势产业集聚，触发半导体集群效应，打造在全球有重要影响力的半导体产业集群，至 2020 年，全区半导体产业产值规模突破 4 000 亿元。抢占新兴产业发展先机，突出产业发展区域特色，做大做强下一代汽车、能源装备和创新型服务业三大特色产业，力争到 2020 年三大特色产业规模达到 9 000 亿元。聚焦生物医药、网络空间安全、机器人和数控制造三大新兴产业，力争到 2020 年三大新兴产业规模达到 1 500 亿元。

（3）打造四个千亿元级战略性新兴产业集群。千亿元级的半导体产业集群。以三星、美光、应用材料等为龙头，不断延伸、完善半导体产业链，由龙头项目引领产业聚变、裂变与嬗变，在太阳能光伏和LED产业、激光应用与新一代显示产业等形成优势。千亿元级的生物医药产业集群。以美国强生投资建设全球最大产能供应链生产基地为契机，依托生物医药龙头企业，形成以化学原料与制剂为基础，以中药加工、生产和天然药物提取为特色和增长点，以医药器械研发生产为辅助；以新剂型、生物技术药物研发为战略方向的产业格局。进一步推动生物医药产业聚集，在生物技术药物、化学药物、现代中药、医疗器械、生物服务业和高端健康医疗六大领域，培育 10 家掌握产业关键核心技术的过亿元企业。千亿元级的通信产业集群。围绕长安通讯产业园，依托三星、中兴、华为等龙头企业，针对智能手机产业链，着力打造智能手机产业的高端企业聚集区、前沿技术创新集中区和制造研发一体化区，成为成为国内领先的智能终端产业聚集地，打造千亿元智能终端产业。重点抓好中兴二期等重点项目建设，支持中兴通讯"全球 5G计划"，争取设立西安5G研发中心。到2020年,争取智能手机年生产规模达到2亿部,产值2 000亿元以上,力争占有中国智能手机市场份额的30%,占有全球智能手机市场份额的15%。将中兴终端生产基地成为中兴通讯的全球最大工厂之一和中国西部最大的智能终端生产基地。同时,发展形成以航天恒星、合众思壮等企业为代表的卫星导航产业。千亿元级的软件与信息服务产业集群。助力提速软件新城发展,重点围绕集成电路设计、大数据、云计算、物联网、移动互联网、电子商务等领域,依托IBM、Intel、NEC、富士通、施耐德、三星等世界500强企业,加速产业聚集,形成一批特色产业集群,软件信息服务产业增加值增速达到25%。依托国家电子商务示范基地、智慧软件园区示范基地,建设新一代信息技术创新示范园区。重点发展五大优势产业板块:以协同软件、未来国际等为代表的行业应用软件产业板块;以龙旗、泰为等为代表的嵌入式工业软件研发及应用产业板块;以西谷微电子、华芯半导体、英特尔等为代表的集成电路设计与测试产业板块;以奥博杰天、博彦科技等为代表的信息技术服务产业板块;以建设国家首批"国家电子商务示范基地"为契机,通过全国首个民生服务电商平台———"西安利安社区百姓通"和"苏宁西北地区电子商务基地"等项目建设,形成千亿元电子商务产业集群。

　　(4)实施"先进制造业2025攀登计划"。以智能制造为方向,加快形成具有全球影响力的先进制造产业集群,形成汽车制造、能源装备、信息技术、特种装备的研发与制造产业链,在工业进入信息技术与制造技术深度融合的数字化、智能化制造4.0时代的大背景下占据制高点。以我国将成为世界最大规模的电动汽车市场和西安成为新能源汽车试点城市为契机,依托比亚迪、法士特、欧舒特等企业,以汽车整车制造为龙头,以动力总成、控制系统、底盘、关键零部件、汽车服务为主的配套体系。依托三星环新汽车动力电池项目,建设国内最大的汽车动力电池生产基地,打造全国新能源汽车产业基地。依托西电集团、中石油测井、通源石油等龙头企业,做大做强能源装备与技术服务业,争取成为我国能源技术服务领域实力最强的区域。依托军民融合产业园,推进军民两用技术双向融合发展,以全兵种、各领域、多方向的军民融合市场化建设为重点，探索技术、生产、资本、人才等多种军地融合方式，实施"军民融合腾飞计划"。

2. 杨凌示范区

进一步挖掘增长潜力，培育发展动力，厚植发展优势，拓展发展空间，促进杨凌农产品生产向优质化、高端化、品牌化迈进，为全省乃至全国涉农产业发展树立样板。进一步扩大"杨凌农科"品牌影响力，到2020 年，"杨凌农科"品牌价值超过 1 000 亿元，"杨凌农科"品牌催生孵化有机产品认证企业 20 家以上，良好农业规范认证企业 50 家以上，绿色食品认证企业 10 家以上，无公害产品认证企业 50 家以上；培养中国知名品牌和中国驰名商标 3 个以上，陕西省知名品牌 15 个以上，陕西省著名商标 100 件以上。

（1）打造涉农工业发展战略高地。壮大生物医药、农产品深加工、农业装备制造三大主导涉农工业，支持杨凌国家级生物医药产业基地建设，打造生物医药产业链。加大省级农产品加工贸易示范园区建设力度，打造农产品精深加工中心、企业集群集聚中心、技术研发转化中心、三产融合展示中心、仓储物流集散中心。加快杨凌农机装备制造产业园建设，引导一批国内外知名农机装备企业入园。加快建设现代农庄集群，大力发展健康休闲、生态旅游、创意农业、农业展会等新兴服务业，促进一、二、三产业融合发展。

（2）完善农业服务产业链条。依托大数据、云计算等信息技术，加大农业中介服务组织建设力度，打造集良种、农资、农技、信息、流通、保险服务为一体的现代农业服务产业链条，促进生产性服务业向深层次迈进。做强做大现代农业电商产业园，创建国家级电子商务示范基地。大力推进"互联网+"现代农业，建立"线上线下"一体化品牌营销模式。

（3）加快农业示范园区建设。加快杨凌种子产业园建设，引导省内有发展潜力的种子企业聚集，开展主要农作物生物育种、技术研发、种质资源创新，培育一批国家级育繁推一体化种业集团。加快杨凌现代农业示范园区建设，推动技术、资金、土地等生产要素聚集，扩大示范效应。通过省级农产品加工贸易示范园区建设，构建完善的现代农产品加工及商贸流通体系，带动全省农产品加工业蓬勃发展。建成集种植养殖、产品加工、采摘体验、休闲观光于一体的现代农庄 20 个以上，促进一、二、三产业融合发展，为提高农业综合效益探索新路子。

3. 宝鸡高新区

通过核心技术和关键系统研发，推动集成创新和兼并重组，大力发展九大特色产业集群，形成技术国际领先、产业体系完备、具有国内外影响力的创新型产业基地。

（1）钛材料产业集群。以宝钛集团为龙头，国核锆业、力兴钛业、中色特种金属、欧亚化工、陕西开达、富士特钛业等为骨干，通过建设国家钛材产品质量监督检测中心和钛材交易中心等一批重大项目，形成钛材料在全球市场的规模优势。通过原材料供应、钛材料加工、应用产品生产和市场拓展服务的全产业链整合，掌握钛材料的产业链控制权和全球市场定价权，着力打造"中国钛谷"。

（2）石油钻采装备产业集群。依托国家石油装备制造业产业基地，发展以钻机、泥浆泵、钢管和测井车、工程车等钻采专用车辆等为主的系列产业群，建设亚洲最大的石油钢管生产基地和中国最大的石油钻井装备研发制造基地。

（3）汽车及零配件产业集群。以陕汽、吉利、法士特等企业为龙头，以华山车辆、汉德车桥、宝鸡银河消防、宝石特车、宝鸡专用汽车等中小企业为基础，以陕汽通力、宝鸡华强等 100 多家汽车零部件企业为配套，打造汽车及汽车零部件产业集群。

（4）高速铁路装备产业集群。以中铁电气化局集团宝鸡器材公司、中铁宝桥、宝光集团等企业为龙头，依托国家高速铁路装备产业基地，建设铁路车辆及配件制造产业园，加快铁道自动过分相装置、大号码道岔、客运专线高速道岔、铁道电器等研发进程，形成电气化铁路、地铁、城轨、轻轨等产业配套基地。

（5）航空安全装备产业集群。以宝成、烽火、凌云、航天 7107 等通信、导航、传感器和电子信息产业企业为龙头，通过宝鸡航空设备产业等园区建设,全力打造服务于国防现代化建设和国民经济的高科技军民结合型产业化基地。

（6）中压输配电产业集群。以宝光集团、宝光施耐德电器、陕开集团等骨干企业为龙头,引导和整合宝鸡周边地区输变电设备制造业资源,形成围绕真空灭弧室、真空断路器、成套真空开关设备及其配套的产业集群,建设中国西部输变电设备制造业基地,建成亚太地区最大的真空断路器生产基地。

（7）机床工具和机器人制造产业集群。以秦川机床和宝鸡机床为龙头,发展各类数控磨床、车床和工具、模具及配件竞相发展的集群化态势,成为在国际上能与欧美等世界机床制造巨头抗衡的中国品牌。实现机器人核心部件的规模化生产,倾力打造国家级机器人关键部件生产基地,适时建立"宝鸡机器人产业园",到"十三五"末形成以减速器和伺服系统等为代表的系列产品,达到 30 亿元以上的产业规模。

（8）中医药及医疗设备产业。以紫光医药集团为龙头,加快建设紫光医药科技产业园、中医药研究院,实施中药饮片精细深加工、中药材饮片研发等项目。以宝鸡大医数码机器人有限公司为先导,实施钛合金骨科植入物生产项目,建设医疗设备产业基地。

（9）现代服务业集群。以国家科技服务业区域试点为契机,建设高技术服务业总部基地、国际孵化区、创意产业区、金融资本中心和现代物流园等高端园区,大力发展、加快发展知识密集型服务业,吸引、培育设计研发、检验检测、期现货交易、互联网、物联网、服务外包、电子商务、科技咨询、技术转移转化、创新创业、科技金融、知识产权等领域的现代服务业态。

4. 渭南高新区

大力发展特色战略性新兴产业,主要发展机械工业、电子工业、医药制造业、精细化工业、新材料生产等工业,重点打造 3D 打印创新智造产业园和新能源汽车产业园。以创建国家级 3D 打印数字智造产业培育示范基地和渭南国家新材料高新技术产业化基地为目标,规划建设 3D 打印产业成长区 1 000 亩。新能源汽车产业园规划占地 4 000 亩,园区集关键技术研发、核心部件生产及整车制造、展示体验、物流仓储商业配套等功能为一体。项目全部建成达产后，预计年可实现销售收入200亿元，利税达40亿元。

5. 咸阳高新区

全力推进韩国产业园、医药产业园等专业园区建设，围绕电子信息、生物医药、新型合成材料三大核心支柱产业，全面提升自主创新能力、规模经济能力、产业竞争力能力和辐射带动能力，率先形成具有区域竞争力和高度活力的新型产业体系。

6. 榆林高新区

按照做强能化产业、做大装备制造业、做优现代服务业、做特地方传统产业、扶持新兴产业的思路，重点发展新能源、新型加工制造、新材料、生物医药、节能环保和现代服务业六大产业集群。

能化产业在促进中煤、华电、延长等大型能化企业达产达效的同时，加快布局煤制油、煤制烯烃、煤制芳烃、煤电一体化、煤盐一体化为主的下游产业项目，打造能化产业集群，实现资源增值最大化。装备制造业重点发展矿用机械设备制造维修、环保设备制造以及其他高端装备制造项目，形成与国家能化基地建设相配套的装备制造产业集群，为能化基地建设发展提供充足的装备保障。新兴产业在做强做精光伏产业的基础上，积极推进生物医药、大型风电设备制造等项目的尽快落地建设，加快引进电子信息、新材料等新兴产业项目，努力培植新的经济增长点，推动园区多元发展。传统特色产业重点加大对轻纺、新兴建材、特色农产品加工等传统产业的扶持力度，努力培育一批本土明星企业集团，通过转型升级让传统产业焕发新的竞争优势。现代服务业大力扶持金融、仓储物流、信息服务、教育培训、商务办公等生产性服务业，加快发展高档餐饮酒店、大型商贸广场、文化创意、娱乐休闲等生活性服务业。

7. 安康高新区

致力于打造中国富硒食品、中国植物提取、陕西新型材料三大基地，努力形成陕、川、渝、鄂交汇区的产业、研发、商务、物流四大中心，重点发展富硒食品、新型材料两大支柱产业，生物医药、先进制造、现代服务三大主导产业，丝绸纺织、通用航空两个潜力产业，构筑高端化、高质化、高新化的"232"现代产业体系。

优化产业空间布局，形成"一心六园"产业布局。"一心"是科技创新总部经济中心，"六园"分别是食品医药园、新型材料园、先进制造园、现代服务园、创新创业园和"飞地经济"园。

五年内，计划实施重点产业项目 120 个以上、总投资达 700 亿元以上，力争形成 4 个百亿元产业集群、5 个五十亿元产业集群、6 个十亿元产业基地。到 2020 年，工业总产值突破 400 亿元，工业增加值突破 120 亿元。

第 13 章　陕西科技园区的制度创新战略

13.1　战略定位

以供给侧结构性改革为主线，以统筹科技资源创新改革试验和军民融合创新改革试验为重点，按照"大空间、大服务、大格局，高起点、高标准、高效能"的要求，实施"体制机制领先计划"。破除体制机制障碍，探索加快科技资源优势向创新优势转化的新机制、新途径，推动系统性、整体性、协同性改革的先行先试，在统筹科技资源、市场配置资源、科技成果转化、金融创新、人才培养和激励、园区管理体制等重要领域和关键环节取得突破，使科技园区开展成为深化改革的先行区。

13.2　战略实施

13.2.1　推进供给侧结构性改革

在创新源头、创新过程、创新产出三个供给端齐发力，按照"淘汰落后、提升低端、突破高端"的总体思路，推进供给由中低端向中高端迈进，真正提高科技园区供给的质量和效率。

充分发挥科技创新在供给侧结构性改革中的基础、关键和引领作用，依靠新技术和新产品的研发来创造新供给、拉动新需求、发展新业态，建立新的产业体系，拓展新的发展空间。精准部署基础研究及应用基础研究的重点方向,超前部署有望催生未来变革性技术的研究项目和研发平台,增强创新驱动源头供给,推动陕西省基础研究、应用基础研究优势转化为技术创新优势。构建科技成果转移转化新机制、破除束缚创新和成果转化的制度障碍,优化创新制度和政策供给,形成创新活力竞相迸发、创新成果高效转化、创新价值充分体现的体制机制。支持互联网环境下的各类创新,发展物联网技术和应用,发展"互联网+"装备制造、"互联网+"生物医药,以新技术形成的新供给方式,满足新的消费需求。

不断深化园区科技体制改革,通过多项措施推动建立技术创新市场导向机制。在园区选择有代表性的行业龙头企业开展创新转型试点,探索政府支持企业技术创新、管理创新、商业模式创新以及转型发展的新机制。

13.2.2　统筹科技资源改革

以建设西安统筹科技资源改革示范基地为引领,着力破解园区内科技资源分散(科技资源分散于各高校、科研院所,没有形成聚集效应)、分离(科技成果与市场主体分离)、分隔(科技资源的条块分隔)壁垒,通过统筹科技资源改革,实现三放、三聚和三辐射,就是促进科技人员的解放、科研院所科技能量的释放和科技设施的开放,促进创新资源和要素的聚集、本地资源与外部资本的聚合、科技资源向经济效益的聚变,进而实现科技成果的辐射、科研人员的辐射和科技企业的辐射。

坚持横向全要素(项目—人才—平台—成果)、纵向全链条(知识创新—技术创新—产品创新—商业模式创新)协同配置创新资源。

13.2.3　深化科研院所创新改革

按照遵循规律、强化激励、合理分工、分类改革的原则,通过复制推广"一院一所"模式,深化科研院所创新改革。选择一批以研发、生产经营活动为主的转制科研院所,先行试点科技成果使用权、处置权和收益权改革。对符合条件的转制科研院所，试行开展员工持股。支持转制科研院所完善现代企业制度，积极发展混合所有制。

探索新型产业技术研发机制，通过民办公助、公司联营、会员制等市场化形式，加强集成整合和统筹协调，发展社会化新型研发和服务机构。探索高校院所、科技园区共建新型研发机构。支持高校院所进入园区，以市场化运行管理模式，建设新型研发机构，开展技术研发、企业孵化、人才培养等活动。形成购买服务、后补助、奖励等财政投入与竞争性收入相协调的持续支持机制。

13.2.4　完善激励创新的有效机制

通过推进西安国家自主创新示范区建设国际人才试验区和海外人才离岸创业基地，支持科技园区人力资源服务产业园和国家科技领军人才创新驱动中心等集聚区建设，建立积极灵活的创新人才发展制度，形成集聚人才、培养人才的长效机制，为各类人才创造规则公平和机会公平的发展空间。按照市场规律让人才自由流动，实现人尽其才、才尽其用、用有所成，努力把科技园区打造成为最具影响力的高端人才聚集区和最富吸引力的人才创新创业首选区。

建立更加便捷、更有针对性、更具吸引力的海内外人才引进制度。开展海外人才永久居留、外国留学生就业、国际医疗保险境内使用、出入境及政府购买人才公共服务等便利服务试点。开展亚洲太平洋经济合作组织（Asia-Pacific Economic Cooperation，APEC）商务旅行卡审批权下放园区试点。健全配套保障机制，为高层次人才提供社保、医疗、交通、住房、子女入学、配偶就业、出入境等综合服务。

建立以市场、知识、业绩、素质为核心的人才评价体系，探索市场化的人才评价机制。健全与岗位职责、工作业绩、实际贡献紧密联系和鼓励创新创造的分配激励机制，实行以增加知识价值为导向的分配政策，促进科技成果资本化、产业化。提高科研人员成果转化收益分享比例，赋予创新领军人才更大的人财物支配权和技术路线决策权。探索急需紧缺特殊人才协议工资、项目工资等多种分配办法，建立完善让创新主体获益的年薪制、股权、期权、分红激励制度。

积极开展科技成果处置和收益权改革,将财政资金支持形成的,不涉及国防、国家安全、国家利益、重大社会公共利益的科技成果的使用权、处置权和收益权,下放给符合条件的项目承担单位。允许高校、科研院所自主决定对其持有的科技成果采取转让、许可、作价入股等方式开展转移转化活动,政府相关部门对科技成果的使用、处置和收益分配不再审批或备案。授权省属国有科研事业单位自主处置科技成果、分配科技成果收益,其转移转化所获得的收入不上缴国库,全部留归单位,实行统一管理。统筹研究国家自主创新示范区实行的科技人员股权奖励个人所得税试点政策推广工作;依法实施科技成果转化风险免责政策。

13.2.5　深化军民融合创新改革

支持园区军工企业与军工科研院所体制改革,支持军工企业跨区域、跨行业、跨所有制合作,鼓励军工单位自主创办或与地方合作创办新的股份制企业,通过兼并重组、战略合作及上市融资等方式,推进军工企业进行股份制改造和混合所有制改革。支持科技园区从事生产经营活动类的军工科研院所实施企业化转制,建立现代企业制度。加快国防知识产权解密和转化、科技成果处置权和收益权改革,允许将军工科技成果就地转移和交易所得收益归参与研发的科技人员及其团队所有的比例提高到 70%。推动科研人员以科技成果入股方式创办高新技术企业或参与民口企业发展。

13.2.6　创新科技金融结合体制机制

以建设国家科技与金融结合试点省为契机,加快建设关中科技金融合作示范区,发挥金融创新对技术创新的助推作用,培育壮大创业投资和资本市场,提高信贷支持创新的灵活性和便利性,形成各类金融工具协同支持创新发展的良性局面。引导和推动银行、证券、保险、担保、再担保、资产管理公司、信托公司、金融租赁公司等金融资源向科技园区集聚,开展支持自主创新的科技金融服务试点。加快科技金融专营机构建设,加快发展科技支行、科技企业金融服务事业部、科技保险支公司、科技小额贷款公司等,创新科技金融组织体系。推进金融产品和服务模式创新,支持金融机构开展银保合作、银投合作等,推动科技型中小企业履约保证保险贷款等交叉性金融业务发展。促进海峡两岸金融与科技融合发展,开展无锡市海峡两岸科技与金融合作等试点。创新财政科技投入方式,完善科技金融风险分担机制,大力发展以"首投"为重点的创业投资、以"首贷"为重点的科技信贷、以"首保"为重点的科技保险。通过强化市场配置资源导向,提高财政资金风险容忍度,撬动更广泛的社会资金和金融资本增加对科技创新的投入,营造科技、金融、产业一体化的生态环境,构建覆盖科技创新全链条的金融支撑体系。

鼓励在符合条件的科技园区开展人民币资本项目可兑换、人民币跨境使用、外汇管理改革等方面的试点。支持科技园区开展外商投资等管理体制改革试点。

争取新设以服务科技创新为主的民营银行,探索与科技创新企业发展需要相适应的银行信贷产品。选择符合条件的银行业金融机构,探索试点为企业创新活动提供股权和债权相结合的融资服务方式,与创业投资、股权投资机构实现投贷联动。探索设立服务于现代科技类企业的专业证券类机构,为科技企业提供债权融资、股权投资、夹层投资、并购融资等融资服务,在上市培育、并购交易等方面提供专业化服务。

13.2.7　探索精干高效的园区管理体制

科技园区在法律主体地位和功能定位上,应该是主要承担开发发展职能的经济区和产业区。按照"经济管理向园区管理委员会集中,社会管理和公共服务向当地政府集中"的思路,要积极探索园区与行政区融合发展的管理体制机制,使科技园区的建设发展从政府主导型模式转入到政府参与型模式,实现资源配置方式由政府主导向市场主导转变,形成符合市场经济规律,与国际惯例接轨的管理体制和运行机制。加强对科技园区与行政区的统筹协调,充分依托所在地各级人民政府开展社会管理、公共服务和市场监管。对于区域合作共建的园区，共建双方应理顺管理、投入、分配机制。各类园区要积极推行政企分开、政资分开，实行管理机构与开发运营企业分离。鼓励科技园区建立跨区域联动发展机制，支持国家级高新区托管省内其他开发区。强化开发区经济发展职能，加快去行政化步伐，鼓励大企业、大集团建设和管理科技园区，推动园区建设管理企业化、社会化。

坚持和完善集中统一、高度授权的管理委员会体制。优化管理委员会组织结构，按照"小政府、大社会，小机构、大服务"和"精简、统一、效能"的原则，探索构建大规划建设、大经济发展、大文化管理、大行政执法、大市场监管等大部门制工作格局。科学制定园区权责清单，优化行政管理流程，积极推进并联审批、网上办理等模式创新，提高审批效率。

推进园区管理委员会与建设开发公司政企分开、开发与管理两权分离。建设开发公司作为园区的实际运作机构，以独立法人形式代表管理委员会行使资产经营管理权，统筹推进园区土地开发、市政基础设施建设、招商引资及综合服务设施建设，并按现代企业制度和市场经济原则运作。

积极探索科技园区市场化的开发建设模式和运营机制，引入社会资本主导的专业园区开发商和园区运营商，参与园区或"区中园"的设计、投资、建设、招商、运营和维护。摆脱地方政府作为园区建设发展单一主体的既有格局，鼓励以公有民营、民办官助、混合所有制等多种形式投资园区建设。支持和鼓励各类投资者采取合资、合作、独资、租赁等形式到园区投资创办企业园区、区中园或园中园，由企业自主招商、自我发展。鼓励支持国内外投资者采取PPP（public-private partnership，即政府和社会资本合作）模式等多种合作方式参与园区的公共服务、基础设施类项目建设。支持符合条件的园区开发运营企业在境内外上市、发行债券融资。例如，运用双创债等债券融资手段帮助园区建立新兴产业孵化基地，扶持小微企业发展。

创新园区考核机制，将单纯以GDP等经济指标为核心的考核指标体系转化为以投资者满意度为中心的评价体系，逐步把集聚创新要素、增加科技投入、提升创新能力、孵化中小企业、培育发展战略性新兴产业、保护生态环境、政务服务环境等体现园区发展质量的相关指标纳入考核体系。创新人力资源管理，形成人员能进能出、岗位能上能下、待遇能高能低的机制。借鉴自贸区的经验做法，探索建立负面清单管理模式，实行一枚公章管审批、一个部门管市场、一支队伍管执法。进一步深化商事制度、"多规合一"等改革，建立与国际投资、贸易通行规则相衔接的基本制度框架。

13.2.8 探索发挥市场和政府作用的有效机制

改革完善资源配置机制，形成政府引导作用与市场决定性作用有机结合的制度安排，合理定位政府和市场功能。强化政府战略规划、政策制定、环境营造、公共服务、监督评估等职能，重点支持市场不能有效配置资源的基础前沿、社会公益、重大共性关键技术研究等公共科技活动。竞争性的新技术、新产品、新业态开发交由市场和企业来决定。

顺应创新主体多元、活动多样、路径多变的新趋势，建立符合创新规律的政府管理制度和服务模式，形成多元参与、协同高效的创新治理格局。持续推进简政放权、放管结合、优化服务改革，建立符合创新规律的政府管理制度，着力完善事中事后监管，用有效的"管"促进更多的"放"，减少政府对创新活动的行政干预，释放全社会创新活力和潜能。推进政府权力公开透明运行，制定政府权力清单和责任清单。建立健全以项目为导向的政府向社会力量购买服务机制，加快形成具有区域特色的公共服务供给新机制。

13.3 科技园区制度创新的典型模式

13.3.1 "民办官助"的华大基因模式

2007 年，北京华大基因研究中心主力脱离中国科学院体系，南下深圳，成立了深圳华大基因研究院（简称华大基因），这个被定义为"民办官助"的新型科研机构，是中国第一个"民办非企"源头创新机构。

华大基因落户的当年，就用刚刚问世的第一代测序仪，完成了第一个中国人基因组图谱（又称炎黄一号）的绘制，几乎与美国科学家公布的全球第一张白种人基因组图谱同步。此后，华大基因大手笔购买测序仪，成为世界上第一大基因测序服务公司。与此同时，华大基因在 250 种的顶尖期刊等出版物上发表论文，仅 2012 年累计发表SCI（《科学引文索引》，*Science Citation Index*）论文 142 篇，平均不到 4 天就发表一篇SCI论文，曾单周发表 6 篇重大成果。鉴于这些影响力，华大基因被自然出版集团评为"2012 年度中国科研机构"第六名，执行院长王俊被《自然》评为 2012 年十大科学人物之一；华大基因曾名列 *Fast Company* "2013 年中国十大最具创新力企业"，2013 年，华大基因又被麻省理工《科技创业》评为全球最具创新力技术企业 50 强。

经过 10 余年的爬坡，以人类基因组计划起家的华大基因，已形成横跨产、学、研、资，兼顾公共性和商业性的生态版图。业务分为华大基因研究院、华大基因学院、国家基因库、华大智造、科技服务、临床医学、农业应用、华大司法、*GigaScience*以及蓝色彩虹十个板块。其中，华大基因研究院、华大基因学院、*GigaScience*和国家基因库为非营利性机构，主要从事科研工作。汪建曾公开表示这四大机构不会商业化，将来也不会上市。

华大基因的创始人之一汪建董事长曾说，新中国的科学研究，一直扮演追赶者的角色，但在基因研究的马拉松比赛中，华大基因处于第一梯队，时不时还能领跑。华大基因目前为全球最大的基因组学研发机构和基因测序服务供应商，在全球 55 个国家架设了业务，已经成为全球生命科技领域具备引领作用的科研机构。因为华大在基因组学这一前沿领域的地位，深圳开始具备真正源头创新的实力。

华大基因模式的主要特点是在运行机制、用人机制、管理机制、转化机制等方面有别于传统科研机构，实现穿越传统科研体制的创新，开拓了科技与产业化结合的新途径。

1. 运行机制创新："民办官助"

所谓"民办"，是脱离国有体制，成为一个没有财政拨款、致力于公益性研究的科技类民办事业单位。较之传统国有科研机构，华大基因没有国家固定的资金保障，但他们通过企业化运作，一边做科研一边赚钱，实现了"五个一"：每月发一篇论文在《自然》《科学》上；每一篇论文能被引用 100 次；发一篇论文能赢得 1 亿元左右的资金投入；培养出一个科研团队，团队中论文第一作者的年龄在 25 岁左右；获得一批专利。华大基因的"五个一"对体制内的科研机构来说，无论是学术科研成果还是赢得的投资，几乎都是"不可能完成的任务"（刘传书，2014）。

所谓"官助"，是地方政府在科研资金资助等方面的大力扶持。据不完全统计，深圳市政府以无偿支持、平台建设、国家专项配套、项目专项等方式，已累计资助华大基因研究院约 2.5 亿元。

2. 管理机制创新："三带模式"

华大基因突破了僵化的传统管理机制，完全没有传统体制内科研机构的组织设置，没有固定的人员构成的固定研究室，形成了"以任务带学科、带产业、带人才"的"三带模式"。这里同一个人时而被介绍为院长、副院长，时而被介绍为总裁、副总裁，院士也是董事。他们是硕士、博士生导师，教书育人，引领学生在基因组学探索科学未知；他们更是谋划产业发展，掌控企业生存壮大的企业家；还是为员工提供发展空间谋福利的老板。

华大基因的"三带模式"让华大基因通过完成国际人类基因组计划"中国部分"（1%）、国际人类单体型图计划（10%）、水稻基因组计划、家蚕基因组计划、家鸡基因组计划，启动国际千人基因组计划、世界三极动物基因组计划、万种微生物基因组计划等一大批任务，成为世界上首屈一指的基因组测序与分析中心，在基因组和生物信息领域处于国际领先水平，诸多学科走在世界前沿（刘传书，2014）。

3. 转化机制创新：从"青苹果"到"红苹果"

基础研究是实验室的"青苹果"，而实现产业化则是"红苹果"。华大基因一手抓基础研究，一手抓产业和应用，挑战了传统的从基础研究到开发，然后技术转移、产业化的线性模式。其成果不仅是实验室里的数据，也不仅是国际顶尖学术刊物上的论文，还都是带动产业发展的成果。

华大基因建立了克隆、健康、农业基因组、蛋白等产业孵化平台，致力于开展人类健康、规模化重要物种、重要经济动植物等基因组研究及应用，大力发展科技合作与科技服务产业、医学健康产业和现代农业产业，科研成果直接应用于健康医疗，治病救人；应用于农业生产，增产增收；应用于信息服务及云计算等。通过科研成果转化，已实现了每年 3 倍的经济增长。仅仅扎根广东 5 年，华大基因的收入从千万元到亿元再到超过 10 亿元量级，各个领域应用他们的成果产生了巨大的经济效益和社会效益（刘传书，2014）。

在商业模式上，华大基因整体的核心部分作为非营利机构并未商业化，其旗下的产业化公司将以利润最大化为目标，实现商业化。例如，华大医学和华大科技正式合并冲刺创业板。

4. 用人机制创新："英雄不问出处"

体制内的科研机构最讲"三唯"，即唯职称、唯学历、唯论文，而华大基因却只有"一重"：重本事。在人才的聘用上，建立更加科学的人才评价标准，最大限度地体现人才价值，不以年龄论资格，不以学位论英雄。目前 5 000 余名员工的华大基因平均年龄为 27 岁。总部的研发团队中有 30%的学历为博士。

13.3.2　"一院一所"模式

"一院一所"模式即"三位一体、母体控股、股权激励、资本运作"的西北有色院模式和"开放办所、专业孵化、择机退出、创业生态"的西安光机所模式。

目前，陕西省正在大力推广"一院一所模式"，逐步培育新的适用不同科研院所、高校、企业的创新创业模式。

通过推广"一院一所模式"，推动试点单位组建高层次创新团队，吸引海内外、省内外高层次人才（团队）；建立专业孵化器高校众创孵化器，推动高校众创，支持校企合作助推众、创众筹，构建"众创大赛+众包平台+众筹平台"三位一体的助推模式，孵化科技企业，推动科技成果就地转化，推动军民融合创新；支持科研院所利用自身人才、技术、成果，开展院所自创，广泛开展大企业与高校深度联合，设立新型产学研结合研发平台，在此基础上推动员工在企业内创，为企业积累新的增长点；依托陕西省科技成果转化引导基金，发起或参与设立科技创业投资基金、微种子、微天使基金。

1. 西北有色院模式

位于西安的西北有色院作为我国首批 242 家转制为科技型企业的科研院所之一，转制十多年来，在通过自主创新，加速推进成果转化，为国防建设和抢占新材料产业制高点做出突出贡献的同时，不断深化科研院所体制与机制改革，成功探索了"三位一体、母体控股、股权激励、资本运作"的西北有色院模式。先后建立了 15 家研究所、6 个中试基地，实现了科技创新全要素、全链条的有效统筹，打通了科研成果从实验室走向市场的通道，使一次技术创新就产生一项成果，转化一项成果便形成一个产业。先后孵化科技企业 28 家，综合收入连续 15 年增速达 30%。2015 年，全院综合收入达 94.33 亿元，年均增速 30%，较转制时增长了 50 倍，持续四年位居全国转制院所前十位、全国有色行业院所首位。

西北有色院模式被纳入陕西省"一院一所模式"进行复制推广，对科研院所实施"创新驱动发展战略"、深化改制发展和推动自主创新带来了诸多有益启示。

1）"三位一体"模式

"三位一体"是指"科研、中试、产业化"同步发展。科研，以国家需求和市场为导向开题立项；中试，以建设创新平台打通成果转化瓶颈；产业化，瞄准高端市场开发高端产品并以效益反哺科研，从而保证技术和产品的先进性，实现了全链条发展的良性循环。

从事业单位转为企业，一些科研院所忽视了对科研的坚守，而西北有色院没有走入这个误区。1999 年改制以前，西北有色院在基础理论研究、材料研究、工艺技术研究和应用研究等领域，建立起了 10 多个门类齐全的研发领域，如钛合金、超导材料、金属纤维材料及多孔材料、核材料等。改制以后，西北有色院保留并扩大了基础研究和应用研究的地位、功能和作用，形成了各具特色、各有所长的 11 个研究所和 4 个研究中心，突破了 8 大类关键共性技术，为航空、航天、船舶、核工业，以及电子、机械制造、冶金、化工等领域提供了关键材料保障。改制以来，超导材料等新技术能占据全球制高点，以及西北有色院能为我国载人飞船、探月工程、多型号装备等重大项目提供关键技术和材料。西北有色院先后承担国家重大科研项目 210 多项，荣获国家科技成果奖 4 项、省部级以上成果奖 90 多项，获得授权专利 500 多项；研制开发的金属纤维多孔材料打破了发达国家的垄断；承担了国内 60% 以上的钛领域科研项目，创新研制出 30 余种钛合金牌号；探索出一整套全面完整的熔炼加工技术并在全国钛产业领域推广，使我国钛及钛合金加工能力的国际占有率由 3% 提高至 20%。被称为 "人造小太阳" 的国际热核聚变重大科学项目工程，是目前世界科技界探索解决人类未来能源问题的重大国际合作计划，由中国等 7 个国家参与。西北有色院被确定为这一项目两家超导材料供应商之一，另外一家来自日本。

科技成果转化过程包括科研、中试、产业化三个环节，第一阶段 "有名无利"，一般由国家投资完成，第三阶段 "有名有利"，有企业愿意投资，而中试阶段 "无名无利" 且风险最大，形成了科技成果转化的 "死亡谷"，使大量成果未能走出实验室。为了让一大批国内领先，甚至处在国际前沿的新材料技术形成生产力，西北有色院依托十多个研究中试平台，挑选出成熟的科研成果进行中试验证，给予大量投入，使科研与生产之间建立了有效衔接，加速了成果转化。在金属纤维制品市场化中，西北有色院经过大量中试验证，实现了在国际同行业内加工工艺的创新突破，不仅打破了国外对这类产品的长期垄断，还实现了出口，建成了世界第二大的高新技术企业。这正是得益于畅通的中试环节，克服了当前科技成果转化核心难题。西北有色院科技创新成果转化率达到 70%以上，应用率在 80%以上。在此基础上，西北有色院快速培育了世界第二大超导材料生产线、世界第二大金属纤维及制品生产线、世界第二大金属复合材料生产线、亚洲最大钛无缝管生产线等一大批高水平产业化项目。

2）创新体制机制

构建了母体控股的管控模式，研究院负责为控股公司提供持续的技术支撑，通过公司分红反哺。研究院对控股公司实行"战略管控"，通过股东会和董事会参与公司的重大决策，实现"战略统一"和"战术灵活"，保证了国有资产从转制时的 2.06 亿元增长到 72 亿元。

在陕西省政府大力支持下，组建股权多元化的高新技术产业化公司，实行研究院控股、战略投资者参股、经营层和技术骨干持股的"混合所有制"，用无形资产入股和量化分配激发科技、产业和管理人员的创造力。西北有色院从 2000 年开始到现在，把无形资产，也就是说沉睡、沉淀在研究院里的 9 188 万股权入股在公司，现在它的价值都在 7亿元以上。

大胆采用股权激励机制，把国家利益、企业利益和个人利益有机地"捆绑"在一起，最大限度地释放创新创业活力。作为西北有色院第一个产业化公司——西部超导，早在 2003 年成立时就成为陕西省第一个实施"股权激励"的企业。在国有控股的基础上，把沉睡的科研成果经过第三方评估，转化为无形资产，将其中的 40%分配给科研、中试和产业化过程中做出贡献的技术人员，同时要求技术管理人员还要投资参股公司。从成立之初的年产值几千万元，到 2015 年的总产值 18 亿元，从起步的十几个人到现在的 600 多人，西部超导一步步地发展壮大，"股权激励"起到了举足轻重的作用。不久前，超导磁体项目正式投产，填补了国内空白，这也让西部超导成为我国唯一一家从超导合金，到超导棒材，到超导线材，再到超导磁体的全流程产业公司。

3）开展资本运作

有效的中试投入和开发，使西北有色院成熟的技术成果效益得以显现，吸引了上下游和各类机构的战略投资。西北有色院控股的西部材料公司 2007 年上市，2009 年定向增发，短短两年内就募集资金 7 亿多元。改制以来，西北有色院已累计吸引外来投资 24.4 亿元，培育上市公司 4 家，通过资本市场融资 28.07 亿元，克服了科研院所资本金不足的"先天通病"，有力地实现了对产业的资金支撑。

4）地方政府支持

西北有色院十多年前改制为企业并划归陕西省管理之后，考虑到西北有色院雄厚的科研实力，陕西省政府从政策上、体制上、机制上大胆创新，为西北有色院成长为科研型企业的"参天大树"培育了"肥沃土壤"，为其发展提供了宽松环境。在体制上，尊重和保持西北有色院的"科研"属性。改制之初，陕西省未将西北有色院简单地视为企业，而定位于"集科研、中试、产业化于一体的大型科技集团"，不搞"拉郎配"式的兼并重组，明确其"资产由陕西省财政厅管理，业务归陕西省科技厅指导，干部和人才由陕西省省委组织部管理"，体制上的灵活为科技人员创新提供了宽松灵活的环境。另外，陕西省政府充分尊重科研和市场规律，不对西北有色院下达产值和利税指标，而是在企业管理者和技术骨干持股、无形资产量化分配、土地和优惠政策、资本市场融资等方面，给予大幅支持，使其可以充分发挥自主性、灵活性和创造性。

2. 西安光机所模式

近年来，西安光机所大胆探索、深化改革，探索出国有科研院所服务于地方经济发展的新机制，在服务国家重大需求和促进地方经济发展方面取得了一系列显著进展，开创了特色鲜明的"开放办所、专业孵化、择机退出、创业生态"创新创业模式，成为陕西省实施创新驱动发展战略的成功典范，是西安在中国科研院所创新方面的一个突破。2015 年 2 月 15 日，国家主席习近平专程考察了西安光机所，对其创新创业工作给予了高度赞扬。

之前作为国家级的科研院所，西安光机所面向的是国家重大需求和国家重大科研任务。在创新创业浪潮的推动下，西安光机所主动面向国民经济主战场，着力把科技转化为现实生产力，把为企业产品升级换代提供关键技术支撑、引领技术发展方向作为新时期的重要使命，跑出了从实验室到市场的创新"接力赛"。积极探索中央科技资源支撑促进地方经济、军工科技资源服务地方军民融合产业的新机制，依托西安光机的人才、技术及设备资源平台，确定了"国际前沿+国家需求+市场导向"的科研支撑路径，打造以光电信息产业为主的先进制造产业、信息技术产业、新材料产业、医疗健康产业等产业集群。

目前，西安光机所围绕光子信息、光子制造、生物光子三大学科与产业布局，孵化培育出中科微光医疗器械技术有限公司（简称中科微光）、奇芯光电、睿芯微电子等小而专精、小而高新的创新"小巨人"高成长企业140余家，实现产值超过50亿元，其中4家企业挂牌"新三板"，4家进入辅导期，吸引社会投资30亿元，带动就业5 000余人。一批创业企业快速成长，有的出现了最少呈十倍增加的态势。中科微光研发生产的全球首创可测血管深度的"扎针神器"是我国少有的拥有自主产权并向发达国家出口的高端医疗器械。

面向未来，西安光机所将结合陕西科技优势和产业特点，组建光电子集成电路先导技术研究院，并在西安、北京、上海建设众创空间。在西安高新区建设国家高新区光电工程示范基地，将孵化培育更多具有国内外竞争力的高科技企业。

西安光机所模式的主要做法及示范效应主要体现在以下五个方面：

1）树立"拆除围墙、开放办所"的理念

西安光机所打破传统研究机构封闭办所的"思想围墙"，积极促进技术和市场的融合、技术和资本的融合、技术和社会的融合。鼓励创业企业适应市场的规则和文化，而不是研究所的文化，不希望创业企业变成研究所式的管理，最后变成了研究所的一个研究室。鼓励有创业潜力的科研人才带着科研成果走出"围墙"，或许可转让，或创办企业。打破"儿子女婿"的陈旧理念桎梏，研究所不再只是"现有员工的研究所"，让研究所成为真正开放的国家科研创新平台。

为此，西安光机所秉承"寓监管于服务"的理念，提出了"孵化"高科技企业但不"办"企业、研究所参股而不控股、不参与企业经营的产业化原则，将研究所打造成孵化高科技企业的航母。在参股企业规模化可持续时，将股权重新转化为资本，反哺科研或接力孵化。让企业按照市场需求运作，充分发挥经营自主权，放手让资本方、专业团队来控股办企业。例如，在西安炬光科技公司，西安光机所的参股由最早的38%至今不到11%。2012年西安光机所转让100多万股，收回现金1 000万元，如今炬光科技已成为国内首屈一指的高功率半导体激光器研发和生产公司。西安光机所创办的飞秒光电公司是一家生产自聚焦透镜的高科技公司。2014年，公司引入社会资本开始股权改制，西安光机所转让37%的股权，并经过股权稀释后，占股比例下降到33%，收回资金3 400万元。

2）释放人的创新创业活力和激情是核心

创新创业最关键的就是要释放人的能量、释放脑力生产力。为此，西安光机所创建"人才特区"，建立了与国际接轨的人才评价体系，不再完全以学历、论文、报奖等论英雄，考核人才的重要标准就是科技创新成果的影响与价值。

为了更好地吸引人才，西安光机所依托国有院所资质创建"人才特区"，以用人机制改革为突破口，打破科研人员的身份、编制制约，通过与西安高新区共同打造面向全球的引才引智的高端创新创业育成平台，向全社会广纳贤才，聚集国内外优秀人才，努力让每个有想法的人都有机会实现自我价值。理念的转变促进了人才的双向流动，吸引了一批国内外高水平的创新创业领军人才落户西安光机所。2013年以来，累计引进14名国家"千人计划"人才、1名中国科学院院士、14名"陕西省百人计划"人才、14名"中科院百人计划"包括外籍高端人才在内的60多个海外创新创业团队。

为充分调动科研人员创新创业的积极性，西安光机所倡导"鼓励创新，宽容失败"的创业文化，实行新的科研成果价值评价体系，鼓励有志于创业的科研人员创业。同时，对科研人员大胆采用股权激励机制，支持鼓励科研人员以科技成果权属持股，对科研人员与投资方的股份比例，完全按照市场价值自主分配，让科研人员持股、技术团队持大股。通过科研人员持股，把责、权、利有效地捆绑在一起。例如，在中科微光医疗器械有限公司，科研团队持股超过了50%，充分享有决策权。如此一来，科研人员的脑力生产力得到充分释放，并且，以市场需求来"倒逼"研发的模式，也让产品更接地气。

3）创新创业需要强有力的技术创新支撑

高科技企业的创新创业，离不开强大的技术支持。西安光机所作为中国科学院的一家具有 50 多年历史的老所有着诸多优秀科研成果的积淀和前沿成果，研究所的科研人员、实验平台和研发设备可以随时为科技型企业提供研发支撑。做创业企业的技术之母，是西安光机所能够快速孵化高科技企业的又一个"秘诀"。西安中科微精光子制造科技有限公司及子公司生产的超快激光高端加工设备解决了我国航空发动机叶片加工技术难题，突破了航空发动机涡轮叶片冷加工的瓶颈，其主要是依托了西安光机所的瞬态光学与光子技术国家重点实验室的技术研究支撑。

4）创新创业需要打造支撑平台体系

长期以来，高校和科研院所的许多科技成果都长时间停留在技术创新层面，从实验室到产品再到市场，需要打破各种壁垒。而西安光机所的创新之处，就在于搭建起创新创业平台，让社会上优秀的人才都可以在这个开放的"舞台"上创新创业。

在科技成果转化的链条中，资本市场往往注重产品、市场较为成熟的技术团队，而处在成果转化初期的种子团队往往很难迈出产业化的"第一步"。针对这种情况，西安光机所将前期 2 亿元种子基金优先投入到创业种子团队，形成了"人才+技术+资本+服务"四位一体的科技成果转化及服务模式、"众创空间+创业苗圃+孵化器+加速器（产业基地）"的全链条孵化体系，构建了"研究机构+天使基金+孵化器+创业培训"的创新创业生态网络体系，实现集科技创业者、投资人、工程师、创业服务者为一体的可持续发展的"热带雨林"科技创业生态，形成了"人才聚集—资金投入—企业规模化发展—反哺科研"的"闭环"，打通了科技成果产业化的"接力棒"体系。

2013 年，西安光机所与西安高新区联合成立了中科创星孵化器，打造了国内第一个专注于"硬科技"的国家级科技企业孵化器，对入孵企业提供包括物理空间、投资服务、创业培训、研发支撑等全流程一站式服务。针对"硬科技"项目研发成本大、周期长、对试验设备要求高的特点，这家孵化器有价值数亿元的实验设备可租给创业者们使用。针对建设光电信息产业科技创业，建立了"众创空间+创业苗圃+孵化器+加速器（产业基地）"的全链条孵化体系，进行高科技企业孵化。

凭借科研院所的专业背景，从 2015 年开始，中科创星成为国内科研院所孵化器的标杆。拥有该领域核心技术的西安奇芯光电科技有限公司，经中科创星孵化后，所研发的光通信核心芯片产品，解决了光通信模块集成技术难点，达到光子集成芯片、器件和模块的产业化需求，其掌握的核心技术在国际光子集成芯片领域具有唯一性，达到了国际领先水平。

2015 年 10 月，西安光机所围绕"专业特长"，加快了光电领域科技孵化全链条的产业布局。联合地方政府、高校、院所及企业，共同发起成立国内首家"政-产-学-研-资-用-孵"相结合的先导院，并打造国内首个专注"硬科技"投资孵化的众创空间——光电子国家专业化众创空间。光电子众创空间专注光电子领域、提供专业的科研支撑和孵化投资服务。同时，先导院内的科研设备、科学家资源都向创业者开放。先导院拥有 2 800 余台（套）半导体仪器设备，配套辅助设施完善，能够为相应的创业团队提供便捷、低廉的服务。先导院有一个汇聚 70 多位国内外顶尖的行业专家组成的"智囊团"，不仅能提出有效的战略建议，还能为创业团队解决很多现实问题。此外，先导院还设立有 10 亿元的光电子集成电路专项基金，助力实现技术、市场、资本、产业的紧密结合，现已入孵 16 家国际高端芯片企业。

要加快科技成果转移转化，就需要一个适应市场规律、满足技术转移转化需求的平台和桥梁，而采用新的体制机制及集合诸多创业要素的专业化众创空间就是这样一个重要平台。众创空间先后入驻了无人机、机器人、3D 打印等数十个创业团队，如研发睡眠呵护及娱乐陪伴为主要功能的新型智能床头灯创业团队，帮助聋哑残障人士正常交流的手势识别创业团队，荣获"华为杯"第十届中国研究生电子设计竞赛特等奖的视线追踪创业团队等。2016 年 8 月，光电子国家专业化众创空间成为科学技术部首批 17 家国家专业化众创空间示范之一，这是陕西省唯

——家入选的专业化众创空间。预计到 2020 年，先导院将累计引进光电子集成电路领域创业领军团队 50 个，在孵光电子芯片企业实现产值 100 亿元，带动相关产业链企业产值 1 000 亿元。

2016 年，西安光机所通过改造自有的 15 000 平方米场地，采取市场化运作方式，同西安万科合作，共同建设了西北首个一站式青年科技创客社区——中科创星&万科云众创社区。该众创社区将面向高校学生等青年创客，提供包括创意办公、众创咖啡、梦想演播厅等在内的全方位服务配套，同时引进了西部第一家微观装配实验室，还与深圳赛格集团合作建设集创客产品展示交易、推广交流等功能于一体的"硬科技"体验馆，打造从创意到创业的一站式服务体系。中科创星专业化众创空间板块还包括 2 万平方米军民融合与光子制造专业化众创空间、加速器，以及北京中关村智造大街硬科技专业化众创空间和上海静安寺科技文化专业众创空间等。

融资难、融资贵是创新创业的一个难点，解决创新创业融资需求需要在政府引导下，发挥天使投资、创业投资以及小额贷款公司、互联网金融等不同类型金融机构协同推进的作用，建立一个多元化、多层次、多渠道的投融资体系。2013 年 1 月，由陕西省科技厅、陕西省发展和改革委员会、西安高新区管理委员会联合中国科学院、陕西关天资本及其他社会资本联合发起成立了西北地区首家专注于科技成果产业化的西科天使基金。西科天使一期基金规模 1.3 亿元，已完成投资项目 51个，带动社会投资超过 5 亿元，累计 18 个项目完成投资后基金浮盈 1.4亿元，等等。

2017 年 1 月，在由中国科学院、科学技术部、教育部、中国工程院等 8 家单位共同举办的科技盛典——2016 年度科技创新人物颁奖晚会上，西安光机所中科创星荣获本届科技盛典科技产业化团队大奖，是全国首支科研成果转化模式创新获奖团队，也是陕西省首次摘得科技盛典奖项。

5）创新创业离不开政府的引导支持

虽然创新创业过程主要是市场行为，但政府的"有形之手"也非常关键。在西安光机所的创新创业探索中，得到了陕西省、西安市和西安高新区政府的大力支持。2016 年，陕西省将选择 30 家科研院所，复制推广西安光机所等创新模式，力争打造一批科研院所引领型的创新产业集群和孵化基地，激发科研院所、高等院校、国有企业的创新创业活力。

从西安光机所模式可以看出，各级政府需要进一步加大对创新创业的引导和支持，鼓励高校、科研院所将积累的大量科技资源和基础设施向社会开放，促进科技成果向创业企业转化，加强对创业企业的知识产权服务。通过加强宣传等措施引导公众增强对创新创业的认同感，让社会舆论能够主动为"双创"的氛围点赞。此外，政府还应继续推进"放、管、服"改革，破除制约"大众创业、万众创新"的障碍，营造良好的外部环境，让创新创业的活力充分迸发出来。

13.3.3　中国西部科技创新港的体制机制创新

纳入西安市全面创新改革试验区，通过统筹科技资源，实施"校、院、所"组织模式改革，组建政府、高校、企业创新联盟，构建"产学研投金"体系，实现科学研究、实验开发、推广应用的三级跳，是西安交通大学为争创"双一流"而进行"学科结构调整、拓展大学合作研发功能、创新技术转让模式、提升学术人才交流水平"的改革创新试验区；是西咸新区"创新城市发展方式、以人为本提升发展环境、促推产城融合、探索新型城镇化建设"的重要抓手；是陕西省"以创新驱动实现产业优化升级、以创新驱动促进城市转型发展、以创新驱动加快国际化大都市建设"的创新型省份发展战略的标杆性工程。

创新港要在三个方面先行先试：一是探索有效的人才引进、培养、输出新模式，激发更大的社会创新活力。二是探索促进科技与经济深度融合的新途径，加快推进科研院所、高等教育改革，探索去行政化，发展社会化新型研发和服务机构。三是结合"校区、园区、社区"三区融合理念、创新驱动发展及"一带一路"等战略，做好顶层谋划设计，探索产城融合、校企合作共赢的新思路。

第14章 陕西科技园区的开放创新战略

14.1 战略定位

深度融入"一带一路"大格局，抓住中国（陕西）自由贸易试验区建设重大机遇，坚持以全球视野谋划和推动创新。坚持引进来和走出去并重、引资和引技引智并举，实施科技园区创新国际化战略。更深更广地融入全球创新网络和全球价值链分工，积极探索开放合作新模式、新路径，推动实施新一轮高水平对外开放，努力把陕西省科技园区打造成"一带一路"科技创新中心、合作交流核心区、国际产能合作中心、内陆开发开放高地和构建开放型经济新体制与培育吸引外资新优势的排头兵和主力军。

14.2 战略实施

14.2.1 积极融入全球创新网络

以建设国家和省级国际科技合作基地为契机，推动创新港、中俄丝路创新园、西安国际科技创新中心、欧亚创意设计园、中亚科教合作中心等基地建设，在现代农业、能源化工、新一代信息技术、航空航天、新材料、先进制造、资源环境、生物技术、健康医疗等领域具有创新优势的国家、国外跨国公司、研发机构、研究型大学在陕西省科技园区设立或合作建设一批联合研究中心（实验室）、国际科技创新合作中心、国际技术转移中心和大区域研发中心，促进在这些领域的技术和设备引进，解决重大、核心和关键技术问题。推动园区科研机构和企业采取与国际知名科研机构、跨国公司联合组建等多种方式设立海外研发机构、开展全球研发体系布局、参与国际标准制定，推动装备、技术、标准、服务走出去。发挥国家技术转移西北中心等的作用，健全面向国际的科技服务体系，形成国际化的科技创新成果发现、项目储备对接和跟踪服务机制。

围绕"一带一路"沿线国家科技创新合作需求，全面提升科技创新合作层次和水平，打造发展理念相通、要素流动畅通、科技设施联通、创新链条融通、人员交流顺通的创新共同体。与沿线国家共建一批联合研究中心（实验室）、国际科技创新合作中心、国际技术转移中心、先进适用技术示范与推广基地和特色鲜明的科技园区。促进大型科研基础设施、科研数据和科技资源互联互通，优先在"一带一路"沿线国家建立平台服务站点。加强在现代农业、能源化工、航空航天、装备制造、生物医药、节能环保、新能源、电子信息、健康医疗、环境治理等科技领域的实质性合作。

14.2.2 积极融入全球价值链分工

积极利用全球资源和市场，推动园区重点产业国际化布局，形成新的比较优势，提高产业国际化发展水平，更好地融入全球价值链分工体系。围绕"一带一路"战略，抓住全球产业重新布局机遇，以优进优出为方向，积极推动国际产能合作。支持延长、陕煤、陕汽、法士特、陕鼓等优势企业在海外布局设点，并购、合资、参股或设立海外产业化基地。积极开拓美国、日本、韩国等市场，推动汽车、装备制造、新材料和特色消费品出口，着力将陕西打造成为"一带一路"的重要产业基地。支持园区企业在境外开展并购和股权投资、创业投资，建立全球营销及服务体系，依托互联网开展网络协同设计、精准营销、增值服务创新、媒体品牌推广等，建立全球产业链体系，提高国际化经营能力和服务水平。

积极探索承接产业转移新路径,进一步优化利用外资结构,鼓励外商投资战略性新兴产业、高新技术产业和现代服务业,投向新一代信息技术、高端装备、新材料、生物医药、节能环保等高端领域。创新利用外资方式,突破以绿地投资为主的单一方式,探索以参股、并购等方式整合产业链,引导外资由成本取向转为市场、创新和高科技取向,推动产业合作由加工制造环节为主向合作研发、联合设计、市场营销、品牌培育等高端环节延伸,鼓励和引导外商投资企业增加研发、销售、总部等职能,努力向产业链"微笑曲线"的两端延伸。创新加工贸易模式,以加工贸易梯度转移重点承接地为依托,稳妥推进有条件的园区企业将整机生产、零部件等向内陆地区转移,延长加工贸易国内增值链条,推动加工贸易转型升级。

突出国际化、专业化和高端化,聚焦特色优势产业,以省级以上科技园区为重点,推行"一区多园"发展模式,加快"海外陕西"建设,加快优势产能"走出去"步伐,着力构建国际产能合作中心。加强与中亚、西亚、俄罗斯等能源资源合作,发挥双方比较优势,加大煤炭、石油、天然气以及太阳能、风能等能源领域的合作开发力度。布局建设一批国际合作产业园区,鼓励装备制造、能源化工、电子信息、航空航天、有色冶金、绿色食品、轻工纺织、现代农业等行业企业到海外发展。

支持省级以上科技园区建设 30 个主导特色鲜明的高水平国际合作产业园区,充分发挥沣东新城统筹科技资源改革示范基地的作用,依托陕西省科研和现代工业基础,建设以高新技术研发为先导、现代产业为主体、第三产业和社会基础设施相配套的中俄丝路创新园,加快推进中国韩国产业园、中国以色列创新示范园、泾河新城美国科技产业园、半导体国际合作产业园等国际合作园区建设。与韩国在中国陕西省联合推进大气污染防治示范项目,共建西安高新区环保产业园。加快建设杨凌现代农业国合基地和中哈国际农业科技示范园,鼓励陕西粮农集团、西安爱菊粮油工业集团等省内粮企在中亚建立农产品种植、加工基地。建设"中国-中亚经济合作园区"、特色出口商品基地和中亚五国能源交易平台。推进中意航空谷、中吉空港经济产业园、陕港融资租赁国际合作园、欧亚经济综合园区核心区等服务业园区建设,强化现代服务业国际合作,鼓励延长石油集团、陕煤化集团、陕西省有色金属集团等省内优势企业参与境外资源勘探开发,支持陕西省建筑、铁路、公路和电力四大领域企业加强横向合作,发展设计采购施工总承包和联合体项目,参与国际产能合作项目竞争,支持省内物流企业与沿线国家共建物流服务基地。

14.2.3　积极开展国际交流合作

开展全方位、多层次、高水平的国际科技交流合作,创新更加灵活的合作模式,扩大与世界知名科技园区之间的交流合作。

搭建知识产权交流平台,与世界各国建立广泛的知识产权合作机制。加强创新创业国际合作,通过合作共建、资源共享等方式,建设国际企业孵化机构,吸纳全球创业项目,利用国际优势资源孵化创新企业。加快推进国际技术转移服务机构和平台建设,在境内外开展综合性及专题性的技术交流对接活动,为园区企业提供国外技术信息和合作渠道等高质量的服务。支持科技人员及有关单位参与国际组织、承担国际科技项目,支持参与国际大科学工程和大科学计划以及各类国际学术组织、国际战略技术联盟,吸引各类国际产业组织落户。

14.2.4　创新开放发展的体制机制

以"一带一路"战略实施为重点,在基础设施互联互通、能源资源合作、园区和产业投资合作、贸易及成套设备出口等领域促进开放型经济新体制的建立,加快实施自由贸易区战略,建设面向全球的高标准自贸区网络,形成促进投资和创新的政策支持体系,并在全省科技园区复制推广。

推动西安高新区创建"国家开放创新综合改革试验区",加快推动建立深度融合的开放创新机制,深化外商投资和对外投资管理体制改革,探索更加开放的创新政策。

　　探索开展设立境外股权投资企业试点,支持园区企业直接到境外设立基金开展创新投资。鼓励园区创业投资、股权投资机构加大境外投资并购,支持其与境外知名科技投资机构合作组建国际科技创新基金、并购基金。探索拓宽园区产业化专项资金使用范围,允许资金用于支持企业以获取新兴技术、知识产权、研发机构、高端人才和团队为目标的境外投资并购活动。积极开展扩大外商投资的股权投资企业试点,吸引具有丰富科技企业投资经验的创业投资基金、股权投资基金参与试点。积极吸引具有国内外综合优势的基金,在园区开展境内外双向直接投资。积极创造条件,吸引国有金融机构发起设立的国家海外创新投资基金落户园区。

　　完善内陆开放新机制,按照国际化、法治化的要求,建立与国际高标准投资和贸易规则相适应的管理方式,全面推行准入前国民待遇加负面清单的管理制度,推进政府行为法治化、经济行为市场化,建立健全企业履行主体责任、政府依法监管和社会广泛参与的管理机制。根据国际投资贸易规则探索建立劳工权益保护制度,严格生态环境保护标准,健全外商投资监管体系,简化研发用途设备和样本样品进出口、研发及管理人员出入境等手续,优化非贸付汇的办理流程。支持符合条件的园区申报设立海关特殊监管区域,营造稳定公平透明可预期、与国际接轨的营商环境。

14.2.5　着力构建区域金融中心

　　在重点科技园区加快金融聚集区建设,争取更多中外合资机构、外资融资机构和中外金融服务机构在园区设立分中心或分部。建设丝绸之路能源金融贸易中心,打造丝路沿线国家和地区能源交易和结算平台。推进丝绸之路经济带陕西文化金融合作试验区建设,搭建“一带一路”国际金融网络信息服务平台。争取开展金融外汇改革政策、离岸金融业务、跨境双向人民币资金池业务和商业保理试点,设立“海外陕西”产业发展基金,建立国际产能合作金融保险服务平台,支持符合条件的园区企业在境外发行股票、债券。大力引进海外创投机构和专业化管理团队，积极探索与国际知名创投机构联合设立天使投资基金。

14.3 典型园区开放创新战略实施案例

14.3.1 荷兰埃因霍温高科技园区

埃因霍温是"欧洲的大脑"，是全球最具智慧的 1 平方千米，人均专利数高居世界第一。《福布斯》称为"全世界最具有创新能力的城市"，而《财富》则预言：埃因霍温将成为下一个硅谷。

荷兰全国近一半的专利都诞生在这片占地 103 公顷的埃因霍温高科技园区。这里汇聚了包括中国在内的 85 个国家的科技人才，入驻企业现有 135 家，其中既有飞利浦、英特尔这样的大型跨国公司，也有恩智浦、Solliance 光伏等中小型企业，还有近 60 家名不见经传的初创企业。

埃因霍温早年从为飞利浦公司生产灯泡的工厂起家。随着飞利浦的发展壮大，这里建造了一些住宅、公园、商业和娱乐设施，埃因霍温逐渐从一片厂房发展成为一座现代意义的工业城市。20 世纪 90 年代末，飞利浦公司管理层意识到，在知识经济时代，需要开放性创新，需要促进不同领域、不同背景的人才之间的交流，才能研发出更具创新性的产品。飞利浦对埃因霍温的定位是：吸引全世界的顶级人才来这个园区工作，创造一种开放的创新型工作环境。

今天的埃因霍温高科技园区从园区整体规划到楼宇的内部布局，均是开放式设计，体现了"开放式创新"和"创造交流的空间"。把技术转化为业务、把想法转化为成果、把伙伴引向成功、把投资转化为利润、把言论转化为行动、让工作充满激情，进而研发出更具创新的产品，这正是埃因霍温高科技园区的生动写照。今后该园区的科研将紧盯未来科技趋势，围绕微系统、嵌入式系统、医疗科技、信息娱乐系统、大数据五大领域，注重科技成果向医疗、能源、智能环境三大板块的企业应用转化（王静，2014）。

14.3.2　西安高新区国际化水平提升工程

作为丝绸之路沿线产业规模最大的高新区,西安高新区通过实施国际化水平提升工程,逐步实现园区建设国际化、产业发展国际化、政府服务国际化,形成具有国际竞争力的产业集群、建设具有国际影响力的综合性国家科学中心和产业创新中心,着力打造中国(陕西)自由贸易试验区核心区和丝绸之路经济带建设的创新示范区。到 2020 年,将累计实现进出口贸易总额 3 000 亿元,年均增长 20%左右,实际累计利用外资额达到 120 亿美元,年均增长 15%左右。

"十三五"期间,西安高新区将主动融入全球创新网络,吸引国际优质创新资源,强化西安科技大市场国际创新资源吸引与服务功能,以美国、欧盟、韩国、中亚为重点,拓展国际交流合作渠道,促进国际创新资源信息共享,提升国际创新资源吸引与承接能力,建设"一带一路"国际创新资源集聚平台。积极创建"丝路科技创新驿站",开展国际交流与技术转移,启动设立"一带一路"知名科技成果国际交易中心和国际科技工业园区联盟,联合丝路经济带沿线国家科技工业园区、大学、中小企业等创新主体,在技术创新、贸易投资等领域开展广泛交流与合作,提升园区创新集群的国际竞争力。加快实施进出口倍增计划,进一步确立西安高新区在西部地区外向型经济的引领地位,助推经济增长的质量和效益提升。扩大国际交流合作,支持企业参与国际竞争,积极构建高新区企业"走出去"公共服务平台,大力支持区内企业和新型产业组织参与国际经济技术合作,推动园区企业技术、产品、营销、服务与国际接轨,积极开展海外国情咨询、国际投资、国际融资、法律、风险评估等业务,支持企业"走出去",实施国际化经营。积极复制中国(上海)自由贸易试验区等可复制、可推广改革措施,推进综保区和出口加工区B区一体化进程,建设"一带一路"商品交易平台和跨境电子商务平台,进一步优化园区国际化发展环境,着力提升国际化管理水平。

14.3.3　杨凌示范区的国际合作

主动融入国家"一带一路"战略，以建设丝绸之路经济带杨凌现代农业国际合作中心及世界知名农业科技创新城市为抓手，深化与丝路沿线国家、农业发达国家和联合国粮食与农业组织等国际组织间的交流合作，引进国外优良动植物新品种、新技术、科技人才和先进经验，为干旱半干旱地区现代农业发展做出新的贡献，提升我国农业科技的国际影响力。联合丝绸之路沿线农业大学和科研机构，组建丝绸之路经济带现代农业研究中心。建设丝绸之路经济带农业展示园，举办丝绸之路经济带农业发展论坛。大力实施"走出去"战略，加快建设中哈现代农业示范园、中哈苹果品种改良工程中心、中吉旱作农业及节水灌溉技术联合实验室，把杨凌示范区打造成为国际农业科技合作的重要平台。

加快中国（陕西）自由贸易试验区杨凌片区建设。深化与美国、澳大利亚、加拿大、以色列等农业发达国家的科技合作，推进中美农业科技园、中澳优质肉牛养殖示范基地、中加以农业科技创新合作基地、中以节水技术示范园等项目建设，建立稳定的合作协调机制，不断提高杨凌示范区农业科技创新和成果转化能力。

"十三五"期间，杨凌示范区将向国际延伸视野，积极引进国际知名科研单位在区内设立分支机构，力争五年内集聚国内外涉农科研机构20 个以上。增强园区国际合作承载功能，巩固和拓展与丝路沿线国家政府间稳定高效的对话交流平台，策划实施一批面向丝路沿线国家的国际合作园区，建立"一带一路"国际农业合作和现代农业示范项目库。加快农业科技"走出去"步伐，组建杨凌中亚现代农业合作联盟和企业联盟，推动农业企业"抱团"到国外开展涉农项目投资，示范推广新技术、新产品、新模式。依托杨凌农高会国际合作周、现代农业高端论坛、国际农业科技论坛等系统平台，将杨凌打造成为世界农业领域的"达沃斯"。设立国际旱作农业技术培训中心，积极选派农业科技专家到发展中国家开展援外技术服务和培训，不断扩大培训范围和规模，提升杨凌的国际知名度和影响力。

14.3.4　中俄丝路创新园

2014 年 10 月，中国陕西省政府就与俄罗斯直接投资基金、中俄投资基金、俄罗斯斯科尔科沃创新中心共同签署了《关于合作开发建设中俄丝绸之路高科技产业园的合作备忘录》，这标志着中俄丝路创新园项目正式落户西咸新区沣东新城。

中国、俄罗斯都是新兴市场大国和科技大国，在高科技领域加强合作具有很强的互补性。中俄丝路创新园建成后，将成为两国企业到对方国家进行投资合作的一个重要跳板，同时也能极大拉动包括中国陕西省在内的西部板块与俄罗斯的双边贸易额，为丝路经济带国家和地区加深合作树立一个样板，预计到 2020 年中国陕西省同俄罗斯的贸易额将达到 200 亿美元。

中俄丝路创新园为陕西省科技园区统筹推进经济社会和科技领域改革，统筹推进"引进来"和"走出去"合作创新，探索出一条新路径。在物理形态上，中俄丝路创新园创造性地采取了"一园两地多点"的建设方式，即在中俄两国各建一个园区，两个园区通过"请进来、走出去"战略，促进中俄双方企业互到对方国家投资发展。同时通过"USpace青年创业计划"在中俄两国多个城市布设多点孵化器，积极推动中俄企业资源共享和中俄青年创新创业交流，实现互利互惠。中方园区位于西咸新区沣东新城统筹科技资源改革示范基地，规划面积为 4 平方千米，依托陕西省科研和现代工业基础，建设以高新技术研发为先导、现代产业为主体、第三产业和社会基础设施相配套的高科技产业园区。俄方园区位于俄罗斯斯科尔科沃创新中心地区，依托莫斯科优越的地理位置和经济技术实力，建设以总部经济为先导、高新技术研发和转化为主体的高科技产业园区。

在园区管理上，中俄双方共同设立园区单一管理机构，统筹协调中俄两地园区的总体规划、运营管理、政策支持、项目引进、环境打造、产业培育以及资金扶持等，促进生产要素跨区域、跨国界的有效互联互通，建立一个内外资本融合、内外技术交流、内外市场衔接、两国产业共同发展的新型园区。在投资环境上，中俄双方围绕立足中俄、面向世界的战略要求，致力于营造国际化、市场化、法治化营商环境，中俄两地园区以"一个窗口、一个机构、一套政策"的方式实现两地园区人员、机制、设施的完全互联互通。在园区布局上，按照梅特卡夫定律，网络的价值等于网络节点数的平方。中俄项目将采取 1+N 的发展模式，将中俄项目合作模式和中国开发区的管理经验复制到金砖国家和丝绸之路经济带沿线的其他国家，通过标准化的园区服务环境构建科技园区的连锁网络经营模式，最终实现国内北上广深、国外"一带一路"沿线和欧美主要国家均有园区布局的目标。例如，中兴深蓝科技产业园在中俄丝路创新园开园不久便成为子园区，承担了节能环保产品、汽车电子、高端智能终端的研发、中试及生产，陕西北斗产业示范基地也有望成为中俄科技创新合作的重要承载地。

14.3.5　创新港打造一流国际合作平台

西安交通大学与商务部、外交部及中国社会科学院联合成立的"丝绸之路经济带研究协同创新中心"布局在创新港。与美国斯坦福大学共同建设"西安交通大学人口与社会政策研究中心"、与美国卡特中心联合成立"西安交通大学–美国卡特中心国际和平与发展研究中心"等，将共同开展国际一流智库建设。"微纳制造与测试技术国际合作联合实验室""新能源与非常规能源利用中的热流科学创新引智基地"等一系列国际联合研究平台都将落户创新港，联合攻关面向前沿的重大科学问题。

创新港汇聚国际一流科教资源。西安交通大学积极倡导海内外高水平大学共同发起成立"丝绸之路大学联盟"，35 个国家和地区的 135 所高校加盟，共同搭建高等教育合作平台。在"丝绸之路大学联盟"的框架下，各类子联盟活跃发展，在不同的学科领域不断聚集优质的科教资源，增强文化与资源的互通互融。与意大利米兰理工大学共建的米兰国际设计学院、与美国卡特中心共建的中美友好医院、与英国利物浦大学共建的联合研究院等都将为创新港注入开放式、国际化的发展活力。

第 15 章　陕西科技园区创新发展战略实施的保障措施

15.1　加强战略引领

加强科技园区拥有国际视野的高端战略智库建设,完善重大战略决策机制,提高园区发展战略谋划水平。加强对国内外宏观经济、区域与产业政策等领域的前瞻性研究,对陕西省科技园区进行分类指导,重点引领,提供政策建议和智力支持。

注重园区的顶层设计,加强战略性前瞻布局,提升开发区规划水平,增强规划的科学性和权威性,促进"多规合一"。综合考虑区域经济发展现状、资源和环境条件、产业基础和特点,进一步明晰各园区战略定位,科学确定园区布局,明确园区的产业定位、管理体制和未来发展方向,促进园区合理有序良性发展。

通过推动西安高新区建设,引领、辐射和带动陕西省科技园区发展。引导园区在科技创新、产业选择、发展模式和推进路径上,彰显本地特色,打造园区品牌,实现错位发展。促进园区资源更加聚焦,特色化更加明显,实现集群式、专业化发展。要积极引导各园区按照自身条件和优势,理性和差别化地发展产业,引导政策资金和资源要素向优势园区和企业集中,避免一哄而上和低水平重复。省、市和区县人民政府要积极探索建立园区统一协调机制,避免园区同质化和低水平恶性竞争,形成各具特色、差异化的园区发展格局。

以战略性新兴产业为重点,大力推行产业链招商、集群招商、板块招商等方式,增强招商引资的针对性和有效性。按照"技术关联、价值关联、配套关联"的思路，紧盯"标杆型""旗舰型"企业，大力引进处于创新链和价值链高端、具有高附加值的重大项目。积极吸引国内外知名企业设立区域总部、研发中心、营运中心、结算中心、后台中心。

15.2　完善公共服务

以机制创新、政策引导、平台建设、资源整合、孵化加速为核心，加快推进陕西省科技资源统筹中心和以西安为中心的统筹科技资源改革示范基地建设，着力打造科技研发区、成果转化区、产业发展区、科技服务区四大板块，使其成为带动关天、辐射西部、面向全球培育战略性新兴产业的重要基地、科技创新资源聚集基地、科技成果中试与转化基地及科技人员创业基地。

发挥陕西省科技资源统筹中心的承载、示范、展示和服务的功能作用，完善资源共享、成果转化、科技金融、研究开发、综合服务五大系统和仪器设施共享等十二个子系统，建设大型科学仪器和重点设备、自然科技资源、科学数据、科技文献、实验材料等的科技资源共享服务平台体系，实现科技资源的开放整合与高效利用，将中心建成立足陕西、辐射西北的科技资源共享的服务点、科技成果的展示点、技术产权的交易点、科技金融的结合点，成为统筹科技资源的"服务协调部"。通过在园区建设科技资源统筹分中心等方式面向各类创新主体，提供一流的科技资源服务。

以国家技术转移西北中心、西部知识产权交易运营平台等国家级科技资源平台为依托，充分实现主导产业科技信息资源的共享共用。完善园区军民融合资源库服务平台建设，统筹军民科技资源共享发展。

完善园区中介服务体系，推动中介业务向技术集成、产品设计、工艺配套等服务领域拓展，鼓励中介服务的创新模式探索。大力发展信用、法律、知识产权、研究开发、技术转移、创业孵化、检验检测认证、科技咨询、企业管理、人才服务、资产评估、审计等各类中介服务机构，引导园区中介服务机构向服务专业化、功能社会化、组织网络化、运行规范化方向发展，培育一批知名科技服务机构和骨干企业，形成若干个科技服务产业集群。充分发挥国家级技术转移交易平台的功能作用，建立与国际知名中介机构深度合作交流的渠道，打造辐射全球的技术转移交易网络，建立健全市场化、国际化、专业化的营商服务体系。

加强知识产权服务平台建设，促进高等学校、科研院所的创新成果向企业转移，形成自主知识产权，推动知识产权的应用和产业化，探索股权质押登记试点。支持园区建立完善区域性、行业性技术市场，形成不同层级、不同领域技术交易有机衔接的新格局。深化西安科技大市场与园区的对接，争取在园区设立科技分市场，围绕当地的优势特色产业，发布最新科技成果的供给与需求信息，创造交易条件，为园区内企业提供更加便捷、有效的服务。

15.3　强化投融资支持

以建成"中国西部金融创新中心"为目标，积极拓展融资渠道，创新投融资模式，加快科技园区投融资组织体系、市场体系、产品体系、服务体系的系统创新，建立面向园区的投融资平台、担保体系和信用体系，引导和推动银行、证券、保险、创业投资、担保、再担保、资产管理公司、信托公司、金融租赁公司等金融资源集聚，围绕"创新链"部署"金融链"。发挥好财政科技投入的引导激励作用和市场配置资金要素的导向作用，形成财政资金、金融资本、社会资本多方投入的多层次、多渠道、多方式的投融资支撑新格局。

以建设国家科技与金融结合试点省为契机，以建设"一带一路"科技金融中心为目标，实施"科技金融聚合计划"。建立从实验研究、中试到生产的全过程、多元化和差异性的科技创新融资模式，建设一批市场化运作、专业化服务的科技金融服务中心，形成政府资金与社会资金、股权融资与债权融资、直接融资与间接融资有机结合的区域性科技金融服务体系。鼓励科技园区开展科技金融先行先试，完善科技和金融结合机制，形成各类金融工具协同融合的科技金融生态，打造区域科技金融服务品牌，建成立足陕西、面向全国、走向国际的科技金融创新基地。

增强财政科技资金的引导作用，优化财政科技投入结构，完善政府对基础性、战略性、前沿性科学研究和共性技术研究的支持机制。国家高新区每年新增财力主要用于科技创新，根据建设成效，省市财政给予高新区一定的奖励补助。

创新财政资金支持方式，加强财政资金和金融手段的协调配合，综合运用奖励引导、资本金注入、风险补偿、贷款贴息、应用示范补助等多种方式，充分发挥财政资金的杠杆作用。与国家新兴产业创业投资引导基金、科技型中小企业创业投资引导基金、国家科技成果转化引导基金、国家中小企业发展基金等协同联动，扩大国家科技成果转化引导基金、科技型中小企业创业投资引导基金规模，以"母子基金"方式联合社会资本设立科技产业发展基金、军民融合基金、西部丝路高校创新创业基金等科技创业投资基金，微种子（众筹）、众创种子、天使等风险投资基金。设立创业种子投资引导基金，重点支持众创空间、孵化器等创业载体中培育的创业团队和种子期创新型小微企业。设立天使投资引导基金重点关注初创期创新型小微企业。扩大创新券对科技型中小企业和创新创业团队的支持，鼓励科技型中小微企业和创新创业团队充分利用高等院校、科研院所等创新服务机构的资源开展研发活动和科技创新。

支持有条件的园区探索同境内外社会资本合作，共办各具特色的"区中园"。推广PPP模式，鼓励和引导社会资本参与园区基础设施建设。积极争取国际金融组织、外国政府、亚投行和丝路基金等对园区建设项目的支持。鼓励政策性银行和开发性金融机构对符合条件的科技园区的基础设施、公用事业项目及产业转型升级发展等方面给予信贷支持。支持中国进出口银行在业务范围内加大对园区制造业走出去的服务力度。

鼓励银行业向园区提供结算、融资、理财、咨询等一站式系统化的金融服务，加快科技金融专营机构建设，加快发展科技支行、科技企业金融服务事业部、科技小额贷款公司等。积极发展民营银行，建立政策性担保和商业银行的风险分担机制，完善科技贷款风险补偿支持方式。

推进金融产品和服务模式创新，支持符合创新特点的结构性、复合性金融产品开发。鼓励银行等金融机构为创客提供个人担保贷款、知识产权质押贷款、股权质押贷款等融资服务。完善知识产权估值、质押和流转体系，依法合规推动知识产权质押融资、专利许可费收益权证券化、专利保险等服务常态化、规模化发展。建立知识产权质押融资市场化风险补偿机制。开展知识产权证券化试点，加快推进知识产权资本化。面向园区中小微企业试行科技创新券制度。

积极培育和推动园区企业进行股份制改造，建立现代企业制度，支持符合条件的企业在境内外资本市场上市融资。支持已上市科技企业进行再融资和市场化并购重组，实现资源要素再优化、再配置。鼓励科技型企业在全国中小企业股份转让系统或陕西股权交易中心托管挂牌。支持符合条件的发行主体进行企业债、公司债、项目收益债、小微企业增信集合债、中期票据、短期融资券、资产支持证券、中小企业集合债券、中小企业集合票据、中小企业私募债等债券融资。支持开展"区域集优"债务融资模式创新试点，建立园区实现直接债务融资的长效机制。

争取国家科技成果转化引导基金、国家中小企业发展基金、国家新兴产业创业投资引导基金等创业投资引导基金对科技园区创投市场培育和发展的支持，联合设立一批创业投资子基金。大力吸引境内外股权投资、创业投资、私募股权投资等陕西省科技园区聚集和发展，加快引进一批国际知名创业投资机构。鼓励创业投资基金发展。支持园区内骨干创业投资企业与国内外知名创业投资企业、金融机构开展合作，培育一批具有国际影响力的创业投资企业。强化对园区创新成果在种子期、初创期的直接融资支持，支持社会资本等积极开展天使投资，培育专业化的天使投资机构和天使投资人，省级以上高新区科技企业孵化器均设立天使投资（种子）资金，积极探索与国际知名创投机构联合设立天使投资基金。引导保险资金投资创业投资基金，加大对外资创业投资企业的支持力度，引导境外资本投向创新领域。

鼓励有条件的园区建立科技保险奖补机制和再保险制度，支持保险机构开展科技保险产品创新，开展专利保险试点、探索创业保险、信用保险、相互保险等新业务。鼓励保险机构通过投资创业投资基金、设立股权投资基金或与国内外基金管理公司合作等方式，服务园区企业发展。

以西安高新区和西安银行开展科创企业投贷联动试点为契机，不断扩大商业银行股权投资与信贷投放相结合的模式，为园区发展提供组合金融服务。支持园区同投资机构、保险公司、担保机构及商业银行合作，探索建立投保贷序时融资安排模式，推动发展投贷联动、投保联动、投债联动等新模式。

支持互联网金融发展，引导和鼓励众筹融资平台规范发展，开展公开、小额股权众筹融资试点，加强风险控制和规范管理。积极发展融资担保、融资租赁、信托、消费金融等服务，加快发展信用评级、资产评估、融资担保和再担保、投资咨询等专业服务机构。

支持园区内符合条件的跨国企业集团开展跨境双向人民币资金池业务。允许符合条件的园区内企业在全口径外债和资本流动审慎管理框架下，通过贷款、发行债券等形式从境外融入本外币资金。

支持杨凌示范区申报全国农村金融改革试验区。发挥杨凌示范区体制机制优势，建立杨凌农科金融服务体系。理顺杨凌农村商业银行管理体制，建立健全法人治理结构，推进转型为跨区域、有特色的农科银行。支持杨凌示范区联合神州数码集团有限公司设立新农银行。鼓励符合条件的企业在杨凌示范区设立融资租赁公司，发展农机具融资租赁业务。积极推行农村土地承包经营权、宅基地使用权、农民住房财产权抵押担保贷款试点。支持杨凌示范区筹建小额贷款、融资租赁、农业保险公司，培育发展新型农村金融主体。支持杨凌示范区创新农业保险体系，开展蔬菜产量、农产品价格指数、农村小额信贷保证保险、农民养老健康保险等涉农保险业务，进一步拓展"三农"保险范围。支持杨凌示范区产业化龙头企业享受产业链金融普惠政策。

15.4　强化人才支撑

科技园区的竞争归根结底是人才的竞争，高层次人才是园区发展的第一动力。面向未来，陕西省科技园区要按照"引育并举、紧缺先行、国际接轨、服务优化"的人才发展总体思路，深入实施人才优先发展战略，立足国内，面向全球，加快聚集高层次创新型人才，打造"一带一路"的人才特区。

把人才作为创新的第一资源，依托国家和地方重大人才工程，以招才引智为抓手，以海外高层次人才、科技领军人才、高端职业经理人、行政管理人才和省外西北人才、高校尖子人才为对象，集聚一批站在行业科技前沿、具有国际视野和产业化能力的领军人才和高水平创新团队。大力引进培育急需的应用型专业人才，注重培养卓越工程师、高级技师、技术工人等高技能人才。培养造就一大批具有全球战略眼光、创新能力和社会责任感的企业家人才队伍，建设专业化、市场化、国际化的职业经理人队伍。

针对不同层次、不同类型的人才，制定相应管理政策和服务保障措施。实施更加开放的创新型人才政策，探索柔性引智机制，推进和保障创新型人才的合理流动。落实外国人永久居留管理政策，探索建立技术移民制度。对持有外国人永久居留证的外籍高层次人才开展创办科技型企业等创新活动，给予其与中国籍公民同等待遇，放宽科研事业单位对外籍人员的岗位限制，放宽外国高层次科技人才取得外国人永久居留证的条件。健全创新人才维权援助机制，建立创新型科技人才引进使用中的知识产权鉴定机制。积极培育专业化人才服务机构，发展内外融通的专业性、行业性人才市场，完善对人才公共服务的监督管理。搭建创新型科技人才服务区域和行业发展的平台，探索人才和智力流动长效服务机制。

西安高新区设立 50 亿元专项资金，通过实施高端人才跨越工程、全球精英计划、千人计划倍增、丝绸之路复兴人才等人才专项行动，突出高端人才与环境优化，坚持人才资源开发、人才结构调整、人才投资保证、人才制度创新四个先行，形成以优化人才政策为引导，以优化人才服务为对接的人才引进和培育格局。到 2020 年，引进和培养 100 名左右掌握国际领先技术、引领产业发展的科技领军人才，1 000 名左右在新兴产业领域从事科技创新、成果转化的企业高层次人才，10 000

名高技能型人才，万人拥有专科（含）学历以上人数占比超过 80%，引进和培育具有全球影响力的创新团队 20 个，拥有国家"千人计划"专家 100 名。

宝鸡高新区通过建设高层次人才创新创业基地和国家大学生创业基地，鼓励高等学校、科研院所在宝鸡建立产学研基地、设立研究生联合培养工作站，鼓励省内外高等学校和科研机构在宝鸡高新区设立分支机构或与区内企业合作开展研究生和特定专业的本科教育，培育符合园区发展需求的专业性人才。

渭南高新区确立人才优先发展战略，全面推进人才特区建设，全力打造省级高层次人才创新创业基地。设立每年 2 000 万元科技创新发展专项资金，用于创新创业服务体系建设、自主创新能力建设和高新技术产业聚集；设立 1 000 万元人才发展专项资金，用于人才引进、培养，支持人才创新和人才载体建设。

榆林高新区加强创新型人才发展环境体系建设，进一步完善人才激励机制，吸引并留住创新创业人才，为归国留学人才和外籍人才提供招聘、认定、推荐、落户等的"一站式"服务，加强多层次的国际人才交流与合作。建立高新区人才发展专项资金，榆林市财政每年安排 1 000 万元，高新区配套 500 万元，主要用于引进和培养高新技术产业尖子人才。

15.5　完善发展环境

科技园区率先试点实施中国（陕西）自由贸易试验区政策，按照内外资一致的原则，适用统一的法律法规，率先建立符合国际化、市场化、法治化要求的投资和贸易规则体系，大力营造竞争有序的市场环境、透明高效的政务环境、公平正义的法治环境和合作共赢的人文环境，加速培育产业、区位、营商环境和规则标准等综合竞争优势。

顺应科技园区转型升级的要求，提高承载能力和供给水平，从产业服务平台向创新发展平台延伸，形成"信息通、市场通、法规通、配套通、物流通、资金通、人才通、技术通、服务通、双创平台"的"新九通一平"，打造宜业、宜创、宜居的升级版投资环境。健全保护创新的法治环境，加快创新薄弱环节和领域的立法进程，修改不符合创新导向的法规文件，废除制约创新的制度规定，构建综合配套精细化的法治保障体系。

深入实施知识产权战略，加强知识产权创造、运用、管理、保护和服务。加强关键技术领域知识产权保护，建立以知识产权为导向的创新驱动评价体系。改进新技术、新产品、新商业模式的准入管理和产业准入制度，实施负面清单管理，加强事中事后监管。推进要素价格形成机制的市场化改革，强化能源资源、生态环境等方面的刚性约束，提高科技和人才等创新要素在产品价格中的权重，让善于创新者获得更大的竞争优势。

发挥标准在技术创新中的引导作用，持续推进技术标准战略。统筹推进科技、标准、产业协同创新，健全科技成果转化为技术标准机制，健全科技创新、专利保护与标准互动支撑机制。逐步提高生产环节和市场准入的环保、节能、节水、节材、安全指标及相关标准，形成支撑产业升级的技术标准体系。开展军民通用标准的制定和整合，推动军用标准和民用标准双向转化，促进军用标准和民用标准兼容发展。支持园区企业、联盟和社会组织参与或主导国际标准研制，推动中国标准"走出去"，提升中国标准国际影响力。

提升基础设施建设水平，完善生活设施配套，加快打造宜人园区。统筹推进交通、能源、水利、生态等基础设施一体化建设，形成布局合理、功能完善、安全高效的基础设施体系。建设畅通、可靠的交通运输网络和便捷、高效的综合运输枢纽，为园区发展提供经济、快速的物流服务，构建绿色低碳的综合交通运输体系，按规划同步建设地下综合管廊。以调结构、提能效、保供给为重点，突出发展清洁能源和非化石能源，统筹电源、气源、热源和油源供给，优化电网、气网、热网和油网布局，提高能源供应和利用系统整体能效。围绕"节水优先、空间均衡、系统治理、两手发力"的治水新思路，加快构建水利现代化综合服务体系，推进海绵园区建设，不断提升区域水利基础支撑与保障能力。推进资源节约型和环境友好型园区建设，开展生态文明先行示范区、生态工业园区、低碳园区等创建活动，争取国家可持续发展实验区和创新示范区、碳排放交易试点平台落户园区。发展循环经济，推广应用绿色节能技术，实现节能、节水、节地、节材和资源综合利用，形成绿色低碳循环的生产生活方式。推进园区美化、亮化、绿化工程。提高园区环境品质。鼓励有条件的科技园区探索同社会资本共办"区中园"，推行混合所有制、PPP模式，提高社会资本参与园区建设的广度和深度。

实施"宽带园区"战略，统筹提高宽带网络接入能力和普及水平，持续推进移动宽带网络建设，大力推进无线局域网建设，加快下一代互联网规模化商用，推动下一代广播电视网络建设。提升国际通信互联互通水平，支持骨干网络向大容量高智能方向演进。加快云计算数据中心建设布局，积极引导大型云计算数据中心有序建设。推动信息网络集约化发展，统筹宽带网络与公路、铁路、市政等公共基础设施的共建共享。以面向"公共管理、基础配套、经济发展、生态保护、安全保障、社会服务"领域的六位一体园区为总体布局，以大数据、云计算、物联网和泛在网络为技术支撑，通过实现"互联网+"产业园区，完善园区管理、公共应急、社会治理综合数字指挥平台，打造智慧园区，不断提升公共服务便捷化、基础设施智能化水平。加快杨凌示范区"智慧农业"建设，着力发展基于大数据、云计算和智能化的农业数据产业。支持杨凌现代农业电商产业园发展，建设国内领先的杨凌"农科城"互联网运营中心。

坚持合理、节约、集约、高效开发利用土地，严控增量、盘活存量，发展多种土地综合利用方式，提高土地利用效率。加强土地需求科学调控，完善研发及高科技产业用地供应机制，拓宽用地供应来源，更多依靠节约资源和循环经济推动，鼓励合理利用淘汰落后产能及产业转移以后的土地，推进建设用地"二次开发"。促进园区科学划分产业用地与配套设施用地比例，建立健全低效用地再开发激励约束机制，提高土地开发、投资、产出强度。优先安排创新创业企业用地。探索对产业用地的供给方式和供地年限实施差别化管理。积极推行在园区建设多层标准厂房，并充分利用地下空间。

坚持以法治引领社会治理创新，深入推进法治园区建设，着力构建法治政府、法治市场、法治社会三位一体的法治建设先导区。推进中外社会治理合作试点，构建法制健全、规范有序、分类指导、监督有力的社会组织管理体系，实现政府治理和社会自我调节、居民自治良性互动。深化文化体制改革，大力践行社会主义核心价值观，推进文化传承与创新，建设现代公共文化服务体系，提升文化软实力。坚持以信息化推动社会治理现代化，完善各级综合服务管理平台，推进信息资源互联、共享、同步。加快社会治安防控体系建设，提高动态化、信息化条件下驾驭社会治安局势能力。加快民生社会事业发展，推进教育、医疗卫生事业快速优质发展，健全完善与经济发展水平相适应的社会保障体系和社会福利等公共服务制度。

支持杨陵示范区开展省级新型城镇化试点，为陕西省探索可复制、可推广的经验和模式。支持杨凌示范区实施经济社会发展规划、土地利用规划和城乡建设规划"多规合一"。杨凌示范区以建设陕西省首批统筹城乡发展试点区为契机，积极探索城乡发展一体化经验，加快推进城乡一体化发展。完善区校共建机制，推动杨凌示范区与西北农林科技大学、杨凌职业技术学院在城乡功能布局、基础建设、示范推广、产业发展等方面融合发展。以建设世界知名大学城为目标，加强城市风貌设计和规划管控，积极推广街区制，实现校园内部道路公共化、设施社会化，打造"城中有校、校中有城"融合发展的特色大学城。

积极探索科技扶贫新路径，建设创新驱动精准脱贫的试验田和示范点。杨凌示范区要继续加大科技扶贫力度，立足陕西，面向全国，针对贫困地区、革命老区经济社会发展的关键问题，瞄准科技和人才短板，加强先进适用技术应用推广和集成示范，加大贫困地区创业致富带头人培训力度，以创业带动产业发展，以产业发展带动建档立卡贫困户增收，实现精准扶贫、精准脱贫。要切实在科技成果转化扶贫、技术培训扶贫、做强产业扶贫上做文章，通过科技创新挖掘农业增收潜力，培育农村新产业新业态，促进贫困人口收入持续增长，为打赢脱贫攻坚战提供科技支撑。

不断强化政策供给，构建普惠性创新支持政策体系。结合产业发展方向，在政策允许和权限范围内允许园区制定相应的招商引资优惠政策。促进海关特殊监管区域整合优化,将符合条件的出口加工区、保税港区等类型的海关特殊监管区域逐步整合为综合保税区。坚持结构性减税方向,在科技园区全面落实科技型小微企业、科技企业孵化器、创客空间、大学科技园税收减免、研发费用加计扣除、固定资产加速折旧等各项优惠政策。通过落实税收优惠、保险、价格补贴和消费者补贴等,促进新产品、新技术的市场化规模化应用,强化对创新产品的首购、订购支持。探索鼓励创新创业的普惠税制,对包括天使投资在内的投向种子期、初创期等创新活动的投资,研究探索相关税收支持政策,推进股权奖励个人所得税分期缴纳等税收政策落地。健全优先使用创新产品和服务的政府采购制度,建立首购、首用国产首台(套)产品双向补贴制度,对园区企业自主研发生产并投向市场的首台(套)产品,按首台(套)产品销售价格 5%以上的比例给予奖励,并推进首台(套)重大技术装备保险补偿机制。

15.6　弘扬创新文化

积极弘扬敢为人先、宽容失败的创新文化,树立崇尚创新、创业致富的价值导向,倡导崇尚技能、精益求精的职业精神,增强勇于冒尖、大胆质疑的创新自信。大力培育创业精神和创客文化,着力形成敢于冒险、勇于竞争的企业家精神。重视科研试错探索价值,建立鼓励创新、宽容失败的容错纠错机制,营造尊重知识、鼓励探索、鼓励创造追求卓越的社会氛围。

引导园区创新创业组织建设开放、平等、合作、民主的组织文化,尊重不同见解,承认差异,促进不同知识、文化背景人才的融合。鼓励创新创业组织建立有效激励机制,为不同知识层次、不同文化背景的创新创业者提供平等的机会,实现创新价值的最大化。进一步形成尊重劳动、尊重知识、尊重人才、尊重创造的良好风尚。加快完善包容创新的文化环境,形成人人崇尚创新、人人渴望创新、人人皆可创新的社会氛围。

参 考 文 献

白春礼. 2013. 世界正处在新科技革命前夜. 科技导报, 31（7）: 15-17

白春礼. 2015. 创造未来的科技发展新趋势. 新华文摘, 18: 431-434

波特 M. 2002. 国家竞争优势. 李明轩, 邱如美译. 北京: 华夏出版社

蔡昉. 2014. 从人口红利到改革红利. 北京: 社会科学文献出版社

陈文丰. 2012-05-31. 中国国家高新区发展模式解读. 中关村

冯兴元. 2014-08-01. 硅谷为什么成为全球创新中心? 经济观察报

国家发展和改革委员会经济研究所. 2014. "十三五"规划研究: 经济发展和深化改革. 北京:
    经济科学出版社

黄汉权. 2016. 打造"三心四链"助力产业迈向中高端. 宏观经济管理, 12: 23-25

鞠恩民. 2016-04-08. 美国怎样回归制造业. 财经

拉奥 A, 斯加鲁菲 P. 2014. 硅谷百年史: 伟大的科技创新与创业历程（1900—2013）. 第 2
    版. 闫景立, 侯爱华译. 北京: 人民邮电出版社

李军. 2015-09-14. 美国制造强在何处. 财经

刘传书. 2014-09-22. 广东新型科研机构: 四大机制"穿越"传统体制. 科技日报

刘洪亮. 2014-10-16. 筑波: 错进错出的科技新城. 文汇报

刘珺. 2016-04-14. 金融、产业、科技周期研判. 财经

刘瑞明, 赵仁杰. 2015. 国家高新区推动了地区经济发展吗? ——基于双重差分方法的验证. 管
    理世界, 8: 30-38

隆国强. 2016. 新兴大国的竞争力升级战略. 管理世界, 1: 2-9

鲁比尼 N. 2016-06-27. 民粹主义与生产率. 财经

罗杰斯 A. 2010. 创新的扩散. 辛欣译. 北京: 中央编译出版社

马名杰. 2016-08-04. 全球创新格局变化趋势及其影响. 中国经济时报

聂鲲, 刘冷馨. 2016. 硅谷人力资本与产业集群互动研究. 宏观经济管理, 7: 87-92

佩鲁 F. 1988. 略论"增长极"概念. 经济学译丛, 9: 23-30

邵安菊. 2016. 全球价值链重构与我国产业跃迁. 宏观经济管理, 2: 74-78

沈茜蓉. 2015. "创新进化": 产业中心崛起的奥秘. 中国科技奖励, （7）: 68-69

沈小波, 韩舒淋. 2016-09-05. 机器人大机会. 财经

田杰棠. 2016-06-30. 以硅谷为代表的美国式创新文化. 中国经济时报

万钢. 2016. 全球科技创新发展历程和竞争态势. 新华文摘, 7: 138-140

王静. 2014-12-19. 科技创新: 全球兴起新浪潮. 经济日报

王永进, 张国峰. 2016. 开发区生产率优势的来源: 集聚效应还是选择效应? 经济研究, 7: 58-71

文玉春. 2016-08-01. 中国制造为何在世界 500 强里缩减? 经济观察报

吴敬琏. 2002. 发展中国高新技术产业制度重于技术. 北京：中国发展出版社

吴林海. 1997. 论我国高新区发展进程中的若干重要关系. 瞭望，52：34-36

习近平. 2016-05-30. 为建设世界科技强国而奋斗. 在全国科技创新大会、两院院士大会、中国
科协第九次全国代表大会上的讲话

谢丽容，梁辰. 2016-06-12. 人工智能竞赛：美国技术领先　中国擅长商业化. 财经

谢永琴. 2005. 区域创新网络与北京高新技术产业园区发展研究. 技术经济，4：1-4

辛继召. 2016-08-29. 中国进入全球创新第二阵营：一半欢喜一半忧愁. 21 世纪经济报道

徐井宏，张红敏. 2011. 转型：国际创新城市案例研究. 北京：清华大学出版社

杨畅. 2014. 产业园区转型发展战略研究. 上海：上海人民出版社

杨锐，刘志彪. 2015. 中国企业技术能力升级框架与思路. 新华文摘，23：46-53

杨绍育. 2014-11-10. 窥探趋势的趋势：阿里热招科学家后的科技角力. 21 世纪经济报道

藏瑾. 2016-03-31. 人工智能站在风口期：产业转换刚刚开始. 21 世纪经济报道

张茉楠. 2016. 基于全球价值链的"一带一路"推进战略. 宏观经济管理，9：15-18

张诗雨. 2009. 经济开发区产业创新与转型时期的政策取向分析. 经济纵横，2：75-77

张艳. 2011. 国家经开区与高新区的政策渊源探究及反思. 城市规划学刊，3：51-53

张一清. 2016. 颠覆性技术和社会变革. 新华文摘，17：24-27

周洪宇，等. 2014. 国家自主创新示范区建设政策与立法研究. 北京：人民出版社

祝尔娟，王天伟，陈安国，等. 2011. 京津冀产业发展升级研究. 北京：中国经济出版社

Cooke P，Schenstock G. 2000. Structural competitiveness and learning regions. Enterprise and
Innovation Management Studies，1（3）：265-280

Gereffi G，Korzeniewicz M. 1994. Commodity Chains and Global Capitalism. London：Praeger
Harvard University Press

Humphrey J，Schmitz H. 2000. Governance and upgrading：linking industrial cluster and global value
chain. IDS Working Paper 120，Brighton

Kaplinsky R，Morris M. 2002. A handbook for value chain research. Prepared for the IDRC

Perez C. 2012. Technological Revolutions and Financial Capital：The Dynamics of Bubbles and
Golden Ages. Chelteham：Edward Elgar Publishing

Powell W W，Kurt S. 2012. Chance，Nécessité，et Naïveté：Ingredients to Create a New
Organizational Form. The Emergence of Organizations and Markets. Princeton：Princeton
University Press

Powell W W，Owen-Smith J. 2012. An Open Elite：The Emergence of Organizations and Markets.
Princeton：Princeton University Press

Powell W W，Kelley P，Kjersten W. 2012. Organizational and Institutional Genesis：The Emergence
of Organizations and Markets. Princeton：Princeton University Press

Schumpeter J. 1912. The Theory of Economic Development. Cambridge：Harvard University Press

United Nations Industrial Development Organization. 2002. Competing through innovation and
learning-the focus of UNIDO's industrial development 2002/2003. Vienna：107-116